臺灣五十年來聲韻學暨漢語方音學術論著目錄初稿

1945-1995

主　編◎	林炯陽	董忠司
編　輯◎	黃智明	李仲民
	陳瑤玲	林志華
	黃秀仍	龔秀容
助　編◎	向惠芳	郭雅玲
	黃佳淳	陳惠美
	張惠玉	譚雅文
	洪藝芳	宋韻珊
	王燕卿	

文史哲出版社印行

臺灣五十年來聲韻學暨漢語方音學術論著
目錄初稿（1945-1995）/ 董忠司・林炯
陽主編. -- 初版 --臺北市：文史哲，民
98.03 印刷
　　頁: 公分.
參考書目
ISBN 978-957-549-021-8 (平裝)

1. 聲韻學目錄　2. 漢語方音目錄

016

臺灣五十年來聲韻學暨漢語方音學術論著目錄初稿（1945-1995）

主編者：董　忠　司　・　林　炯　陽
出版者：文　史　哲　出　版　社
　　　　http://www.lapen.com.tw
　　　　e-mail：lapen@ms74.hinet.net
登記證字號：行政院新聞局版臺業字五三三七號
發行人：彭　　　正　　　雄
發行所：文　史　哲　出　版　社
印刷者：文　史　哲　出　版　社
　　　　臺北市羅斯福路一段七十二巷四號
　　　　郵政劃撥帳號：一六一八〇一七五
　　　　電話886-2-23511028・傳真886-2-23965656

實價新臺幣四四〇元

中華民國八十五年（1996）六月六日初版
中華民國九十八年（2009）三月 BOD 初刷

臺灣五十年來聲韻學暨漢語方音學術論著目錄初稿

序　言

　　濤聲之後復有濤聲，腳印之上還有腳印，聲韻學的薪傳將會一直延續下去，漢語聲韻學在臺灣已有五十年了，可以略微回顧這個沙上鴻爪，以展翅再飛上萬里晴空。

　　爲聲韻學的過去做個小結，並且提供後學一份按圖索驥的聲韻學地圖，是最近幾年的想法。自從答應承辦全國聲韻學研討會之後，這個心海的呼聲更加強烈。去年年底，因韻珊君有清代學術論著目錄之作，曾與之商談合作聲韻學總目事宜。後又得仲民君告知他和智明君在炯陽兄指導，整理1991到1995臺灣知見聲韻學目錄之事，因此立刻和炯陽兄聯絡，商討合作編輯《臺灣五十年來聲韻學暨漢語方音學術論著目錄初稿》的計畫，他毫不猶疑地答應了。

　　在編輯計畫中，由收錄原則、收錄範圍、全書體例、分類歸屬、工作分配、進行步驟一直到技術操作，歷經多次反復地討論。從起始至今年六月初，一起工作的有黃智明、李仲民、陳瑤玲、林智華、黃秀仍、龔秀容、黃佳淳、向惠芳、郭雅玲、陳惠美、譚雅文、張惠玉、洪藝芳、王燕卿、宋韻珊等青年俊彥。有的提供他所編的論著目錄，有的蒐集文史語言研究書目，有的分頭到各圖書館各種學術刊物上抄錄，有的製作問卷向學者們徵求著作目錄和知見目錄，有的人輸入電腦，有的人進行校對，其中之辛勞與煩累，可以想知。

在整個工作中，每一個人都非常賣力，而最後階段出力最多的是智明和仲民。他們要彙整所有條目、除其重複、校對文字、增刪內容、編排次序、依類歸屬、製作索引、調整版面，最後還從文史哲出版社借來印表機列印完稿，以便交付製版印刷。

所有的工作，如果順利地依序進行，已經十分地繁重了；沒想到還有多工作重複、聯絡不夠順暢、資料不全、電腦不相容、程式不相配、檔案太大、電腦速度太慢等出乎意外的事發生。導致智明和仲民連續熬夜，而最後的趕工印製，也苦了負責出版的彭先生，這些都出於規畫不周，應由忠司承擔失誤的責任。

這本目錄的收錄範圍有四個要點：

    1.從西元 1945 年 10 月(日本交出臺灣)到 1995 年 12 月，

    2.出生籍貫爲臺灣或者長期生活在臺灣的人，

    3.在臺灣出版刊印或者發表於臺灣的學術研討會者，

    4.具有學術性者。

這四個要點在表面上似乎少有疑義，但是在實際運作時總要略有取捨。例如：在臺灣出版的書籍中屬於重印中國大陸出版物者不取，臺灣人而在海外出版而流傳於海外者不取，出版或刊印於學術性不高的報章雜誌者不取，但酌收其中有助於學術研究者，非聲韻或非語音專著而與音韻有關者酌收，凡此種種權變措施可以再事商議以做爲下次增訂的參考。

本目錄初稿所謂聲韻學，在傳統的古代文獻考察之外，認爲現代漢語方音學研究的也是聲韻調，應該包括於聲韻學中。但是本目錄初稿爲突顯漢語方音在聲韻研究中的重要性，在書名上仍然題爲「聲韻學暨漢語方音」而未逕題爲「聲韻學」。

本目錄初稿主要想依時間的先後，逐年呈現研究面貌，其外篇

的分類和作者索引只是參考性質而已。其中分類是最困難的，因為事物的分類都是基於需要與各人的認識而設，需要與認識又因個人而異。因此，本書的讀者大可不必受到書中類屬的影響，來自行分類。當然了，本書分類不妥之處，也敢請大家儘量指正。

本目錄初稿在資料蒐集上，本想藉由圖書館藏書、私人藏書、各論著所附參考書目、各種論著目錄、發出問卷調查、送請多位學者審訂等多項多管道地交叉參證以減少缺漏。但是事實上，各單位藏書有缺，相關目錄很少，校對人手不足，問卷回收困難，時間太缺乏等狀況，使得無法完美成事，幾度徘徊在暫停工作的念頭上。現在雖然勉強印出試用本，但是非常希望經由全國學者的指摘增修，在不久的將來重新出版一冊定稿來。

是的，這本目錄只是試印本，目的不是在呈現臺灣五十來的聲韻學與漢語方音成果的定稿，而是拋磚引玉，想引出一本更周全的名山之作來。

還有，目前這冊目錄是以書籍形式面世，我們也希望在不久的將來，經過修訂，再進一步以書籍和磁片或光碟裝載，以提供更方便的服務。

增刪、校對、分類時，盯住螢幕的眼睛還花著，打聯絡電話的手還痛著，背肌肩骨還酸著，睡得太少的頭還疼著，但是看到這一厚厚的目錄初稿，雖然心知其缺漏必多，罪愆不少，然而想到後繼者可以憑此從事增補以成定本，心裡卻也不由得略有一絲安慰，而稍稍減少了自責。

是的，往者已矣！知我罪我，不復計較了。是為序。

臺南　董忠司謹序於新竹　　1996,6,1

凡　　例

一、本目錄收錄的論著條目只限於學術性質的，見於報紙、通俗性
　　和缺乏學術性的單篇論文或專書，以不收錄爲原則。但其中若
　　有與聲韻學、漢語方音關係密切者予以酌收。

二、本目錄收集臺灣一九四五年十月到一九九五年的聲韻學暨漢語
　　方音學術論著。

三、本目錄所收論著條目其論文作者限定爲臺灣學者，其海外學者
　　而在臺灣刊印或在臺灣的學術會議上發表者也予以收錄。

四、本目錄各篇的分類索引，乃依各篇論文中心論點予以歸屬；跨
　　類者分別重見。

五、本目錄各篇的分類索引，僅供參考，讀者可以自行重新分類。

六、同一篇而多見於不同刊印處，皆依所見詳細著錄。

七、同一書中之章節不分立爲若干條。

八、本目錄爲傳承聲韻學，也分出「與其他學科」和「教學」等項
　　目。

臺灣五十年來聲韻學暨漢語方音學術論著目錄初稿（1945-1995）

目　　次

臺灣五十年來聲韻學暨漢語方音學術論著目錄初稿（1945-1995）

類 目 詳 表

上　　編

聲韻學部分

分 類 索 引

壹　總論

一、通論

A0001　王天昌　　　漢語語音學研究
　　　　　　　　　臺北　國語日報社　1973 年
A0002　王文濤　　　實用聲韻學
　　　　　　　　　臺北　臺灣商務印書館　1971 年 10 月
A0003　申小龍　　　漢語音韻的人文理據及其詩性價值
　　　　　　　　　第三屆國際暨第十二屆全國聲韻學學術研討會論文集
　　　　　　　　　新竹　國立清華大學主辦　頁 428-435　1994 年 05 月
A0004　任永華　　　中國聲韻學管見
　　　　　　　　　文史學報　第 7 期　頁 30-42　1977 年 12 月
A0005　安藤正次撰　語言學大綱
　　　　雷通群譯　臺北　臺灣商務印書館　1967 年
A0006　宋金印　　　聲韻學通論
　　　　　　　　　臺北　臺灣中華書局　1972 年 10 月
A0007　宋道序　　　漢語音韻
　　　　　　　　　臺北　弘道文化事業公司　1975 年
A0008　林尹　　　　中國聲韻學通論
　　　　　　　　　上海　中華書局　1937 年 07 月
　　　　　　　　　臺北　世界書局　1974 年
　　　　　　　　　臺北　新興書局　1956 年 01 月
A0009　林尹　　　　中國聲韻學概說
　　　　　　　　　教育與文化　第 9 卷 5 期　頁 10-14　1955 年 10 月
A0010　林尹　　　　音學略說
　　　　　　　　　學粹　第 1 卷 4 期　頁 14-18　1959 年 06 月

A0011　林尹著　　　修訂增注中國聲韻學通論
　　　　林炯陽注釋　臺北　黎明文化出版公司　1982 年
A0012　林明波　　　古小學書考
　　　　　　　　　　國立臺灣師範大學國文研究所集刊　第 2 號　頁 43
　　　　　　　　　　-122　1958 年 06 月
A0013　林慶勳　　　古音學入門
　　　　竺家寧　　　臺北　臺灣學生書局　1989 年 07 月
A0014　竺家寧　　　聲韻學
　　　　　　　　　　臺北　五南圖書公司　1991 年 07 月
A0015　施雲山　　　聲韻學
　　　　　　　　　　臺北　華聯出版社　1972 年
A0016　孫樹林　　　聲韻導論
　　　　　　　　　　臺北　編著者印行　1985 年
A0017　高元　　　　國音學
　　　　　　　　　　臺北　臺灣商務印書館
A0018　高本漢著　　中國聲韻學大綱
　　　　張洪年譯　　臺北　國立編譯館　1972 年 02 月
A0019　國立臺灣師　國音學
　　　　範大學國音　臺北　正中書局　1982 年 10 月
　　　　教材編輯委
　　　　員會
A0020　張世彬　　　詞韻研究撮要
　　　　　　　　　　中華文化復興月刊　第 10 卷 3 期　頁 28-36　1977 年
　　　　　　　　　　03 月
A0021　張正體　　　中華韻學
　　　　張婷婷　　　臺北　臺灣商務印書館　1978 年
A0022　張光宇　　　漢語音韻學緒論
　　　　　　　　　　國文天地　第 32 期　頁 62-65　1988 年 01 月
A0023　陳新雄　　　聲韻學入門
　　　　　　　　　　文學論集　臺北　華岡出版公司　頁 296-312　1978
　　　　　　　　　　年 07 月
　　　　　　　　　　國學研究論集　臺北　學海出版社　頁 6-17　1977 年

		11 月
		學粹　第 18 卷 1、2 期合刊　頁 1-12　1976 年 04 月
A0024	陳新雄	聲韻學導讀
		重校增訂《音略證補》附錄　臺北　文史哲出版社
		頁 217-268　　　1978 年 09 月
		國學導讀彙編　臺北　三民書局　1979 年 08 月
		鍥不舍齋論學集　臺北　臺灣學生書局　頁 311-364
		1984 年 08 月
A0025	渡邊雪羽譯	日本漢字音─藤堂明保著《中國語音韻論》第四章第
		二節第六小節
		中國書目季刊　第 25 卷 4 期　頁 101-116　1992 年
		03 月
A0026	楊胤宗	音韻考略
		建設　第 17 卷 11 期　頁 20-33　1969 年 04 月
A0027	董同龢	語言學大綱
		臺北　中華叢書編審委員會　1964 年
A0028	董同龢	語言學大綱
		臺北　東華書局　1987 年
A0029	劉錫五	中國古音學崑緒
		學粹　第 7 卷 3 期　頁 39-40　1965 年 04 月
A0030	潘重規	韻學碎金
		幼獅學誌　第 14 卷 2 期　頁 38-41　1977 年 05 月
A0031	潘重規	中國聲韻學
	陳紹棠	香港　新亞中文系出版
		臺北　東大圖書公司　1978 年 08 月
A0032	黎明光譯	孳生音韻學
		臺北　文鶴出版有限公司
A0033	謝國平	語言學概論
		臺北　三民書局　1985 年 07 月
A0034	謝雲飛	中國聲韻學大綱
		臺北　蘭臺書局　1960 年 09 月
		臺北　臺灣學生書局　1987 年 10 月

A0035　謝雲飛　　　音韻十論
　　　　　　　　　臺灣　霧峰出版社　1971 年 10 月

A0036　謝雲飛　　　漢語音韻十論
　　　　　　　　　臺北　大風出版社　1972 年 10 月

A0037　謝雲飛　　　語言學大綱
　　　　　　　　　臺北　臺灣學生書局　1987 年

A0038　謝雲飛　　　語音學大綱
　　　　　　　　　臺北　蘭臺書局　1974 年
　　　　　　　　　臺北　臺灣學生書局　1987 年

A0039　弓英德　　　從詩韻的變遷來看詩韻的改革
　　　　　　　　　反攻　第 48 期　頁 34-36　1951 年 11 月

A0040　李方桂主講　漢語研究的方向—音韻學的發展
　　　　陳毓華記錄　幼獅月刊　第 40 卷 6 期　頁 2-8　1974 年 12 月
　　　　　　　　　中國語言學論集　臺灣　幼獅文化事業公司　頁 227
　　　　　　　　　-245　1977 年 01 月

A0041　周法高　　　二十世紀的中國語言學
　　　　　　　　　香港中文大學學報　第 1 卷　頁 297-323　1973 年
　　　　　　　　　03 月
　　　　　　　　　幼獅月刊　第 40 卷 6 期　頁 9-21　1974 年 12 月
　　　　　　　　　中國語言學論集　臺灣　幼獅文化事業公司　頁 1-35
　　　　　　　　　1977 年 01 月

A0042　周法高　　　中國語言學的過去現在和未來
　　　　　　　　　文風　第 8 期　頁 6-13　1966 年 01 月

A0043　周法高　　　論中國語言學
　　　　　　　　　香港　中文大學出版　1980 年

A0044　周法高　　　論中國語言學的過去現在和未來
　　　　　　　　　香港　中文大學出版　1966 年

A0045　宗德崗　　　語言學與音韻學
　　　　　　　　　出版月刊　第 2 卷 4 期　頁 50 轉 32　1966 年 09 月

A0046　竺家寧　　　近世聲韻學的三個新領域
　　　　　　　　　木鐸　第 12 期　頁 79-90　1988 年 03 月

A0047　竺家寧　　　揭開古音奧祕的利器：語音學

国文天地　第 4 期　頁 58-61　1985 年 09 月

A0048　竺家寧　聽聽古人的聲音：聲韻學的效用和目地

国文天地　第 5 期　頁 56-59　1985 年 10 月

A0049　徐敬修　音韻常識

臺北　五洲出版社　1965 年 07 月

A0050　袁鶴翔　中國語言音形義芻議

東吳學報　第 4、5 卷合刊　頁 35-52　1975 年 09 月

A0051　高明　中國語言問題

木鐸　第 11 期　頁 1-27　1987 年 02 月

A0052　高明　中國語言問題

國語文教育學術論文專輯　臺灣　教育部國語推行委員會印　頁 1-33　1990 年 08 月

A0053　高明　古文字與古音學

輔仁學誌—文學院之部　第 13 期　頁 7-16　1984 年 06 月

A0054　高明　古文字與古語言

教學與研究　第 6 期　頁 1-10　1984 年 05 月

中國國學　第 15 期　頁 67-74　1987 年 09 月

A0055　高明　治聲韻學應具有的一些基本觀念

廣文月刊　第 1 卷 1 期　頁 9-22　1968 年 11 月

高明文輯（中）　臺北　黎明文化事業公司　頁 174-202　1978 年 03 月

高明小學論叢　臺北　黎明文化事業公司　頁 174-202　1978 年 07 月

A0056　張光宇　古文獻材料與古音重建

国文天地　第 53 期　頁 56-59　1989 年

A0057　陳新雄　音學簡述

木鐸　第 2 期　頁 5-30　1973 年 11 月

A0058　陳新雄　無聲字多音說

輔仁大學人文學報　第 2 期　頁 431-460　1972 年 01 月

鍥不舍齋論學集　臺北　臺灣學生書局　頁 515-554

1984 年 08 月

A0059　陳新雄　詩韻的通轉

木鐸　第 11 期　1987 年 02 月

文字聲韻論叢　臺北　東大圖書公司　頁 157-178

1994 年 01 月

A0060　陳耀祖　語言與語言學

邊政學報　第 6 期　頁 35-40　1967 年 05 月

A0061　陸鴻圖　中國字音研究

中國一周　第 44 期　頁 17　1951 年 02 月

A0062　陸鴻圖　多音中國字

臺北　撰者印行　1981 年 08 月

A0063　喬一凡　論聲

學粹　第 6 卷 4 期　頁 22-25　1964 年 06 月

A0064　黃學堂　略談「入聲字」和「讀音」、「語音」的關係

中國語文　第 369 期　頁 38　1988 年 03 月

A0065　鄒太華　韻學隅照

彰化　合洽出版社　1966 年

A0066　蔡春惠　「讀音，語音」探討

中國語文　第 363 期　頁 26-35　1987 年 09 月

A0067　鄧臨爾　中國語音之展望

東海學報　第 3 卷 1 期　頁 129-138　1961 年 06 月

A0068　謝雲飛　從字音的觀點看學習漢字的難易

南洋大學人文研究所專刊　第 30 號　頁 1-14

1976 年 05 月

A0069　謝雲飛　漢學音韻的實用功能

星洲日報　71 年新年特刊　1971 年 01 月

音學十論　臺灣　霧峰出版社　頁 1-15　1971 年 10 月

A0070　謝雲飛　語文的時間性

臺灣師大校友月刊　1964 年 8 月號　1964 年 08 月

A0071　謝雲飛　語言的音律

中國語文　第 410 期　頁 8-11　1991 年 08 月

A0072　謝雲飛　語言音律的必要性

		中國語文　第 411 期　頁 16-18　1991 年 09 月
A0073	丁邦新	高本漢先生在漢學上的貢獻
		華學月刊　第 87 期　頁 47-52　1979 年 03 月
A0074	李壬癸	趙元任博士對漢語語言學的貢獻
		華文世界　第 27 期　頁 7-10　1982 年 07 月
A0075	辛勉	評西門華德藏漢語詞的比較
		國文學報　第 7 期　頁 311-330　1978 年 06 月
A0076	林尹	章炳麟之生平及其學術文章
		孔孟月刊　第 14 卷 11 期　頁 16-23　1976 年 07 月
A0077	林慶勳	段玉裁之生平及其學術成就
		臺北　私立中國文化大學中國文學研究所博士論文 1979 年
A0078	竺家寧	高仲華先生在等韻學上的成就與貢獻
		中國學術研討會論文集—紀念高明先生八秩晉六冥誕 中壢　國立中央大學文學院主編　頁 337-344　1994 年 03 月
A0079	邱德修	觀堂聲韻學考述
		臺北　五南圖書公司　1994 年 01 月
A0080	柯淑齡	黃季剛先生之生平及其學術
		臺北　私立中國文化大學中國文學研究所博士論文 1982 年
A0081	洪惟仁	小川尚義與高本漢漢語語音研究之比較
		第三屆國際暨第十二屆全國聲韻學學術研討會論文集 新竹　國立清華大學主辦　頁 25-50　1994 年 05 月
A0082	張賢豹	張琨教授古音學說簡介
		漢學研究通訊　第 3 卷 3 期　頁 154-155　1984 年 07 月
A0083	郭松茂	高本漢中國聲音學論說之商榷
		正修工專學報　第 3 期　頁 97-126　1974 年 06 月
A0084	陳弘昌	藤堂明保之等韻說
		臺北　私立中國文化大學中國文學研究所碩士論文 1973 年

		臺北　文津出版社　1973 年 05 月
A0085	陳蔡煉昌	高本漢在中國音韻學上的貢獻
		人文科學論叢　第 1 輯　頁 283-302　1960 年 06 月
A0086	黃得時	中國語言之科學研究─談瑞典漢學家高本漢之生平
		中國語文　第 258 期　頁 4-10　1978 年 12 月
A0087	黃得時	高本漢之生平及其著作
		華學月刊　第 85 期　頁 35-39　1979 年 01 月
A0088	董忠司	江永的聲母論
		孔孟學報　第 51 期　頁 189-244　1986 年 04 月
A0089	董忠司	江永聲韻學抉微

第六屆全國聲韻學討論會論文　高雄　國立高雄師範
學院主辦　1988 年 04 月
新竹師院學報　第 2 期　頁 29-57　1988 年 12 月
聲韻論叢第二輯　臺北　臺灣學生書局　頁 197-236
1994 年 05 月

A0090	董忠司	江永聲韻學評述
		國科會獎助論文　1988 年
		臺北　文史哲出版社　1988 年 04 月
A0091	鮑國順	戴東原學記
		臺北　國立政治大學中國文學研究所博士論文
		1978 年
A0092	丁嬪娜	梵文轉讀對中國聲韻學之影響
		慧炬　第 81 、 82 期合刊　1970 年 06 月
A0093	朴秋鉉	韓國韻書與中國音韻學之關係
		臺北　私立中國文化大學中國文學研究所博士論文
		1991 年
A0094	吳世畯	從朝鮮漢字音看一二等重韻問題

第九屆全國聲韻學討論會論文　臺北　私立東吳大學
、中華民國聲韻學學會主辦　1991 年 05 月
聲韻論叢第四輯　臺北　臺灣學生書局　頁 159-192
1992 年 05 月

A0095	吳聖雄	日本吳音研究

臺北　國立臺灣師範大學國文研究所博士論文
1991 年 06 月

A0096　吳聖雄　日本漢字音材料對中國聲韻學研究的價值
第二屆國際暨第十屆全國聲韻學學術研討會論文集
高雄　國立中山大學中文系所、中華民國聲韻學學
會主辦　頁 669-682　1992 年 05 月

A0097　吳聖雄　日本漢字音能爲重紐的解釋提供什麼線索
第四屆國際暨第十三屆全國聲韻學學術研討會論文
臺灣　國立臺灣師範大學國文系所、中華民國聲韻
學學會主辦　1995 年 05 月

A0098　李璸　談伯希和的對音考釋
法國漢學　頁 62-67　1975 年 01 月

A0099　周法高　佛教東傳對中國音韻學之影響
中國佛教史論集　臺北　中華文化出版事業委員會
頁 775-808　1956 年 05 月
中國語文論叢　臺北　正中書局　頁 21-51 1970 年
05 月

A0100　周法高　梵文 td 的對音
中央研究院歷史語言研究所集刊　第 14 本　頁 249-
255　1948 年 06 月
中央研究院歷史語言研究所集刊外編第 3 種 六同別錄
1945 年 01 月

A0101　東初　佛教對中國聲韻學的影響
海潮音　第 58 卷 11 期　頁 4-8　1977 年 11 月

A0102　竺家寧　佛教傳入與等韻圖的興起
國際佛學研究年刊　第 1 期　頁 251-263　1991 年
12 月
音韻探索　臺北　臺灣學生書局　頁 275-290　1995
年 10 月

A0103　姜信沆　朝鮮初期韓國漢字音(高麗譯音)資料
中央研究院歷史語言研究所集刊　第 59 本 1 分
頁 249 -324　1988 年 03 月

A0104　姜信沆　　韓國漢字音內的舌音系字音變化
　　　　　　　　中央研究院第二屆國際漢學會議論文集(語言與文字
　　　　　　　　組)上冊　南港　中央研究院歷史語言研究所編印
　　　　　　　　頁 243-266　1989 年 06 月

A0105　高琇華　　中國音韻與梵音
　　　　　　　　海潮音　第 57 卷 11 期　頁 27　1976 年 11 月

A0106　陳子博　　日本漢字音與國音的比較研究
　　　　　　　　華學月刊　第 38 期　頁 39-41　1975 年 02 月

A0107　陳子博　　日本漢字音與國音的比較研究
　　　　　　　　臺南　自印本　1974 年 11 月

A0108　陳瑤璣　　漢學對日本訓讀之貢獻
　　　　　　　　國文學報　第 16 期　頁 19-58　1987 年 06 月

A0109　趙健相　　論韓國字母初聲與中國韻書字母之關係
　　　　　　　　中韓文化論集　臺北　中華學術院韓國研究所出版
　　　　　　　　頁 50-57　1978 年 10 月

A0110　鄧臨爾　　漢語與藏語之關係
　　　　　　　　東海學報　第 2 卷 1 期　頁 97-110　1960 年 06 月

A0111　黎光蓮　　中越字音比較研究
　　　　　　　　臺北　國立臺灣師範大學國文研究所碩士論文
　　　　　　　　1972 年 07 月

A0112　謝雲飛　　佛經傳譯對中國音韻學之影響
　　　　　　　　貝葉雜誌　第 3 期　1968 年 12 月
　　　　　　　　音學十論　臺灣　霧峰出版社　頁 16-29　1971 年 10 月

A0113　瀨戶口津子　琉球《官話問答便語》的語音分析
　　　　　　　　第二屆國際暨第十屆全國聲韻學學術研討會論文集
　　　　　　　　高雄　國立中山大學中文系所、中華民國聲韻學學
　　　　　　　　會主辦　頁 617-624　1992 年 05 月

A0114　羅杰瑞　　漢語和阿爾泰語互相影響的四項例證
　　　　　　　　清華學報　第 14 卷 1、2 期合刊　頁 243-247
　　　　　　　　1982 年 12 月

A0115　龔煌城　　漢藏緬語元音的比較
　　　　　　　　國科會獎助論文　1978 年

A0116　高明　　　　等韻研究導言
　　　　　　　　　文海　第 16 期　頁 4-5　1970 年 01 月
　　　　　　　　　高明小學論叢　臺北　黎明文化事業公司　頁 267-
　　　　　　　　　272　1978 年 07 月

A0117　陳新雄　　　《廣韻》以後韻書簡介
　　　　　　　　　木鐸　第 9 期　頁 97-120　1980 年 11 月
　　　　　　　　　鍥不舍齋論學集　臺北　臺灣學生書局　頁 101-144
　　　　　　　　　1984 年 08 月

A0118　陳新雄　　　古今音變與韻書
　　　　　　　　　古典詩絕句入門　財團法人王振生翁文教慈善基金會
　　　　　　　　　古典詩創作研習班講集　頁 75-86　1988 年 12 月

A0119　陳新雄　　　等韻述要
　　　　　　　　　國文學報　第 3 期　頁 29-89　1974 年 06 月
　　　　　　　　　臺北　藝文印書館　1975 年 10 月

A0120　董同龢　　　等韻門法通釋
　　　　　　　　　中央研究院歷史語言研究所集刊　第 14 本　頁 257-
　　　　　　　　　306　1948 年 06 月
　　　　　　　　　中央研究院歷史語言研究所集刊外編第 3 種　六同別錄
　　　　　　　　　1945 年 01 月
　　　　　　　　　董同龢先生語言學論文選集　臺灣　食貨出版社
　　　　　　　　　頁 33-82　1974 年 11 月

A0121　謝雲飛　　　關於國語語音的依據
　　　　　　　　　中國語文　第 445 期　頁 30-35　1994 年 07 月

A0122　謝雲飛　　　韻圖歸字與等韻門法
　　　　　　　　　南洋大學學報　第 2 期　頁 119-136　1968 年 03 月

A0123　余明貴　　　字音正則
　　　　　　　　　臺北　偉文出版社　1981 年

A0124　竺家寧　　　古音的化石
　　　　　　　　　國文天地　第 14 期　頁 62-65　1986 年 07 月

A0125　竺家寧　　　有關「韻書」的常識
　　　　　　　　　國文天地　第 46 期　頁 42-45　1989 年 03 月

A0126　孔仲溫　　　〈辯四聲輕清重濁法〉的音韻現象

		孔孟學報　第62期　頁313-343　1991年09月
A0127	方師鐸	《弟子職》用韻分析—「蒙求書研究」之一
		方師鐸文史叢稿專論下篇　臺灣　大立出版社 頁
		21-46　1985年11月
A0128	竺家寧	古人伐木的聲音
		國文天地　第1期　頁58-59　1985年06月
A0129	竺家寧	形聲字聲符表音功能研究
		第五屆中國文字學學術研討會論文　臺北　國立政
		治大學主辦　1994年05月
A0130	竺家寧	形聲系統的科學性和漢字拉丁化問題(初稿)
		兩岸漢字學術交流會論文　北京　1991年08月
A0131	竺家寧	形聲系統的科學性和漢字拉丁化問題(修訂稿)
		第三屆中國文字學會國際學術研討會論文集　臺北
		私立輔仁大學、中國文字學會主編　頁563-580
		1992年06月
A0132	金周生	「五聲」「十六聲」解
		海峽兩岸王國維學術研討會論文　浙江　海寧　1994
		年08月
A0133	張世彬	論歌詞之韻
		中國學人　第4期　頁79-84　1972年07月
A0134	張以仁	《經傳釋詞補》、《經傳釋詞再補》以及《經傳衍
		釋》的「音訓」問題
		中央研究院歷史語言研究所集刊　第39本上冊
		頁45-49　1969年01月
A0135	梅廣	訓詁資料所見到的幾個音韻現象
		中國聲韻學國際學術研討會論文　香港浸會學院
		1990年06月
		清華學報　第24卷1期　頁1-43　1994年03月
A0136	梅廣	訓詁資料所顯示的幾個音韻現象
		國科會獎助論文　1991年
A0137	陳光政	哈佛燕京圖書館語言學書八類觀
		第三屆國際暨第十二屆全國聲韻學學術研討會論文集

		新竹　國立清華大學主辦　頁 125-135　1994 年 05 月
A0138	陳銀樹	歷史名詞特殊讀音之研究
		臺南家專學報　第 3 期　頁 65-73　1981 年 10 月
A0139	鄭韻蘭	漢語轉品研究
		臺中商專學報　第 12 期　頁 73-109　1980 年 06 月
A0140	謝雲飛	詞的用韻
		南洋大學人文研究所專刊　第 99 號　頁 1-18　1977 年 12 月
		文學與音律　臺北　東大圖書公司　頁 85-102　1978 年 11 月

二、聲韻學史

A0141	王立達	漢語研究小史
		臺北　臺灣商務印書館
A0142	朱星	中國語言學史
		臺北　中華發展基金管理委員會、洪葉文化事業有限公司聯合發行　1995 年 08 月
A0143	何乃達	聲韻研究分期問題
		文史學報　第 6 期　頁 21-26
A0144	何大安	元音 iu 與介音 iu―兼論漢語史研究的一個方面
		王靜芝先生七十壽慶論文集　臺北　文史哲出版社　頁 227-238 不著出版年月
A0145	周法高	怎樣研究中國語音史
		臺北　中華文化出版事業委員會　1955 年
A0146	林祝悅	語言學史
		臺灣　世界書局
A0147	高本漢著 杜其容譯	中國語之性質及其歷史
		臺北　國立編譯館中華叢書編審委員會　1963 年
A0148	張光宇	漢語發展史與古音重建
		國文天地　第 44 期　頁 64-67　1989 年 01 月
A0149	張光宇	漢語發展史與漢語語音史

		書目季刊　第 22 卷 1 期　頁 13-22　1988 年 06 月
		切韻與方言　臺北　臺灣商務印書館　頁 1-16　1990 年 01 月
A0150	張琨著	漢語音韻史中的方言差異
	張賢豹譯	漢語音韻史論文集　臺北　聯經出版社　頁 35-58 1987 年 08 月；華中工學院出版社　1987 年
A0151	董同龢	中國語音史
		臺北　中華文化出版事業委員會　1954 年
		臺北　華岡出版社　1975 年
A0152	董同龢	漢語音韻學
		臺北　文史哲出版社　1965 年
A0153	劉人鵬	「叶音」說歷史考
		中國文學研究　第 3 期　頁 15-44　1989 年 05 月
A0154	鄭再發	漢語音韻史的分期問題
		中央研究院歷史語言研究所集刊　第 36 本下冊 頁 635-648　1966 年 06 月

三、工具書

A0155	杜學知	古音大字典
		臺北　臺灣商務印書館　1982 年 03 年
A0156	周法高	《說文通訓定聲》周法高音
	張日昇合編	自印本　1973 年 11 月
A0157	周法高編	玄應《一切經音義》反切考附冊—玄應一切經音義
		南港　中央研究院歷史語言研究所專刊之四十七 1962 年 07 月
A0158	周法高編	玄應反切字表
		香港　崇基書店　1968 年
A0159	周法高編	漢字古今音彙
		香港　中文大學出版　1973 年
A0160	周家風	黃氏古韻二十八部諧聲表
		臺南　私立遠東工業專科學校　1968 年

A0161　張卜庥　　　　子母音變彙編
　　　　　　　　　　臺北　臺灣商務印書館　1978 年

A0162　周法高　　　　周法高上古音韻表
　　　　張日昇合編　自印本　1973 年 09 月

A0163　莊惠芬　　　　《廣韻》切語今讀表
　　　　　　　　　　臺北　廣文書局　1964 年

A0164　陳新雄　　　　聲類新編
　　　　　　　　　　臺北　臺灣學生書局　1982 年 03 月

A0165　陳新雄等編　　語言學辭典
　　　　　　　　　　臺北　三民書局　1989 年 10 月

A0166　楊福綿　　　　中國語言學名詞匯編
　　　　溫知新　　　臺北　臺灣學生書局　1985 年 01 月

A0167　董同龢　　　　上古音韻表稿
　　　　　　　　　　中央研究院歷史語言研究所集刊　第 18 本　頁 1-249
　　　　　　　　　　1948 年
　　　　　　　　　　南港　中央研究院歷史語言研究所單刊甲種之二十一
　　　　　　　　　　1944 年 12 月
　　　　　　　　　　臺北　臺聯國風出版社　1944 年 12 月

A0168　董忠司主編　　《廣韻聲類》手冊
　　　　　　　　　　臺北　文史哲出版社　1992 年 12 月

A0169　蔡宗祈　　　　聲韻學名詞彙釋
　　　　　　　　　　臺中　私立東海大學中國文學研究所碩士論文
　　　　　　　　　　1979 年

A0170　鄭良偉　　　　《華台日古今字音對照表》的編寫與用途
　　　　　　　　　　第二屆國際暨第十屆全國聲韻學學術研討會論文集
　　　　　　　　　　高雄　國立中山大學中文系所、中華民國聲韻學學
　　　　　　　　　　會主辦　頁 253-278　1992 年 05 月

四、聲韻學研究概況

A0171　丁邦新　　　　中央研究院近十年來之語言學研究
　　　　　　　　　　幼獅月刊　第 43 卷 1 期　頁 38-41　1976 年 01 月

中國語言學論集　臺灣　幼獅文化事業公司　頁 36-45　1977 年 01 月

A0172　王松木　臺灣地區漢語音韻研究論著選介（上）
漢學研究通訊　第 14 卷 3 期　頁 239-242　1995 年 09 月

A0173　王松木　臺灣地區漢語音韻研究論著選介（中）
漢學研究通訊　第 14 卷 4 期　頁 336-339　1995 年 12 月

A0174　王松木　臺灣地區漢語音韻研究論著選介（下）
漢學研究通訊　第 15 卷 1 期　頁 87-93　1996 年 02 月

A0175　何大安　近五年來台灣地區漢語音韻研究論著選介
漢學研究通訊　第 2 卷 1 期　頁 5-13　1983 年 01 月

A0176　吳守禮　漢語學研究簡介
書和人　第 167 期　頁 1-8　1971 年 08 月

A0177　竺家寧　大陸地區複聲母研究評述
大陸情勢與兩岸關係研討會論文集　高雄　國立中山大學中山學術研究所編印　頁 391-402　1992 年 12 月
音韻探索　臺北　臺灣學生書局　頁 173-190　1995 年 10 月

A0178　竺家寧　台灣四十年來的音韻學研究
中國語文（北京）　第 232 期　頁 23-32　1993 年 01 月

A0179　竺家寧　從漢字、文化、到聲韻—兩岸文化交流的盛會
華文世界　第 66 期　頁 68-70　1992 年 12 月

A0180　竺家寧　臺灣目前的語言教學及語言學研究現況
從漢字到文化　臺北　中華兩岸統合會編　頁 147-150　1993 年 10 月

A0181　竺家寧　臺灣地區語言學及語言教學之現況
海峽兩岸文化學術研討會論文　北京　北方工業大學　1992 年 08 月

A0182　竺家寧　上古漢語複聲母研究綜述
　　　　趙秉璇　中國音韻學國際學術研討會論文　威海　山東大學

		1992 年 08 月
		音韻探索　臺北　臺灣學生書局　頁 291-312　1995 年 10 月
A0183	姚榮松	近五年來台灣地區漢語音韻研究論著選介（上） 漢學研究通訊　第 8 卷 1 期　頁 1-5　1989 年 03 月
A0184	姚榮松	近五年來台灣地區漢語音韻研究論著選介（下） 漢學研究通訊　第 8 卷 2 期　頁 90-97　1989 年 06 月
A0185	姚榮松	試析歐美有關中國語言文學的博士論文 幼獅月刊　第 48 卷 1 期　頁 66-71　1978 年 07 月
A0186	高明	中國字音分析的回顧與展望 書目季刊　第 13 卷 4 期　頁 105-113　1980 年 03 月
A0187	高明	四十三年度中國語文的研究 教育與文化　第 6 卷 4 期　頁 11-12　1955 年 01 月
A0188	陳振寰	漢語言學國際學術研討會（一九九一·武漢）述評 第二屆國際暨第十屆全國聲韻學學術研討會論文集 高雄　國立中山大學中文系所、中華民國聲韻學學會 主辦　頁 809-812　1992 年 05 月
A0189	陳新雄	中國聲韻學國際學術研討會報導 漢學研究通訊　第 9 卷 3 期　1990 年 09 月
A0190	陳新雄	六十年來之聲韻學 六十年來之國學第二冊　臺北　正中書局　頁 255-374 1972 年 11 月 臺北　文史哲出版社　1973 年 08 月 聲韻學論文集　臺北　木鐸出版社　頁 1-54　1976 年 05 月
A0191	陳新雄	幾本有價值的聲韻學要籍簡介 木鐸　第 3、4 期合刊　1975 年 11 月 華學月刊　第 50 期　頁 8-15　1976 年 02 月 鍥不舍齋論學集　臺北　臺灣學生書局　頁 685-698 1984 年 08 月
A0192	陳新雄	臺灣推行國語教學的情況 中國語文通訊　第 33 期　1995 年 03 月

A0193　湯廷池　　　國語語言學的回顧與展望
　　　　　　　　　書目季刊　第 13 卷 4 期　頁 81-90　1980 年 03 月
A0194　董同龢　　　近三十年的中國語言學
　　　　　　　　　學術季刊　第 1 卷 4 期　頁 17-26　1953 年 06 月

五、中國語言特質及發展

A0195　方師鐸　　　中國語言的特性及其對中國文學之影響
　　　　　　　　　中山學術文化集刊 第 26 期　頁 329-372　1980 年
　　　　　　　　　11 月
　　　　　　　　　中國文化月刊　第 7 期　頁 4-48　1980 年 05 月
A0196　方毅　　　　國音沿革
　　　　　　　　　臺北　臺灣商務印書館　1961 年
A0197　王士元　　　語言與語音
　　　　　　　　　臺北　文鶴出版有限公司　1988 年 09 月
A0198　王士元　　　語言變化的機理
　　　　　　　　　中國境內語言暨語言學第二輯　南港　中央研究院歷
　　　　　　　　　史語言研究所編印　頁 1-20　1993 年 08 月
A0199　伍崇厚　　　我國文字與音韻的研究
　　　　　　　　　教育與文化　第 201 期　頁 6-11　1959 年 01 月
A0200　江舉謙　　　說音
　　　　　　　　　臺北　文海出版社　1973 年
A0201　芮家智　　　字音又讀及歧音
　　　　　　　　　中國語文　第 314 期　頁 14-15　1983 年 08 月
A0202　何大安　　　「濁上歸去」與現代方言
　　　　　　　　　中央研究院歷史語言研究所集刊　第 59 本 1 分
　　　　　　　　　頁 115-140　1988 年 03 月
　　　　　　　　　國科會獎助論文　1989 年
　　　　　　　　　第六屆全國聲韻學討論會論文　高雄　國立高雄師範
　　　　　　　　　學院主辦　1988 年 04 月
　　　　　　　　　聲韻論叢第二輯　臺北　臺灣學生書局　頁 267-292
　　　　　　　　　1994 年 05 月

A0203　何大安　　　規律與方向：變遷中的音韻結構
　　　　　　　　　南港　中央研究院歷史語言研究所專刊之九十　1988
　　　　　　　　　年 06 月

A0204　李壬癸　　　漢語的連環變化
　　　　　　　　　第一屆國際暨第八屆全國聲韻學學術討論會論文
　　　　　　　　　臺北　私立輔仁大學、中華民國聲韻學學會主辦
　　　　　　　　　1990 年 03 月
　　　　　　　　　聲韻論叢第三輯　臺北　臺灣學生書局　頁 457-472
　　　　　　　　　1991 年 10 月

A0205　李壬癸　　　語音變化的各種學說述評
　　　　　　　　　幼獅月刊　第 44 卷 6 期　頁 23-29　1976 年 12 月

A0206　李添富　　　語音規範的問題
　　　　　　　　　輔仁國文學報　第 6 集　頁 327-352　1990 年 06 月

A0207　李添富　　　輕聲性質的再探討
　　　　　　　　　王靜芝先生八秩壽慶論文集　臺北　輔仁大學中文系
　　　　　　　　　所編印　頁 239-254　1995 年 06 月

A0208　李添富　　　談語音的變化
　　　　　　　　　輔仁學誌—文學院之部　第 21 期　頁 121-138　1992
　　　　　　　　　年 06 月

A0209　李添富　　　論假借與破音字的關係
　　　　　　　　　輔仁學誌—文學院之部　第 14 期　頁 383-392　1985
　　　　　　　　　年 06 月

A0210　李鍌　　　　中國語文的起源與特性
　　　　　　　　　海華雜誌　第 5 卷 3 期　頁 6-9　1989 年 04 月

A0211　杜其容　　　輕唇音之演變條件
　　　　　　　　　中央研究院國際漢學會議論文集　南港　中央研究院
　　　　　　　　　編印　頁 213-222　1981 年 10 月

A0212　杜學知　　　語根與語詞
　　　　　　　　　建設　第 2 卷 12 期　頁 12-14　1954 年 05 月

A0213　周法高　　　中國語文的特質和發展情形
　　　　　　　　　新時代　第 3 卷 10-12 期　共 8 頁　1963 年 10-12 月
　　　　　　　　　漢學論集　臺北　文史哲出版社　頁 109-133　1965

年 05 月

A0214　周法高　中國語的特質及其變遷大勢

大陸雜誌　第 9 卷 12 期　頁 11-14　1954 年 12 月

大陸雜誌語文叢書第一輯第三冊(語言文字)　臺灣

大陸雜誌社　頁 23-26　不著出版年月

國魂　第 301 期　頁 47-50　1970 年 12 月

A0215　林慶勳　兩岸字音及書音符號比較研究

國科會八十四年度專題研究計畫成果報告　1995 年

A0216　竺家寧　善變的嘴巴：漢語音演化的幾個模式（上）

國文天地　第 29 期　頁 66-69　1987 年 10 月

A0217　竺家寧　善變的嘴巴：漢語音演化的幾個模式（下）

國文天地　第 30 期　頁 72-75　1987 年 11 月

A0218　竺家寧　漢語音變的特殊類型

學粹　第 16 卷 1 期　頁 21-24　1974 年 03 月

音韻探索　臺北　臺灣學生書局　頁 265-274　1995
年 10 月

A0219　竺家寧　論破音字問題

德明青年　第 48 期　頁 68　1978 年 11 月

A0220　徐芳敏　老國音與《切韻》音

第四屆國際暨第十三屆全國聲韻學學術研討會論文

臺灣　國立臺灣師範大學國文系所、中華民國聲韻

學學會主辦　1995 年 05 月

A0221　袁宙宗　論音律的變化

智慧　第 4 卷 11 期-5 卷、2 期合刊　1972 年 08-10 月

A0222　高明　論中國字音的發音方法

第二屆國際暨第十屆全國聲韻學學術研討會論文集

高雄　國立中山大學中文系所、中華民國聲韻學學

會主辦　頁 1-26　1992 年 05 月

A0223　張以仁　由《廣韻》變到國語的若干聲調與聲母上的例外

大陸雜誌　第 37 卷 5 期　頁 19-28　1968 年 09 月

大陸雜誌語文叢書第二輯第四冊(語法聲韻文字研究

論集)　臺灣　大陸雜誌社　頁 283-292　不著出版

		年月
A0224	張琨	《切韻》與現代漢語方音
		大陸雜誌　第82卷5期　頁1-7　1991年05月
A0225	許世瑛	論《廣韻》反切跟國語音讀
		文教論叢　頁171-196　1971年01月
		許世瑛先生論文集　臺北　弘道文化事業公司
		頁1-24　1974年08月
A0226	黃憲堂	漢語的形態的考察
		淡江學報　第21期　頁251-266　1984年05月
A0227	葉簡齋	今韻與古韻
		人生　第17卷6、7期合刊　頁17-18　1959年02月
A0228	董季棠	談「讀音和語音」的問題
		教師之友　第24卷7、8期合刊　頁31-32　1983年10月
A0229	董昭輝	鼻音與記音
		國科會獎助論文　1988年
A0230	趙振靖	論中國語之性質
		苗栗　磐石出版社　1976年
A0231	劉述先	中國語文演變的大勢
		華文世界　第11期　頁2-9　1977年12月
A0232	劉義棠	漢譯突回語「里」、「里克」
		東方雜誌　第1卷12期　頁55-56　1968年06月
A0233	謝雲飛	一般語言中的超音段成素
		中國語文　第430期　頁12-15　1993年04月
A0234	謝雲飛	音變的過程
		中國語文　第420期　頁10-12　1992年06月
A0235	謝雲飛	語言的音變趨勢
		中國語文　第419期　頁14-16　1992年05月
A0236	謝雲飛	語音的發展方式(上)
		中國語文　第458期　頁12-16　1995年08月
A0237	謝雲飛	語音的發展方式(中)
		中國語文　第459期　頁11-15　1995年09月

A0238　謝雲飛　　　語音的發展方式(下)
　　　　　　　　　中國語文　第 460 期　頁 10-15　1995 年 10 月

A0239　謝雲飛　　　語音衍變的規律
　　　　　　　　　中國語文　第 421 期　頁 10-13　1992 年 07 月

A0240　謝雲飛　　　論語言的衍變
　　　　　　　　　中國語文　第 418 期　頁 14-17　1992 年 04 月

A0241　謝雲飛　　　濁音清化與清音濁化
　　　　　　　　　中國語文　第 425 期　頁 14-17　1992 年 11 月

A0242　顏綠清　　　國語語音的演進研究
　　　　　　　　　教育學院學報　第 8 期　頁 361-394　1983 年 06 月

A0243　魏岫明　　　國語演變之研究
　　　　　　　　　臺北　國立臺灣大學文史叢刊之六七　1969 年 08 月
　　　　　　　　　臺北　國立臺灣大學出版委員會　1984 年

六、聲韻結構

A0244　方師鐸　　　單音節中國字音的特色
　　　　　　　　　方師鐸文史叢稿專論下篇　臺灣　大立出版社　頁 85
　　　　　　　　　-90　1985 年 11 月

A0245　李方桂原著　零聲母與零韻母
　　　　　李壬癸譯　大陸雜誌　第 77 卷 1 期　頁 47-48　1988 年 07 月

A0246　李如龍　　　聲母對韻母和聲調的影響
　　　　　　　　　第十一屆全國聲韻學研討會論文集　臺灣　國立中正
　　　　　　　　　大學中文系所、中華民國聲韻學學會主辦　1993 年
　　　　　　　　　04 月

A0247　李添富　　　從意義的辨識談「輕聲」與「輕音」的區別
　　　　　　　　　國語文教育通訊　第 3 、 4 期合刊　頁 49-53　1993 年
　　　　　　　　　05 月

A0248　周法高　　　中國語單音節性之再檢討：駁金守拙及法蘭西斯〈中
　　　　　　　　　國語為多音節語說〉
　　　　　　　　　清華學報　第 14 卷 1 、 2 期合刊　頁 105-110
　　　　　　　　　1982 年 12 月

書和人　第 464 期　頁 1-6　1983 年 04 月

A0249　周法高　論古代漢語的音位
中央研究院歷史語言研究所集刊　第 25 本　頁 1-19
1954 年 06 月
中國語言學論文集　臺北　聯經出版事業公司　頁
263-282　1975 年 09 月

A0250　竺家寧　形聲結構之比較研究
第六屆中國文字學全國學術研討會論文　臺中　國立
中興大學主辦　1995 年 04 月

A0251　竺家寧　論擬聲詞聲音結構中的邊音成分
國際中國語言學學會第四屆年會暨北美漢語語言學第
七屆會議論文　The University of Wisconsin-
Mdaison,U.S.A　1995 年 06 月

A0252　金周生　古代漢語連音變化舉例：探討七個不合常軌形聲字字
音之產生原因
輔仁學誌一文學院之部　第 16 期　頁 225-236　1987
年 06 月

A0253　金鐘讚　從音理上看塞音 T 與塞擦音 TS 之諧聲關係
陳伯元先生六秩壽慶論文集　臺北　文史哲出版社
頁 447-456　1994 年 03 月

A0254　金鐘讚　論「同聲必同部」
第一屆中國訓詁學學術研討會論文　臺北　文史哲出
版社　頁 175-195　1994 年

A0255　徐富美　藏緬語音節結構研究
臺北 國立臺灣大學中國文學研究所碩士論文 1991 年

A0256　袁宙宗　漢字音節分析
黃埔月刊　第 223-224 期　1970 年 11-12 月

A0257　張光宇　漢語的音節結構
國文天地　第 37 期　頁 80-84　1988 年 06 月

A0258　曹峰銘　漢語語音切割的基本單位：論音節結構、字彙狀態與
曾進興　似字程度的作用
鄭靜宜　第十一屆全國聲韻學研討會論文集　臺灣　國立中正

		大學中文系所、中華民國聲韻學學會主辦　1993 年 04 月
A0259	許錟輝	形聲字形符之形成及其演化
		中央研究院第二屆國際漢學會議論文集(語言與文字組)下冊　南港　中央研究院歷史語言研究所編印 1989 年 06 月
A0260	黃金文	漢語□□□的語音、結構及來源
		嘉義　國立中正大學中國文學研究所碩士論文 1995 年 07 月
A0261	董同龢	聲母韻母的觀念和現代的語音分析理論
		中央研究院歷史語言研究所集刊外編第 4 種　慶祝董作賓先生六十五歲論文集下冊　頁 681-691　1960 年 07 月
		董同龢先生語言學論文選集　臺灣　食貨出版社 頁 341-352　1974 年 11 月
A0262	董昭輝	漢英音節比較研究
		臺北　臺灣學生書局　1983 年
A0263	趙元任	中國語文裏節奏與結構的觀念
		考古人類學刊 第 37 、 38 期合刊　頁 1-15　1975 年 06 月
A0264	趙元任	中文裡音節跟體裁的關係
		中央研究院歷史語言研究所集刊　第 40 本上冊 頁 519-528　1968 年 10 月
A0265	遠藤光曉	元音與聲調
		中國境內語言暨語言學第二輯　南港　中央研究院歷史語言研究所編印　頁 487-516　1993 年 08 月
A0266	劉繁蔚	論漢字音節的變化形式（上）
		公教智識　第 564 期　頁 6-9　1972 年 05 月
A0267	劉繁蔚	論漢字音節的變化形式（下）
		公教智識　第 565 期　頁 8-11　1972 年 06 月
A0268	鄭靜宜	聲調、韻母及音節性對漢語音素偵測的影響
		嘉義　國立中正大學心理學研究所碩士論文　1993 年

A0269　謝雲飛　同位音的特性
　　　　　　　中國語文　第 408 期　頁 7-10　1991 年 06 月
A0270　謝雲飛　音位中的同位音和分音
　　　　　　　中國語文　第 407 期　頁 7-9　1991 年 05 月
A0271　謝雲飛　音位的變體和辨義形態
　　　　　　　中國語文　第 409 期　頁 7-9　1991 年 07 月
A0272　謝雲飛　音長形成的超音段成素
　　　　　　　中國語文　第 431 期　頁 16-19　1993 年 05 月
A0273　謝雲飛　音高形成的超音段成素
　　　　　　　中國語文　第 433 期　頁 12-16　1993 年 07 月
A0274　謝雲飛　音勢形成的超音段成素
　　　　　　　中國語文　第 432 期　頁 15-18　1993 年 06 月
A0275　謝雲飛　音聯形成的超音段成素
　　　　　　　中國語文　第 434 期　頁 10-13　1993 年 08 月
A0276　謝雲飛　語言譯音中的替代作用
　　　　　　　中國語文　第 429 期　頁 12-14　1993 年 03 月
A0277　謝雲飛　語音衍變中的同化作用
　　　　　　　中國語文　第 422 期　頁 11-13　1992 年 08 月
A0278　謝雲飛　語音衍變中的異化作用
　　　　　　　中國語文　第 423 期　頁 14-17　1992 年 09 月
A0279　謝雲飛　語音衍變中的換位作用
　　　　　　　中國語文　第 424 期　頁 14-15　1992 年 10 月
A0280　謝雲飛　語音衍變中的類推作用
　　　　　　　中國語文　第 428 期　頁 15-17　1993 年 02 月
A0281　謝雲飛　語音變化中的弱化作用
　　　　　　　中國語文　第 427 期　頁 10-12　1993 年 01 月
A0282　謝雲飛　語音變化中的顎化作用
　　　　　　　中國語文　第 426 期　頁 10-12　1992 年 12 月
A0283　蘇尚耀　中國語原只是單音節語嗎？：讀〈語言學與語言教
　　　　　　　學〉有感
　　　　　　　華文世界　第 29 、 30 期合訂本　頁 7-8　1983 年
　　　　　　　06 月

七、聲母研究

A0284   王天昌   舌面通聲的紛歧現象
臺灣教育輔導月刊   第 4 卷 12 期   頁 24   1954 年
12 月

A0285   高明   論中國字音的「聲值」的擬測
靜宜學報   第 3 期   頁 1-22   1980 年 06 月

A0286   左松超   古聲紐演變考
臺北   國立臺灣師範大學國文研究所碩士論文
1959 年 06 月
國立臺灣師範大學國文研究所集刊   第 4 號   頁 137
-214   1960 年 06 月

A0287   李三榮   由中古到現代聲母發展的特殊現象
臺北   文史哲出版社   1974 年

A0288   金周生   上古唇塞音聲母之分化可溯源於陸德明《經典釋文》
時代說
國科會獎助論文   1988 年
第六屆全國聲韻學討論會論文   高雄   國立高雄師範
學院主辦   1988 年 04 月

A0289   金周生   漢語唇塞音聲母之分化可溯源於陸德明《經典釋文》
輔仁學誌—文學院之部   第 18 期   頁 203-230   1989
年 06 月
聲韻論叢第一輯   臺北   臺灣學生書局   頁 135-174
1994 年 05 月

A0290   楊秀芳   論漢語方言中全濁聲母清化
漢學研究   第 7 卷 2 期   頁 41-73   1989 年 12 月

A0291   謝雲飛   漢語音韻字母源流
南洋大學學報   第 6 期   頁 94-107   1972 年 03 月

八、韻母研究

A0292　村上之伸　　咸攝一等在吳語裡的演變
　　　　　　　　　第三屆國際暨第十二屆全國聲韻學學術研討會論文集
　　　　　　　　　新竹　國立清華大學主辦　頁 371-375　1994 年 05 月

A0293　周法高　　　古音中的三等韻兼論古音的寫法
　　　　　　　　　中央研究院歷史語言研究所集刊　第 19 本 頁 203-233
　　　　　　　　　1948 年 10 月
　　　　　　　　　中國語言學論文集　臺北　聯經出版事業公司
　　　　　　　　　頁 125-150　1975 年 09 月

A0294　高明　　　　中國歷代韻書的韻部分合
　　　　　　　　　華岡文科學報　第 12 期　頁 95-158　1980 年 03 月

A0295　高明　　　　論韻的四等
　　　　　　　　　輔仁學誌—文學院之部　第 9 期　頁 27-52　1980 年
　　　　　　　　　06 月

A0296　張正男　　　現代漢語ə韻探源
　　　　　　　　　第二屆國際暨第十屆全國聲韻學學術研討會論文集
　　　　　　　　　高雄　國立中山大學中文系所、中華民國聲韻學學
　　　　　　　　　會主辦　頁 393-402　1992 年 05 月

A0297　張光宇　　　梗攝三、四等字在漢語南方方言的發展
　　　　　　　　　中華學苑　第 33 期　頁 65-86　1986 年 06 月
　　　　　　　　　第四次聲韻學討論會論文　臺北　國立政治大學主辦
　　　　　　　　　1986 年 07 月
　　　　　　　　　切韻與方言　臺北　臺灣商務印書館　頁 103-116
　　　　　　　　　1990 年 01 月

A0298　張琨　　　　《切韻》止攝、遇攝字在現代粵語方言中的演變
　　　　　　　　　中央研究院歷史語言研究所集刊　第 61 本 4 分
　　　　　　　　　頁 943-966　1989 年 12 月

A0299　張琨　　　　《切韻》的前*a 和後*a 在現代方言中的演變
　　　　　　　　　中央研究院歷史語言研究所集刊　第 56 本 1 分　頁 43
　　　　　　　　　-104　1985 年 03 月

九、聲調研究

A0300　丁邦新　　　漢語聲調的演變
　　　　　　　　　中央研究院第二屆國際漢學會議論文集(語言與文字
　　　　　　　　　組)上冊　南港　中央研究院歷史語言研究所編印
　　　　　　　　　頁 395-408　1989 年 06 月

A0301　丁邦新　　　漢語聲調源於韻尾說之檢討
　　　　　　　　　國科會獎助論文　1980 年
　　　　　　　　　中央研究院國際漢學會議論文集　南港　中央研究院
　　　　　　　　　編印　頁 267-284　1981 年 10 月

A0302　何大安　　　聲調的完全回頭演變是否可能
　　　　　　　　　國科會獎助論文　1992 年
　　　　　　　　　第二屆國際暨第十屆全國聲韻學學術研討會論文集
　　　　　　　　　高雄　國立中山大學中文系所、中華民國聲韻學學
　　　　　　　　　會主辦　頁 413-430　1992 年 05 月
　　　　　　　　　中央研究院歷史語言研究所集刊　第 65 本 1 分　頁 1-18
　　　　　　　　　1994 年 03 月

A0303　何容　　　　上聲變調是不是語法現象
　　　　　　　　　文教論叢　頁 71-73　1971 年 01 月

A0304　吳匡　　　　北方官話入聲消失之經過
　　　　　　　　　國科會獎助論文　1966 年

A0305　吳笑生　　　論去聲
　　　　　　　　　華國　第 2 期　頁 54-65　1958 年 09 月

A0306　岩田禮　　　漢語方言入聲音節的生理特徵─兼論入聲韻尾的歷
　　　　　　　　　時變化
　　　　　　　　　中國境內語言暨語言學第一輯　南港　中央研究院
　　　　　　　　　歷史語言研究所編印　1989 年 06 月

A0307　竺家寧　　　「入聲」滄桑史
　　　　　　　　　國文天地　第 2 期　頁 40-43　1985 年 07 月

A0308　胡莫　　　　談談聲調及其它
　　　　　　　　　臺灣文化　第 4 卷 1 期　頁 8-12　1949 年 03 月

A0309　張正男　　　論上變陽平與後半上之異
　　　　　　　　　教學與研究　第 6 期　頁 259-262　1984 年 05 月

A0310　張希曾　　　國音裏入聲類字辨議問題的研究

		嘉義師專學報　第 8 期　頁 139-162　1978 年 05 月

A0311　陳慧劍　　入聲字箋論

臺北　白鄰書屋　1977 年 05 月

臺北　東大圖書公司　1993 年 05 月

A0312　馮俊明　　上聲字的變調研究

國教天地　第 9 期　頁 42-43　1974 年 10 月

A0313　楊時逢　　西南官話入聲的演變

中央研究院歷史語言研究所集刊　第 59 本 1 分

頁 7-11　1988 年 03 月

A0314　薛鳳生　　論入聲字之演化規律

屈萬里先生七秩榮慶論文集　臺北　聯經出版社

頁 407-434　1978 年 10 月

A0315　謝雲飛　　如何自國語音中辨四聲

夜聲雜誌　第 7 期　1963 年 11 月

音學十論　臺灣　霧峰出版社　頁 110-113　1971 年
01 月

文學與音律　臺北　東大圖書公司　頁 65-68　1978
年 11 月

A0316　謝雲飛　　如何審辨平仄聲（上）

中國語文　第 416 期　頁 7-11　1992 年 02 月

A0317　謝雲飛　　如何審辨平仄聲（下）

中國語文　第 417 期　頁 7-9　1992 年 03 月

A0318　謝雲飛　　華語調值變遷初探

世界華文教學研討會論文集　頁 305-314　1984 年
12 月

A0319　左偉芳　　論漢語上升語調的意義

第二屆國際暨第十屆全國聲韻學學術研討會論文集
高雄　國立中山大學中文系所、中華民國聲韻學學
會主辦　頁 431-444　1992 年 05 月

A0320　平田昌司　梵讚與四聲論（上）—科舉制度與漢語史 II

第二屆國際暨第十屆全國聲韻學學術研討會論文集
高雄　國立中山大學中文系所、中華民國聲韻學學

		會主辦　頁 43-66　1992 年 05 月
A0321	石鋒	送氣分調餘論
		第三屆國際暨第十二屆全國聲韻學學術研討會論文集
		新竹　國立清華大學主辦　頁 440-458　1994 年 05 月
A0322	朱曉農	雙音節降調右蔓延的種類
		第二屆國際暨第十屆全國聲韻學學術研討會論文集
		高雄　國立中山大學中文系所、中華民國聲韻學學
		會主辦　1992 年 05 月
A0323	江惜美	四聲探究
		絃誦集－古典文學分論　臺北　書銘出版事業公司
		頁 11-22　1995 年 05 月
A0324	何大安	送氣分調及相關問題
		中央研究院歷史語言研究所集刊　第 60 本 4 分
		頁 765-778　1989 年 12 月
A0325	周法高	說平仄
		中央研究院歷史語言研究所集刊　第 13 本　頁 153-162
		1948 年 09 月
		中央研究院歷史語言研究所集刊外編第 3 種 六同別錄
		1945 年 01 月
		中國語言學論文集　臺北　聯經出版事業公司 頁 105
		-114　1975 年 09 月
A0326	林素琴	淺談「四聲」
		臺南師專學刊　第 2 期　頁 94-100　1980 年 06 月
A0327	張光宇	送氣與調類分化
		中國書目季刊　第 23 卷 1 期　頁 33-36　1989 年 06 月
A0328	梅祖麟	說上聲
		清華學報　第 14 卷 1、2 期合刊　頁 233-241
		1982 年 12 月
A0329	陳秀英	聲調成分中音長的問題
		師大學報　第 23 期　頁 217-236　1978 年 06 月
A0330	陳重瑜	重疊詞的聲調變化及其影響
		中央研究院第二屆國際漢學會議論文集(語言與文字

組)上冊　南港　中央研究院歷史語言研究所編印
頁 305-322　1989 年 06 月

A0331　陳瑤璣　　古漢語入聲韻與日本漢音特性之關係
　　　　　　　　教學與研究　第 8 期　頁 153-186　1986 年 06 月

A0332　董季棠　　談平仄聲
　　　　　　　　中國語文　第 388 期　頁 15-18　1989 年 10 月

A0333　董季棠　　談平仄聲—從史紫忱先生竟說「功」字是仄聲說起
　　　　　　　　書和人　第 636 期　頁 2　1989 年 12 月

A0334　謝雲飛　　四聲八調與八調不全
　　　　　　　　中國語文　第 448 期　頁 32-37　1994 年 10 月

A0335　謝雲飛　　四聲與平仄
　　　　　　　　文化大學企管學刊　第 1 期　頁 153-158　1984 年
　　　　　　　　06 月

A0336　謝雲飛　　語言聲調的起因
　　　　　　　　中國語文　第 452 期　頁 14-17　1995 年 02 月

A0337　謝雲飛　　談詩歌聲調的二元化
　　　　　　　　中國語文　第 440 期　頁 17-21　1994 年 02 月

A0338　謝雲飛　　調類和調值
　　　　　　　　中國語文　第 437 期　頁 11-14　1993 年 11 月

A0339　謝雲飛　　聲調如何分陰陽
　　　　　　　　中國語文　第 439 期　頁 12-15　1994 年 01 月

A0340　謝雲飛　　漢語中的聲調
　　　　　　　　音學十論　臺灣　霧峰出版社　頁 47-68　1971 年 01 月

A0341　謝雲飛　　漢語的聲調
　　　　　　　　新社季刊　第 3 卷 4 期　頁 38-45　1971 年 06 月
　　　　　　　　中國語文　第 435 期　頁 12-15　1993 年 09 月

十、字音演變

A0342　方師鐸　　「我」字音讀變遷考
　　　　　　　　東海學報　第 9 卷 1 期　頁 31-44　1968 年 01 月
　　　　　　　　東海文薈　第 9 期　頁 31-44　1968 年 07 月

		方師鐸文史叢稿專論上篇　臺灣　大立出版社
		1984 年 11 月
A0343	方師鐸	宰我「我」字音問題剖析
		孔孟月刊　第 5 卷 12 期　頁 16-22　1967 年 08 月
A0344	江舉謙	□字音讀商訂
		中國文化月刊　第 113 期　頁 77-79　1989 年 03 月
A0345	沈壹農	說餐與飧之繆暢
		第十一屆全國聲韻學研討會論文集　臺灣　國立中
		正大學中文系所、中華民國聲韻學學會主辦
		1993 年 04 月
A0346	竺家寧	華視「每日一字」音讀商榷
		國文天地　第 3 期　頁 56-58　1985 年 08 月
A0347	竺家寧	談國中國文課本中的幾個音讀問題
		國文天地　第 9 卷 6 期　頁 66-68　1993 年 11 月
A0348	金周生	元曲「他」字異讀研究
		輔仁學誌　第 12 期　1983 年 06 月
A0349	張正男	呀字音義考
		教學與研究　第 7 期　頁 153-156　1985 年 06 月
A0350	野渡	「也」的轉聲問題
		中國語文　第 284 期　頁 75-76　1981 年 02 月
A0351	黃坤堯	說「打」
		書目季刊　第 19 卷 1 期　頁 46-56　1985 年 06 月
A0352	葉夢麟	談「者」聲字古音復趙尺子先生
		學粹　第 9 卷 2 期　頁 22　1967 年 02 月
A0353	葉夢麟	談「者」聲字古音復蔡懋棠先生
		學粹　第 9 卷 5 期　頁 26　1967 年 08 月

十一、反切及標音法

A0354	王天昌	反切與注音方法的進步
		書和人　第 87 期　頁 1-8　1968 年 06 月
A0355	李維棻	反語起源新證

		淡江學報　第 5 期　頁 85-92　1966 年 11 月
A0356	杜其容	由韻書中罕見字推論反切結構
		國立臺灣大學文史哲學報　第 21 期　頁 1-49　1972 年 06 月
A0357	杜學知	談反切
		大陸雜誌　第 10 卷 9 期　頁 10-12　1955 年 05 月
		大陸雜誌語文叢書第一輯第三冊(語言文字學)
		臺灣　大陸雜誌社　頁 88-90　不著出版年月
A0358	林慶勳	注音符號的回顧─漢字標音方式的發展
		國文天地　第 53 期　頁 21-25　1989 年 10 月
A0359	竺家寧	「反切」的故事
		國文天地　第 7 期　頁 61-63　1985 年 12 月
A0360	竺家寧	淺談幾種基本的語音變化
		德明商專會統年報　第 2 期　頁 85-88　1976 年 11 月
A0361	高明	反切以前中國字的標音法
		高明文輯（中）　臺北　黎明文化事業公司　頁 203-213　1978 年 03 月
		高明小學論叢　臺北　黎明文化事業公司　頁 203-213　1978 年 07 月
		中華學苑　第 4 期　頁 1-10　1969 年 07 月
A0362	高明	反切起源論
		高明文輯（中）　臺北　黎明文化事業公司　頁 214-229　1978 年 03 月
		高明小學論叢　臺北　黎明文化事業公司　頁 214-229　1978 年 07 月
		文教論叢　頁 153-169　1971 年 01 月
A0363	高明	論注音符號、國語羅馬字與國際音標的演進
		華岡文科學報　第 11 期　頁 315-346　1978 年 01 月
A0364	張端仕編	漢字音標與聲讀
	齊鐵恨校	花蓮　華光書局　1964 年
A0365	黃啓山	反切的探討
		台南師專學報　第 1 期　頁 81-85　1979 年 04 月

| A0366 | 龍宇純 | 例外反切的研究 |

中央研究院歷史語言研究所集刊　第 36 本上冊　頁
331-373　1965 年 12 月

| A0367 | 謝雲飛 | 華語注音的各式音標之比較 |

新社季刊　第 3 卷 3 期　1971 年 03 月

音學十論　臺灣　霧峰出版社　頁 30-46 1971 年 01 月

| A0368 | 謝雲飛 | 漢字標音簡史 |

南洋商報　71 年新年特刊　1973 年 01 月

十二、聲韻理論

| A0369 | 王天昌 | 音位理論與漢語音系統之分析 |

東海學報　第 17 卷　頁 93-108　1976 年 06 月

| A0370 | 李壬癸 | 音韻的共通性及理論基礎 |

人類與文化　第 8 期　頁 1-6　1976 年 07 月

| A0371 | 辛勉 | 簡介音位學 |

國文學報　第 14 期　頁 233-245　1985 年 06 月

| A0372 | 林慶勳 | 論漢語語言學體系的建立 |

陳伯元先生六秩壽慶論文集　臺北　文史哲出版社
頁 343-364　1994 年 03 月

| A0373 | 竺家寧 | 音位理論在漢字上的應用 |

第四屆中國文字學討論會論文集　臺北　大安出版社
頁 289-300　1993 年 03 月

| A0374 | 竺家寧 | 語料上雙聲疊韻和音近的區分 |

紀念王力先生九十誕辰語言學研討會論文　北京　北
京大學　1990 年 08 月

紀念王力先生九十誕辰論文集　濟南　山東教育出版
社　頁 151-159　1991 年 12 月

| A0375 | 陳貴麟 | 試論基礎音系跟主體音系的區別 |

第一屆全國研究生語言學研討會　嘉義　國立中正大
學　1993 年 12 月

| A0376 | 黃居仁 | 試論漢語的數學規範性質 |

中央研究院歷史語言研究所集刊　第 60 本 1 分　頁 47-73　1989 年 03 月

A0377　楊秀芳　音位中的互補跟互補有關的問題
大陸雜誌　第 79 卷 3 期　頁 41-42　1989 年 09 月

A0378　趙元任　中國音韻裡的規範問題
中國語文　第 4 卷 5 期　頁 4-8　1959 年 05 月

A0379　龍宇純　《荀子·正名篇》重要語理論闡述
國立臺灣大學文史哲學報　第 18 期　頁 443-455
1969 年 05 月

A0380　薛鳳生　傳統聲韻學與現代音韻理論
第二屆國際暨第十屆全國聲韻學學術研討會論文集
高雄　國立中山大學中文系所、中華民國聲韻學學
會主辦　頁 27-42　1992 年 05 月

A0381　謝雲飛　新語言理論中的音位學
中國語文　第 406 期　頁 7-9　1991 年 04 月

A0382　鍾榮富　空區別性特徵理論與漢語音韻
第九屆全國聲韻學討論會論文　臺北　私立東吳大學
、中華民國聲韻學學會主辦　1991 年 05 月
聲韻論叢第四輯　臺北　臺灣學生書局　頁 299-334
1992 年 05 月

十三、聲韻研究法

A0383　王松林　試論「四品切法」
中部地區中文研究生論文發表會論文　臺中　私立
東海大學　1993 年 12 月

A0384　何大安　聲韻學中的觀念和方法
臺北　大安出版社　1987 年 12 月

A0385　李方桂　藏漢系語言研究法
中國語言學論集　臺灣　幼獅文化事業公司　頁
132-148　1977 年 01 月

A0386　李方桂　藏漢系語言研究法

中華文化復興月刊　第 7 卷 8 期　頁 12-16　1974 年 08 月

A0387　林尹　中國聲韻學研究方法與效用

孔孟月刊　第 13 卷 12 期　頁 39-42　1975 年 08 月

孔孟月刊　第 15 卷 12 期　頁 37-41　1977 年 08 月

義安學院學刊　第 1 卷　頁 82-85　1965 年

學粹　第 3 卷 1 期　頁 20-23　1960 年 12 月

A0388　林慶勳　如何由反切推定幾等韻

華岡文科學報　第 14 期　頁 111-120　1982 年 06 月

A0389　林慶勳　試論合聲切法

國科會獎助論文　1986 年

漢學研究　第 5 卷 1 期　頁 29-51　1987 年 06 月

A0390　徐通鏘　音系的結構格局和內部擬測法

第三屆國際暨第十二屆全國聲韻學學術研討會論文集

新竹　國立清華大學主辦　頁 334-352　1994 年 05 月

A0391　張世彬　略論唐宋詞之韻法

中國學人　第 6 期　頁 163-170　1977 年 09 月

A0392　陳新雄　如何從國語的讀音辨識《廣韻》的聲韻調

輔仁學誌—文學院之部　第 9 期　頁 109-152　1980 年 06 月

鍥不舍齋論學集　臺北　臺灣學生書局　頁 145-196　1984 年 08 月

A0393　陳新雄　陳澧《切韻考》系聯《廣韻》切語上下字補充條例補例

第五屆全國聲韻學討論會論文　臺北　國立臺灣師範大學國文系所主辦　1987 年 04 月

國文學報　第 16 期　頁 1-18　1987 年 06 月

文字聲韻論叢　臺北　東大圖書公司　頁 303-326　1994 年 01 月

聲韻論叢第一輯　臺北　臺灣學生書局　頁 221-248　1994 年 05 月

A0394　葉嘉瑩　怎樣讀古書的反切

		臺北　時報文化出版公司　1986 年
A0395	駱嘉鵬	《廣韻》音類辨識法—如何以國語閩南語讀音分辨廣韻的聲韻調
		臺北　私立輔仁大學中國文學研究所碩士論文 1985 年
A0396	龍宇純	陳澧以來幾家反切系聯法商兌—並論《切韻》系韻書反切系聯法的學術價值
		國科會獎助論文　1982 年
		清華學報　第 14 卷 1、2 期合刊　頁 193-205 1982 年 12 月
A0397	謝雲飛	如何標示和紀錄調值
		中國語文　第 438 期　頁 11-17　1993 年 12 月
A0398	羅宗濤	我研究兩晉南北朝歌謠用韻的方法
		慶祝高郵高仲華先生六秩誕辰論文集(上)　臺北 國立臺灣師範大學國文研究所編印　頁 475-494 1968 年 03 月

十四、聲韻學在其它學科上的運用

A0399	丁邦新	從音韻論柏梁臺詩的著作時代
		總統蔣公逝世周年紀念論文集　南港　中央研究院編印　頁 1223-1230　1976 年 04 月
A0400	丁邦新	聲韻學知識用於推斷文學作品時代及真偽之限度
		第一屆國際暨第八屆全國聲韻學學術討論會論文 臺北　私立輔仁大學、中華民國聲韻學學會主辦 1990 年 03 月
		中國文哲研究集刊　第 1 期　頁 241-254　1991 年 03 月
		聲韻論叢第四輯　臺北　臺灣學生書局　頁 433-450 1992 年 05 月
A0401	方師鐸	從「用韻」推定〈孔雀東南飛〉詩的時代
		東海中文學報　第 1 期　頁 19-24　1979 年 11 月

		方師鐸文史叢稿專論下篇　臺灣　大立出版社　頁71-84　1985 年 11 月
A0402	王忠林	中國文學聲律之研究
		臺北 國立臺灣師範大學國文研究所博士論文 1962 年
		臺北　臺灣省立師範大學國文研究所叢書第二種1963 年 12 月
A0403	田園	聲律韻規與製腔選調─詞學劄記
		中國文化月刊　第 149 期　頁 86-92　1992 年 03 月
A0404	朱榮智	文氣與聲律
		師大學報　第 33 期　頁 235-258　1988 年 06 月
A0405	吳淑惠	聲響與文情關係之研究
		臺北 國立臺灣師範大學國文研究所碩士論文 1979 年
A0406	李立信	古風之用韻與調律
		東海中文學報　第 2 期　頁 55-66　1981 年 04 月
A0407	竺家寧	析論古典詩歌中的韻律
		兩岸暨港新中小學國語文教學國際研討會論文　臺北國立臺灣師範大學主辦　1995 年 06 月
A0408	竺家寧	語音分析與唐詩鑑賞
		華文世界　第 74 期　頁 32-36　1994 年 12 月
A0409	洪德和	從聲音與情緒之關係談《史記·荊軻傳》中對「變徵之聲」註釋之商榷
		孔孟月刊　第 28 卷 4 期　頁 16-19　1989 年 12 月
		儒林學報　第 5 期　頁 27-34　1990 年 07 月
A0410	張志奇	經籍訓釋與聲韻關係
		臺東　撰者印行　1981 年
A0411	莊雅州	聲韻學與散文鑒賞
		第一屆國際暨第八屆全國聲韻學學術討論會論文臺北　私立輔仁大學、中華民國聲韻學學會主辦1990 年 03 月
A0412	莊雅州	聲韻學與散文鑒賞
		聲韻論叢第三輯　臺北　臺灣學生書局　頁 41-641991 年 10 月

A0413　陳新雄　　訓詁與聲韻之關係
　　　　　　　　訓詁學(上冊)　臺北　臺灣學生書局　頁89-160
　　　　　　　　1994年09月

A0414　陳新雄　　從蘇東坡小學造詣看他詩學上之表現
　　　　　　　　第一次聲韻學討論會論文　臺灣　國立師範大學國
　　　　　　　　文系所主辦　1982年04月

A0415　黃禮科　　聲韻與中國詩
　　　　　　　　暢流　第56卷10期　頁14-16　1978年01月

A0416　鄭錦全　　電腦在漢語音韻研究上的運用
　　　　　　　　思與言　第9卷6期　頁26-30　1972年03月

A0417　謝雲飛　　文學與音律
　　　　　　　　臺北　東大圖書公司　1978年

A0418　謝雲飛　　音色與文學音律
　　　　　　　　中國語文　第415期　頁7-10　1992年01月

A0419　謝雲飛　　音長與文學音律
　　　　　　　　中國語文　第412期　頁20-22　1991年10月

A0420　謝雲飛　　音高與文學音律
　　　　　　　　中國語文　第414期　頁7-9　1991年12月

A0421　謝雲飛　　音勢與文學音律
　　　　　　　　中國語文　第413期　頁14-17　1991年11月

A0422　謝雲飛　　從音律的觀點看詩歌(上)
　　　　　　　　南洋商報　星期專刊8日號　1974年12月

A0423　謝雲飛　　從音律的觀點看詩歌(下)
　　　　　　　　南洋商報　星期專刊15日號　1974年12月

A0424　謝雲飛　　語言音律與文學音律的分析研究
　　　　　　　　南洋大學學報　第7期　頁44-55　1973年03月
　　　　　　　　文學與音律　臺北　東大圖書公司　頁1-20　1978
　　　　　　　　年11月

A0425　謝雲飛　　語音成素與文學音律
　　　　　　　　漢學論文集第二集(國立政治大學中文系所主編)
　　　　　　　　臺北　文史哲出版社　頁141-152　1983年12月

A0426　鍾克昌　　藉聲韻學辨言筌而得道─以新探道德經為例

第二屆國際暨第十屆全國聲韻學學術研討會論文集
高雄　國立中山大學中文系所、中華民國聲韻學學
會主辦　頁 739-770　1992 年 05 月

A0427　簡宗梧　〈高唐賦〉撰成時代之商榷—以音韻考辨爲主
第二屆國際暨第十屆全國聲韻學學術研討會論文集
高雄　國立中山大學中文系所、中華民國聲韻學學
會主辦　頁 697-714　1992 年 05 月

A0428　簡宗梧　運用音韻辨辭賦眞僞之商榷
大陸雜誌　第 80 卷 4 期　頁 1-5　1990 年 04 月
聲韻論叢第一輯　臺北　臺灣學生書局　頁 393-406
1994 年 05 月

十五、聲韻教學

A0429　任日鎬　李朝中國語言教學之研究
臺北 國立政治大學中國文學研究所碩士論文 1973 年

A0430　林炯陽　聲韻學在華文教學上的效用
東吳哲學傳習錄　第 2 期　頁 307-316　1993 年 05 月

A0431　張正男　兒韻字的音讀與教學
國文學報　第 13 期　頁 207-221　1984 年 06 月

A0432　謝雲飛　華語語音與華語教學
華文教師會論文集　第 3 期　頁 56-68　1976 年

十六、名詞術語

A0433　謝雲飛　十二轉聲釋義
貝葉雜誌　第 5 期　1970 年 12 月
音學十論　臺灣 霧峰出版社　頁 69-84　1971 年 01 月

A0434　李存智　論內外轉
中國文學研究　第 7 期　頁 129-144　1993 年 05 月

A0435　杜其容　釋內外轉名義
中央研究院歷史語言研究所集刊　第 40 本上冊　頁

281-294　1968 年 10 月

A0436	張日昇	從現代方言看內外轉
	張群顯	中國境內語言暨語言學第一輯　南港　中央研究院

歷史語言研究所編印　1989 年 06 月

A0437　許世瑛　評羅（常培）董（同龢）兩先生釋內外轉之得失

淡江學報　第 5 期　頁 1-15　1966 年 11 月

許世瑛先生論文集　臺北　弘道文化事業公司　頁

187-212　1974 年 08 月

A0438　趙元任　說清濁

中央研究院歷史語言研究所集刊　第 30 本下冊　頁

493-497　1959 年 10 月

A0439　劉人鵬　唐末以前「清濁」「輕重」之意義重探

中國文學研究　第 1 期　頁 81-100　1987 年 05 月

A0440　李金眞　再談「陰陽對轉」

臺灣風物　第 10 卷 10-12 期合刊　頁 43-54　1960 年

12 月

A0441　李金眞　談「陰陽對轉」

臺灣風物　第 10 卷 1、2 期合刊　頁 33-37　1960 年

12 月

A0442　陳新雄　也談「陰陽對轉」

臺灣風物　第 10 卷 10-12 期合刊　頁 37-42　1960 年

12 月

A0443　李達　細說尖團

中國語文　第 332 期　頁 12-16　1985 年 02 月

A0444　劉秉南　爲〈細談尖團〉續貂

中國語文　第 340 期　頁 34-40　1985 年 10 月

A0445　葉芝生　論輕唇音

大陸雜誌　第 19 卷 11 期　頁 8　1959 年 12 月

十七、序跋及提要

A0446　小川環樹　讀尾崎雄二郎《漢語語音史研究》

世界華學季刊　第 2 卷 3 期　頁 1-6　1981 年 09 月

A0447　王雲五　《古音蠡測》序

學粹　第 5 卷 5 期　頁 24　1963 年 08 月

A0448　王雲五　重印《韻史》序

東方雜誌　第 1 卷 5 期　頁 106　1967 年 11 月

A0449　申克常　《國劇聲韻》前言

華學月刊　第 54 期　頁 45-47　1976 年 06 月

A0450　余迺永　《互註校正宋本廣韻》序

華學月刊　第 45 期　頁 43-47　1975 年 09 月

A0451　李維棻　介紹《廣韻聲系》

中華文化復興月刊　第 12 卷 3 期　頁 71-76　1979 年 03 月

A0452　杜其容　讀董同龢《中國語音史》

三民主義半月刊　第 24 期　頁 75-76　1956 年 04 月

A0453　杜學知　《古音紐韻譜》自序

華學月刊　第 76 期　頁 56-57　1978 年 04 月

A0454　周法高　《中國音韻學論文集》自序

大陸雜誌　第 67 卷 2 期　頁 1-2　1983 年 08 月

A0455　周法高　〈中國語單音節性之再檢討〉後記

書和人　第 465 期　頁 8　1983 年 04 月

A0456　周法高　讀「《切韻》研究」

大陸雜誌　第 69 卷 2 期　頁 1-15　1984 年 08 月

A0457　林尹　《新校正切宋本廣韻》序

書和人　第 300 期　頁 8　1976 年 11 月

A0458　林尹　影印《十韻彙編》後記

學粹　第 7 卷 3 期　頁 38　1965 年 04 月

A0459　林平和　《明代等韻學研究》提要

木鐸　第 5、6 期合刊　1977 年 03 月

師大國文所潘石禪七十壽誕論文集

臺北　頁 393-396　1977 年 03 月

A0460　林炯陽　《六十年來之聲韻學》(介紹)

華學月刊　第 26 期　頁 20-23　1974 年 02 月

A0461　林慶勳　《段玉裁之生平及其學術成就》提要

華學月刊　第 105 期　頁 40-42　1980 年 09 月

A0462　竺家寧　《中國語言學論文集》序

中國語言學論文集　嘉義　國立中正大學中文研究

所語言學專題研究室主編　頁 1-2　1993 年 12 月

A0463　竺家寧　《古漢語複聲母研究》提要

華學月刊　第 125 期　頁 54-59　1982 年 05 月

音韻探索　臺北 臺灣學生書局　頁 1-12　1995 年 10 月

A0464　邱棨鐊　《集韻研究》提要

華學月刊　第 33 期　頁 35-37　1974 年 09 月

A0465　高明　《中國聲韻學叢刊初編》敘錄

中華學苑　第 1 期　頁 23-37　1968 年 01 月

高明文輯（中）臺北　黎明文化事業公司　頁 230-
244　1978 年 03 月

高明小學論叢　臺北 黎明文化事業公司　頁 230-244
1978 年 07 月

A0466　高明　《古音學發微》序

高明小學論叢　臺北 黎明文化事業公司　頁 245-247
1978 年 07 月

A0467　高明　《唐以前小學書之分類與考證》序

高明文輯（中）臺北　黎明文化事業公司　頁 514-
516　1978 年 03 月

高明小學論叢　臺北 黎明文化事業公司　頁 514-516
1978 年 07 月

A0468　高明　《複音詞聲義闡微》序

高明小學論叢　臺北 黎明文化事業公司　頁 511-513
1978 年 07 月

高明文輯（中）臺北　黎明文化事業公司　頁 511-
513　1978 年 03 月

A0469　張以仁　《國語舊音考校》序言

中央研究院歷史語言研究所集刊　第 42 本 4 分
頁 563-570　1971 年 12 月

A0470　張賢豹　　邵著《切韻研究》書後
　　　　　　　　書目季刊　第18卷1期　頁3-16　1984年06月
A0471　梁容若　　江著《詩經韻譜》序
　　　　　　　　大陸雜誌　第28卷2期　頁10　1964年01月
A0472　許世瑛　　江有誥著《詩經韻譜》序
　　　　　　　　民主評論　第14卷24期　頁24　1963年12月
A0473　許世瑛　　周法高著《中國語文研究》
　　　　　　　　學術季刊　第5卷2期　頁146-147　1956年12月
A0474　陳新雄　　《中國聲韻學》（介紹）
　　　　　　　　華學月刊　第23期　頁29-35　1973年11月
A0475　陳新雄　　《古音學發微》自序
　　　　　　　　木鐸　第1期　頁19-20　1972年09月
A0476　陳新雄　　《古音學發微》提要
　　　　　　　　書目季刊　第4卷2期　頁96-97　1969年12月
　　　　　　　　木鐸　第1期　頁26-29　1972年09月
A0477　陳新雄　　《黃侃聲韻學未刊稿》出版序
　　　　　　　　中國國學　第15期　頁235-236　1987年09月
A0478　陳新雄　　《魏晉南北朝韻部之研究》序
　　　　　　　　中國語文通訊　第34期　1995年06月
A0479　陳新雄　　評介《瀛涯敦煌韻輯新編》
　　　　　　　　鍥不舍齋論學集　臺北　臺灣學生書局　頁721-736
　　　　　　　　1984年08月
A0480　陳新雄　　評介潘、陳合著《中國聲韻學》
　　　　　　　　出版與研究　第31期　頁39-43　1978年09月
　　　　　　　　鍥不舍齋論學集　臺北　臺灣學生書局　頁423-436
　　　　　　　　1984年08月
A0481　陳新雄　　評《瀛涯敦煌韻輯新編》（介紹）
　　　　林炯陽　　華學月刊　第25期　頁23-30　1974年01月
A0482　黃慶萱　　《古音學發微》（介紹）
　　　　沈謙　　　華學月刊　第12期　頁8-16　1972年12月
A0483　葉紹良　　敬介《古音蠡測》以紀念中國文字學會成立十週年
　　　　　　　　學粹　第7卷3期　頁49-51轉32　1965年04月

A0484　葉夢麟　　　　　《古音蠡測》自序
　　　　　　　　　　　學粹　第 4 卷 5 期　頁 25-26　1962 年 08 月
A0485　葉夢麟　　　　　《古音蠡測》目錄
　　　　　　　　　　　學粹　第 4 卷 6 期　頁 27　1962 年 10 月
A0486　葉夢麟　　　　　撰《古音蠡測》報告
　　　　　　　　　　　學粹　第 7 卷 1 期　頁 25　1964 年 12 月
A0487　潘重規　　　　　《經典釋文韻編》成書記
　　　　　　　　　　　國文天地　第 7 卷 9 期　頁 58-60　1992 年 2 月
A0488　潘重規　　　　　《瀛涯敦煌韻輯新編》序—海外《切韻》系韻書的
　　　　　　　　　　　新結集
　　　　　　　　　　　中華學苑　第 12 期　頁 19-35　1973 年 09 月
　　　　　　　　　　　木鐸　第 2 期　頁 31-47　1973 年 11 月
A0489　潘重規　　　　　蘄春黃先生《古韻譜》稿跋
　　　　　　　　　　　大陸雜誌　第 60 卷 4 期　頁 27　1980 年 04 月
A0490　蔡戀棠　　　　　《古音左證》讀後感
　　　　　　　　　　　反攻　第 223 期　頁 15-17　1960 年 10 月
A0491　蔡戀棠　　　　　《古音蠡測》簡介
　　　　　　　　　　　學粹　第 5 卷 3 期　頁 27　1963 年 04 月
A0492　鄭鎮栓　　　　　王著《中國語言學史》評議
　　　　　　　　　　　中華學苑　第 41 期　頁 209-225　1991 年 06 月
A0493　應裕康　　　　　《宋元明三代重要韻書之研究》前言
　　　　　　　　　　　慶祝瑞安林景伊先生六秩誕辰論文集(上冊)　臺北
　　　　　　　　　　　國立政治大學國文研究所編　頁 1029-1042
　　　　　　　　　　　1969 年 12 月
A0494　嚴學宭　　　　　《古漢語複聲母論文集》序
　　　　　　　　　　　音韻探索　臺北　臺灣學生書局　頁 313-326　1995
　　　　　　　　　　　年 10 月

十八、論文集

A0495　周法高　　　　　中國音韻學論文集
　　　　　　　　　　　香港　中文大學出版　1984 年 01 月

A0496	周法高	中國語文研究
		臺北　中華文化出版事業委員會　1955 年 02 月
A0497	周法高	中國語文論叢
		臺北　正中書局　1963 年 05 月
A0498	周法高	中國語言學論文集
		香港　崇基書店　1968 年
A0499	周法高	中國語言學論文集
		臺北　聯經出版社　1975 年 09 月
A0500	竺家寧	近代音論集
		臺北　臺灣學生書局　1994 年 08 年
A0501	竺家寧	音韻探索
		臺北　臺灣學生書局　1995 年 10 月
A0502	國立中正大學中文研究所語言學專題研究室主編	中國語言學論文集 高雄　復文圖書公司　1993 年 12 月
A0503	張以仁	中國語文學論集
		臺北　東昇出版事業公司　1981 年
A0504	張琨著 張賢豹譯	漢語音韻史論文集 臺北　聯經出版社　1987 年；華中工學院出版社 1987 年
A0505	陳新雄	文字聲韻論叢
		臺北　東大圖書公司　1994 年 01 月
A0506	陳新雄	鍥不舍齋論文集
		臺北　臺灣學生書局　1984 年 08 月
A0507	潘重規	敦煌詩經卷子研究論文集
		香港　新亞研究所　1970 年 09 月

貳　上古聲韻研究

一、通論

A0508	孔仲溫	論重紐字上古時期的音韻現象
		第四屆國際暨第十三屆全國聲韻學學術研討會論文
		臺灣　國立臺灣師範大學國文系所、中華民國聲韻
		學學會主辦　1995 年 05 月

A0508　孔仲溫　論重紐字上古時期的音韻現象
第四屆國際暨第十三屆全國聲韻學學術研討會論文
臺灣　國立臺灣師範大學國文系所、中華民國聲韻
學學會主辦　1995 年 05 月

A0509　全廣鎮　《方言》的體例及其在漢語語言史上的地位
書目季刊　第 23 卷 4 期　頁 22-25　1990 年 03 月

A0510　何大安　上古音中的*hlj 及其相關問題
漢學研究　第 10 卷 1 期　頁 343-348
1992 年 06 月

A0510　吳世畯　李方桂諧聲說商榷
第四屆國際暨第十三屆全國聲韻學學術研討會論文
臺灣　國立臺灣師範大學國文系所、中華民國聲韻
學學會主辦　1995 年 05 月

A0511　李方桂　論開合口—古音研究之一
中央研究院歷史語言研究所集刊　第 55 本 1 分
頁 1-7　1984 年 03 月

A0512　李方桂　論聲韻結合—古音研究之二
中央研究院歷史語言研究所集刊　第 56 本 1 分
頁 1-4　1985 年 03 月

A0513　杜其容　《毛詩》連綿詞譜
臺北 國立臺灣大學中國文學研究所碩士論文 1956 年

A0514　林尹○　《禮記鄭注》音讀與釋義之商榷
臺北　文史哲出版社

A0515　林慶勳　論〈國殤〉押韻及其音讀教學
八十一年度高中國文教學學術研討論文集　頁 53-70
1993 年

A0516　竺家寧　古音之旅
臺北　國文天地雜誌社　1986 年 07 月

A0517　竺家寧　《詩經·魯頌·駉 》的韻律風格
詩經國際學術研討會論文 石家莊 河北師範學院主辦

		1993 年 08 月
A0518	竺家寧	《詩經》語言的音韻風格
		第十一屆全國聲韻學研討會論文　臺灣　國立中正大學中文系所、中華民國聲韻學學會主辦　1993 年 04 月
A0519	竺家寧	談齊國的一次洩密事件—上古音知識的應用
		國文天地　第 28 期　頁 59-61　1987 年 09 月
A0520	金慶淑	《廣韻》又音字與上古方音之研究
		臺北　國立臺灣大學中國文學研究所博士論文 1992 年
A0521	金鐘讚	《說文》「帝」字與其聲符「朿」字之聲韻關係
		第二屆國際暨第十屆全國聲韻學學術研討會論文集 高雄　國立中山大學中文系所、中華民國聲韻學學會主辦　頁 551-568　1992 年 05 月

A0522　柯淑齡　試論上聲字根諧聲現象
　　　　　　　木鐸　第 8 期　頁 249-261　1979 年 12 月
　　　　　　　慶祝瑞安林景伊先生七秩華誕特刊　臺北　中國文化學院中文研究所中國文學系編印　頁 249-262　1979 年 12 月

A0523　張以仁　《國語舊音考校》序言
　　　　　　　中央研究院歷史語言研究所集刊　第 42 本 4 分
　　　　　　　頁 563 -570　1971 年 12 月

A0524　張以仁　國語舊音考校
　　　　　　　中央研究院歷史語言研究所集刊　第 43 本 4 分
　　　　　　　頁 673-726　1971 年 12 月

A0525　張嚴　　滬閩方言與《六經》《楚辭》古音同源考
　　　　　　　中央月刊　第 9 卷 7 期　頁 120-123　1977 年 05 月

A0526　陳舜政　古代聲韻系列中之同源語
　　　　　　　國科會獎助論文　1970 年

A0527　陳新雄　《史記‧秦始皇本紀》所見的聲韻現象
　　　　　　　第九屆全國聲韻學討論會論文　臺北　私立東吳大學、中華民國聲韻學學會主辦　1991 年 05 月
　　　　　　　聲韻論叢第四輯　臺北　臺灣學生書局　頁 1-14
　　　　　　　1992 年 05 月

文字聲韻論叢　臺北　東大圖書公司　頁 115-126
1994 年 01 月

A0528　陳新雄　古音學與《詩經》
輔仁學誌—文學院之部　第 12 期　頁 263-274
1983 年 06 月
鍥不舍齋論學集　臺北　臺灣學生書局　頁 19-36
1984 年 08 月

A0529　陳新雄　怎麼樣才算是古音學上的審音派
第四屆國際暨第十三屆全國聲韻學學術研討會論文
臺灣　國立臺灣師範大學國文系所、中華民國聲韻
學學會主辦　1995 年 05 月
中國語文　第 5 期　1995 年 09 月

A0530　傅錫壬　《楚辭》方言考辨
淡江學報　第 9 期　頁 75-93　1970 年 11 月

A0531　葉夢麟　中國文字秦漢以前的讀音研究
反攻　第 327 期　頁 6-11　1969 年 06 月

A0532　趙元任譯　高本漢的諧聲說
上古音討論集　臺北　學藝出版社　頁 1-37　1977
年 03 月

A0533　龍宇純　先秦散文中的韻文
崇基學報　第 2 卷 2 期　頁 137-168　1963 年 05 月

A0534　龍宇純　閩南語與古漢語
高雄文獻　第 16、17 期合刊　頁 1-20　1983 年 12 月

A0535　謝雲飛　有關古音的一些有趣問題
螢光雜誌　第 8 期　1963 年 11 月
音學十論　臺灣　霧峰出版社　頁 114-116　1971 年
01 月

A0536　謝雲飛　劉熙《釋名》音訓疏證
國科會獎助論文　1961 年

A0537　丁邦新　漢語上古音韻研究
國科會獎助論文　1973 年

A0538　白一平　關於上古音的四個假設

中國境內語言暨語言學第二輯　南港　中央研究院
歷史語言研究所編印　頁41-60　1993年08月

A0539　余迺永　兩周金文音系考
臺北　國立臺灣師範大學國文研究所博士論文
1981年02月

A0540　吳世畯　王力上古音學說述評
臺北　私立東吳大學中國文學研究所碩士論文　1980年

A0541　李方桂　上古音研究
清華學報　第9卷1、2期合刊　頁1-61　1971年
09月
山西文獻　第3期　頁7-10　1974年01月
北京　商務印書館　1980年07月

A0542　李存智　秦漢簡牘帛書之音韻學研究
臺北　國立臺灣大學中國文學研究所博士論文
1995年06月

A0543　辛勉　《古代藏語和中古漢語語音系統的比較研究》提要
木鐸　第3、4期合刊　頁116-130　1975年11月

A0544　辛勉　古代藏語和中古漢語語音系統的比較研究
臺北　國立臺灣師範大學國文研究所博士論文
1972年12月

A0545　周法高　上古漢語和漢藏語
中國文化研究所學報　第5卷1期　頁159-244　1972
年12月
中國音韻學論文集　香港　中文大學出版社　頁231
-315　1984年01月

A0546　周法高　評王力〈黃侃古音學述評〉
國科會獎助論文　1992年

A0547　周法高　論上古音
中國文化研究所學報　第2卷1期　頁109-178　1969
年09月
中國音韻學論文集　香港　中文大學出版社　頁25
-94　1984年01月

A0548　周法高　　　論上古音和《切韻》音
　　　　　　　　　中國文化研究所學報　第 3 卷 2 期　頁 321-458
　　　　　　　　　1970 年 09 月

A0549　周法高　　　《說文通訓定聲》周法高音
　　　　張日昇合編　自印本　1973 年 11 月

A0550　周法高　　　周法高上古音韻表
　　　　張日昇合編　自印本　1973 年 09 月

A0551　竺家寧　　　如果韓愈和孔子對話：談先秦上古音和唐宋中古音
　　　　　　　　　國文天地　第 19 期　頁 76-79　1986 年 12 月

A0552　徐芳敏　　　《釋名》研究
　　　　　　　　　臺北　國立臺灣大學中國文學研究所碩士論文 1984 年

A0553　馬輔　　　　《毛詩》正古音
　　　　　　　　　臺北　文史哲出版社　1992 年

A0554　高本漢著　　上古中國音當中的幾個問題
　　　　趙元任譯　　中央研究院歷史語言研究所集刊　第 1 本 3 分　頁 345
　　　　　　　　　-401　1930 年
　　　　　　　　　上古音討論集　臺北　學藝出版社　頁 38-114
　　　　　　　　　1977 年 03 月

A0555　梅祖麟　　　上古音對談錄
　　　　龔煌城　　　中國境內語言暨語言學第一輯　南港　中央研究院
　　　　　　　　　歷史語言研究所編印　1989 年 06 月

A0556　高明　　　　《古音學發微》序
　　　　　　　　　高明小學論叢　臺北　黎明文化事業公司　頁 245-
　　　　　　　　　247　1978 年 07 月

A0557　陳新雄　　　《古音學發微》自序
　　　　　　　　　木鐸　第 1 期　頁 19-20　1972 年 09 月

A0558　陳新雄　　　《古音學發微》提要
　　　　　　　　　木鐸　第 1 期　頁 26-29　1972 年 09 月
　　　　　　　　　書目季刊　第 4 卷 2 期　頁 96-97　1969 年 12 月

A0559　陳新雄　　　古音學發微
　　　　　　　　　臺北　國立臺灣師範大學國文研究所博士論文
　　　　　　　　　1969 年 06 月

		臺北　嘉新水泥公司文化基金會叢書研究論文第一
		八七種　1977 年
		臺北　文史哲出版社　1995 年 01 月
A0560	陳新雄	李方桂先生《上古音研究》的幾點質疑
		中國語文（北京）　第 6 期　頁 410-417　1992 年
		11 月
A0561	陳新雄	李方桂先生《上古音研究》的幾點質疑
		文字聲韻論叢　臺北　東大圖書公司　頁 47-62
		1994 年 01 月
A0562	楊胤宗	古音韻考
		銘傳學報　第 7 期　頁 205-222　1970 年 03 月
A0563	楊胤宗	古詩賦音考
		銘傳學報　第 4 期　頁 299-314　1967 年 03 月
A0564	葉芝生	古音左證表
		大陸雜誌語文叢書第一輯第三冊(語言文字學)
		臺灣　大陸雜誌社　頁 95-100　不著出版年月
A0565	葉芝生	古音左證表—古音研究之商榷
		大陸雜誌　第 17 卷 10 期　頁 19-24　1958 年 11 月
A0566	葉夢麟	《古音蠡測》目錄
		學粹　第 4 卷 6 期　頁 27　1962 年 10 月
A0567	葉夢麟	古音左證
		臺北　浙江松陽同鄉會　1980 年
A0568	葉夢麟撰	古音左證
	蔡懋棠註	臺北　自印本　1969 年
A0569	葉夢麟	古音研究
		學粹　第 2 卷 5 期　頁 24-26　1960 年 08 月
A0570	葉夢麟	古音蠡測
		臺北　臺灣學生書局　1971 年
A0571	葉夢麟	古音蠡測
		學粹　第 5 卷 1 期　頁 25-26　1962 年 12 月
A0572	葉夢麟	古音蠡測（續）
		學粹　第 5 卷 2 期　頁 26-27　1963 年 02 月

A0573　葉夢麟　再廣古音左證表

學粹　第2卷6期-第4卷4期　共23頁　1960年
10月-1962年06月

反攻　第335-336期　共23頁　1970年02月-1972年
06月

A0574　葉夢麟　撰《古音蠡測》報告

學粹　第7卷1期　頁25　1964年12月

A0575　葉夢麟　談古音

學粹　第8卷6期　頁29-31　1966年10月

A0576　葉夢麟　關於古音再復趙尺子先生

學粹　第9卷4期　頁25　1967年06月

A0577　董同龢　上古音韻表稿

中央研究院歷史語言研究所集刊　第18本　頁1-249
1948年

南港　中央研究院歷史語言研究所單刊甲種之二十一
1944年12月

臺北　臺聯國風出版社　1944年12月

A0578　董俊彥　《方言》音證

臺北　文津出版社　1975年

A0579　董俊彥　《說文》語原之分析研究

臺北　國立臺灣師範大學國文研究所碩士論文
1971年07月

A0580　趙尺子　夏朝的語言

大學雜誌　第1卷6期　頁8-10　1956年01月

A0581　趙振鐸　先秦兩漢人名異文的音韻學分析

第二屆國際暨第十屆全國聲韻學學術研討會論文集
高雄　國立中山大學中文系所、中華民國聲韻學學
會主辦　頁813-836　1992年05月

A0582　劉翰星　我國古音淵源考異

文風　第15期　頁83-88　1969年06月

A0583　蔡懋棠　古音探索（上）

反攻　第310期　頁14-16　1968年01月

A0584　蔡懋棠　古音探索（中）
　　　　　　　　反攻　第311期　頁21-24　1968年02月

A0585　蔡懋棠　古音探索（下）
　　　　　　　　反攻　第312期　頁23-28　1968年03月

A0586　于維杰　《說文》漢語疏證
　　　　　　　　臺北　自由太平洋文化事業公司印行　1965年

A0587　于維杰　《說文》漢語疏証
　　　　　　　　成功大學學報　第22卷　頁1-50　1987年10月

A0588　羊達之　《說文》形聲字研究
　　　　　　　　臺北　文史哲出版社　1994年04月

A0589　李維棻　《說文》氏氐音義辨證
　　　　　　　　淡江學報　第7期　頁29-38　1968年11月

A0590　周何　　《說文解字》讀若文字通假考
　　　　　　　　國立臺灣師範大學國文研究所集刊　第6號
　　　　　　　　1962年06月
　　　　　　　　臺北　國立臺灣師範大學國文研究所碩士論文
　　　　　　　　1961年06月

A0591　林尹　　《說文》與《釋名》聲訓比較研究
　　　　　　　　木鐸　第9期　頁41-56　1980年11月

A0592　竺家寧　《說文》省聲的語音問題
　　　　　　　　陸宗達先生九十周年誕辰紀念會暨《說文解字》學
　　　　　　　　術研討會論文　北京　北京師範大學　1995年08月

A0593　金鐘讚　許慎《說文》會意字與形聲字歸類之原則研究
　　　　　　　　臺北　國立臺灣師範大學國文研究所博士論文
　　　　　　　　1992年06月

A0594　柯淑齡　《說文》上聲字根研究
　　　　　　　　臺北　私立中國文化大學中國文學研究所碩士論文
　　　　　　　　1971年

A0595　張文彬　《說文》無聲字衍聲考
　　　　　　　　國立臺灣師範大學國文研究所集刊　第14號
　　　　　　　　頁1-308　1970年06月
　　　　　　　　臺北　國立臺灣師範大學國文研究所碩士論文

1969 年 07 月

A0596　張達雅　《說文》諧聲字之研究

臺中　私立東海大學中國文學研究所碩士論文 1979 年

A0597　許鈑輝　《說文》形聲字聲符不諧音析論

東吳大學中文學報　　創刊號　1995 年 05 月

A0598　許鈑輝　《說文》形聲字聲符不諧音釋例

連山都守熙先生華甲紀念論叢　1994 年 11 月

A0599　許鈑輝　《說文解字》重文諧聲考

臺北　國立臺灣師範大學國文研究所碩士論文
1964 年 06 月

國立臺灣師範大學國文研究所集刊　第 9 號　1965
年 06 月

臺北　嘉新水泥公司文化基金會叢書研究論文第五
九種

A0600　陳素貞　《說文》所見方言研探
　　　　高秋鳳　中國學術年刊　第 8 期　頁 37-90　1986 年 06 月

A0601　陳韻珊　論《說文解字》中的省聲問題

中央研究院歷史語言研究所集刊　第 57 本 1 分
頁 171-200　1986 年 03 月

A0602　蔡信發　《說文》形聲字之多聲考

中國學術年刊　第 4 期　頁 33-48　1982 年 06 月

A0603　蔡信發　《說文》聲譜

臺北市立女子師範專科學校學報 第 14 期　頁 83-122
1982 年 06 月

A0604　鄭邦鎮　《說文》省聲探賾

臺北　私立輔仁大學中國文學研究所碩士論文
1975 年

A0605　龍宇純　《說文》讀若釋例

臺北 國立臺灣大學中國文學研究所碩士論文 1957 年

A0606　魏伯特　略論《說文解字》「重文」的性質及其在音韻學上的
價值　中國文學研究　第 1 期　頁 39-53　1987 年
05 月

二、上古聲韻研究法

A0607　吳世畯　　　系聯同源詞的音韻條件
　　　　　　　　　　陳伯元先生六秩壽慶論文集　臺北　文史哲出版社
　　　　　　　　　　頁 635-652　1994 年 03 月

A0608　奧德里古著　怎樣擬測上古漢語
　　　　馬進學譯　　幼獅月刊　第 43 卷 2 期　頁 23-30　1976 年 02 月
　　　　　　　　　　中國語言學論集　臺灣　幼獅文化事業公司
　　　　　　　　　　頁 198-226　1977 年 01 月

A0609　陳新雄　　　研究古音學之資料與方法
　　　　　　　　　　連山都守熙教授六秩誕辰論文集　1994 年 10 月

A0610　陳新雄　　　簡介佛瑞斯特「中國古代語言之研究方法」
　　　　　　　　　　師大國文所潘石禪七十壽誕論文集　臺北　1977 年
　　　　　　　　　　03 月
　　　　　　　　　　鍥不舍齋論學集　臺北　臺灣學生書局
　　　　　　　　　　頁 449-456　1984 年 08 月

三、上古聲母研究

A0611　丁邦新　　　平仄新考
　　　　　　　　　　中央研究院歷史語言研究所集刊 第 47 本 1 分 頁 1-15
　　　　　　　　　　1975 年 12 月

A0612　丁邦新　　　平仄新考—漢語上古音聲母的幾個問題
　　　　　　　　　　國科會獎助論文　1977 年

A0613　丁邦新　　　漢語上古音聲母的幾個問題
　　　　　　　　　　國科會獎助論文　1975 年

A0614　孔仲溫　　　殷商甲骨諧聲字之音韻現象初探—聲母部分
　　　　　　　　　　第九屆全國聲韻學討論會論文　臺北　私立東吳大學
　　　　　　　　　　、中華民國聲韻學學會主辦　1991 年 05 月
　　　　　　　　　　聲韻論叢第四輯　臺北　臺灣學生書局　頁 15-42
　　　　　　　　　　1992 年 05 月

A0615　包擬古著　　反映在漢語裏的漢藏語s-複聲母
　　　　竺家寧譯　　中國學術年刊　第12期　頁379-392　1991年04月

A0616　左松超　　　中共簡體字混亂古音聲母系統說
　　　　　　　　　聲韻論叢第一輯　臺北　臺灣學生書局　頁111-118
　　　　　　　　　1994年05月

A0617　朱鴻林　　　〈九歌〉韻說(附古音略論)
　　　　　　　　　文史學報　第10期　頁10-26

A0618　吳疊彬　　　《詩經》和上古聲母構擬的一些問題
　　　　　　　　　第二屆國際暨第十屆全國聲韻學學術研討會論文集
　　　　　　　　　高雄　國立中山大學中文系所、中華民國聲韻學學
　　　　　　　　　會主辦　頁403-412　1992年05月

A0619　李方桂　　　幾個上古聲母的問題
　　　　　　　　　總統蔣公逝世周年紀念論文集　臺北　中央研究院
　　　　　　　　　編印　頁1143-1150　1976年04月

A0620　李方桂講　　中國上古音聲母問題
　　　　常宗豪記　　中國文化研究所學報　第3卷2期　頁511-518　1970
　　　　　　　　　年09月

A0621　李存智　　　從現代方音看匣、群、喻的古音構擬
　　　　　　　　　第三屆國際暨第十二屆全國聲韻學學術研討會論文集
　　　　　　　　　新竹　國立清華大學主辦　頁246-261　1994年05月

A0622　金周生　　　讀曾運乾〈喻母古讀考〉札記二則
　　　　　　　　　第二次聲韻學討論會論文　臺北　國立臺灣師範大學
　　　　　　　　　國文系所主辦　1983年10月
　　　　　　　　　聲韻論叢第一輯　臺北　臺灣學生書局　頁25-36
　　　　　　　　　1994年05月

A0623　金鐘讚　　　論喻母字「聿」的上古聲母
　　　　　　　　　第四屆國際暨第十三屆全國聲韻學學術研討會論文
　　　　　　　　　臺灣　國立臺灣師範大學國文系所、中華民國聲韻
　　　　　　　　　學學會主辦　1995年05月

A0624　姚榮松　　　《釋名》聲訓探微
　　　　　　　　　慶祝陽新成楚望先生七秩誕辰論文集　臺北　文史哲
　　　　　　　　　出版社　頁181-198　1981年02月

A0625　陳新雄　　　群母古讀考
　　　　　　　　　　輔仁學誌─文學院之部　第 10 期　頁 221-252　1981
　　　　　　　　　　年 06 月
　　　　　　　　　　中央研究院國際漢學會議論文集　南港　中央研究院
　　　　　　　　　　編印　頁 223-246　1981 年 10 月
　　　　　　　　　　鍥不舍齋論學集　臺北　臺灣學生書局　頁 61-100
　　　　　　　　　　1984 年 08 月

A0626　馮榮輝　　　來紐諧聲考
　　　　　　　　　　臺北　國立臺灣師範大學國文研究所碩士論文
　　　　　　　　　　1972 年 07 月

A0627　詹梅伶　　　廣西平南閩語之聲母保存上古音之痕跡
　　　　　　　　　　第十一屆全國聲韻學研討會論文集　臺灣　國立中正
　　　　　　　　　　大學中文系所、中華民國聲韻學學會主辦
　　　　　　　　　　1993 年 04 月

A0628　劉建鷗　　　《說文》讀若字考音─同聲母讀若例之一
　　　　　　　　　　復興崗學報　第 46 期　頁 447-460　1991 年 12 月

A0629　劉建鷗　　　《說文》讀若字考音─雙聲讀若例
　　　　　　　　　　復興崗學報　第 49 期　頁 187-207　1993 年 06 月

A0630　龍宇純　　　上古清唇鼻音聲母說檢討
　　　　　　　　　　國科會獎助論文　1978 年
　　　　　　　　　　屈萬里先生七秩榮慶論文集　臺北　聯經出版社
　　　　　　　　　　頁 67-81　1978 年 10 月

A0631　謝雲飛　　　自諧聲中考匣紐古讀
　　　　　　　　　　南洋大學學報　第 4 期　頁 1-22　1970 年 03 月

A0632　謝雲飛　　　從《說文》讀若中考東漢聲類
　　　　　　　　　　漢代文學與思想學術研討會論文集　臺北　文史哲出
　　　　　　　　　　版社　頁 577-615　1991 年 10 月

A0633　丁邦新　　　論上古音帶 l 的複聲母
　　　　　　　　　　屈萬里先生七秩榮慶論文集　臺北　聯經出版社
　　　　　　　　　　頁 601-618　1978 年 10 月

A0634　方師鐸　　　中國上古音裏的複聲母問題
　　　　　　　　　　東海學報　第 4 卷 1 期　頁 35-46　1962 年 06 月

　　　　　　　　方師鐸文史叢稿專論下篇　臺灣　大立出版社　頁 47
　　　　　　　　-70　1985 年 11 月

A0635　包擬古著　　《釋名》複聲母研究
　　　　竺家寧譯　　中國學術年刊　第 3 期　頁 59-83　1979 年 06 月

A0636　向光忠　　　複輔音聲母與同源轉注字之參證
　　　　　　　　　　第十一屆全國聲韻學研討會論文集　臺灣　國立中正
　　　　　　　　　　大學中文系所、中華民國聲韻學學會主辦
　　　　　　　　　　1993 年 04 月

A0637　吳世畯　　　《說文》聲訓所見的複聲母
　　　　　　　　　　臺北　私立東吳大學中國文學研究所博士論文
　　　　　　　　　　1995 年 01 月

A0638　杜其容　　　部份疊韻連綿詞的形成每帶 1-複聲母之關係
　　　　　　　　　　聯合書院學報　第 7 期　頁 103-112　1968 年至
　　　　　　　　　　1969 年

A0639　竺家寧　　　《古漢語複聲母研究》提要
　　　　　　　　　　華學月刊　第 125 期　頁 54-59　1982 年 05 月
　　　　　　　　　　音韻探索　臺北　臺灣學生書局　頁 1-12　1995 年
　　　　　　　　　　10 月

A0640　竺家寧　　　《說文》音訓中反映的複聲母
　　　　　　　　　　第九屆全國聲韻學討論會論文　臺北　私立東吳大學
　　　　　　　　　　、中華民國聲韻學學會主辦　1991 年 05 月

A0641　竺家寧　　　《說文》音訓所反映的帶 l 複聲母
　　　　　　　　　　聲韻論叢第四輯　臺北　臺灣學生書局　頁 43-70
　　　　　　　　　　1992 年 05 月
　　　　　　　　　　音韻探索　臺北　臺灣學生書局　頁 87-114　1995 年
　　　　　　　　　　10 月

A0642　竺家寧　　　上古音裏的心母字
　　　　　　　　　　國立中正大學學報—人文分冊　第 2 卷 2 期　頁 23-40
　　　　　　　　　　1991 年 10 月
　　　　　　　　　　音韻探索　臺北　臺灣學生書局　頁 67-86　1995 年
　　　　　　　　　　10 月

A0643　竺家寧　　　上古漢語「塞音+流音」的複聲母

		中國聲韻學國際學術研討會論文　香港浸會學院
		1990 年 06 月
A0644	竺家寧	上古漢語帶舌尖流音的複聲母
		國立中正大學學報—人文分冊　第 1 卷 1 期　頁 27-53
		1990 年 09 月
		國科會獎助論文　1991 年
A0645	竺家寧	上古漢語帶舌尖塞音的複聲母
		第一屆聲韻學討論會論文　臺北　國立師範大學主辦
		1983 年 10 月
		中國學術年刊　第 6 期　頁 59-80　1984 年 06 月
		音韻探索　臺北　臺灣學生書局　頁 43-66　1995 年
		10 月
A0646	竺家寧	上古漢語帶舌頭音的複聲母
		第二次聲韻學討論會論文　臺北　國立臺灣師範大學
		國文系所主辦　1983 年 10 月
		聲韻論叢第一輯　臺北　臺灣學生書局　頁 1-24
		1994 年 05 月
A0647	竺家寧	上古漢語帶喉塞音的複聲母
		音韻探索　臺北　臺灣學生書局　頁 13-42　1995 年
		10 月
		檀國大學論文集　韓國　漢城　頁 57-79　1983 年 07 月
A0648	竺家寧	大陸地區複聲母研究評述
		大陸情勢與兩岸關係研討會論文集　高雄　國立中山
		大學中山學術研究所編印　頁 391-402　1992 年 12 月
		音韻探索　臺北　臺灣學生書局　頁 173-190　1995
		年 10 月
A0649	竺家寧	古漢語複聲母研究
		臺北　私立中國文化大學中國文學研究所博士論文
		1981 年 07 月
A0650	竺家寧	由形聲假借研究複聲母的可行性
		魯實先先生學術討論會論文集　臺北　國立臺灣師
		範大學主編　頁 62-66　1993 年 05 月

A0651　竺家寧　白保羅複聲母學說評述

中國學術年刊　第 11 期　頁 243-258　1990 年 03 月

音韻探索　臺北　臺灣學生書局　頁 157-172　1995 年 10 月

A0652　竺家寧　有趣的複聲母

國文天地　第 12 期　頁 49-51　1986 年 05 月

A0653　竺家寧　評劉又辛〈複輔音說質疑〉兼論嚴學窘的複聲母系統

第五屆全國聲韻學討論會論文　臺北　國立臺灣師範大學國文系所主辦　1987 年 04 月

國文學報　第 16 期　頁 67-82　1987 年 06 月

音韻探索　臺北　臺灣學生書局　頁 123-142　1995 年 10 月

聲韻論叢第一輯　臺北　臺灣學生書局　頁 37-60　1994 年 05 月

A0654　竺家寧　蒲立本複聲母學說評述

國科會獎助論文　1986 年

淡江學報　第 24 期　頁 177-184　1986 年 04 月

音韻探索　臺北　臺灣學生書局　頁 143-156　1995 年 10 月

A0655　竺家寧　上古漢語複聲母研究綜述
　　　　趙秉璇

中國音韻學國際學術研討會論文　威海　山東大學　1992 年 08 月

音韻探索　臺北　臺灣學生書局　頁 291-312　1995 年 10 月

A0656　金鐘鑽　高本漢複聲母擬音法之商榷

臺北　國立臺灣師範大學國文研究所碩士論文　1989 年 05 月

A0657　畢鶚　甲骨文所見若干上古漢語複聲母問題蠡測

第四屆國際暨第十三屆全國聲韻學學術研討會論文　臺灣　國立臺灣師範大學國文系所、中華民國聲韻學學會主辦　1995 年 05 月

A0658　雲惟利　從新造形聲字看複音聲母問題

第九屆全國聲韻學討論會論文　臺北　私立東吳大學
、中華民國聲韻學學會主辦　1991 年 05 月
聲韻論叢第四輯　臺北　臺灣學生書局　頁 71-88
1992 年 05 月

A0659　趙尺子　「古有複輔音說」疏證（上）
反攻　第 315 期　頁 6-10　1968 年 06 月

A0660　趙尺子　「古有複輔音說」疏證（下）
反攻　第 316 期　頁 20-23　1968 年 07 月

A0661　龔煌城　從漢藏語的比較看上古漢語若干聲母的擬測
國科會獎助論文　1989 年
聲韻論叢第一輯　臺北　臺灣學生書局　頁 73-96
1994 年 05 月

四、上古韻母研究

A0662　丁邦新　漢語上古音的元音問題
中國境內語言暨語言學第二輯　南港　中央研究院
歷史語言研究所編印　頁 21-40　1993 年 08 月

A0663　張琨著　古漢語韻母系統與《切韻》
　　　　張賢豹譯　漢語音韻史論文集　臺北　聯經出版社　頁 59-228
1987 年 08 月；漢語音韻史論文集　華中工學院出版社
1987 年

A0664　陳荊璧　古今韻辨
幼獅學誌　第 7 卷 2 期　頁 1-48　1968 年 04 月

A0665　董同龢　與高本漢先生商榷「自由押韻」說兼論上古楚方音
特色
中央研究院歷史語言研究所集刊　第 7 本 4 分
頁 533-543　1938 年
董同龢先生語言學論文選集　臺灣　食貨出版社
頁 1-12　1974 年 11 月

A0666　蒲立本　擬構上古眞部的一些證據
清華學報　第 14 卷 1、2 期合刊　頁 249-255

		1982 年 12 月
A0667	劉文清	系統字義研究—古韻之部端章二系字組
		臺北 國立臺灣大學中國文學研究所碩士論文 1988 年
A0668	盧貞玲	系統字義研究—古韻之部幫見二系字組
		臺北 國立臺灣大學中國文學研究所碩士論文 1988 年
A0669	龔煌城	從漢藏語的比較看漢語上古音流音韻尾的擬測
		國科會獎助論文　1991 年
A0670	丁邦新	上古陰聲字具輔音韻尾說補證
		第五屆全國聲韻學討論會論文　臺北　國立臺灣師
		範大學國文系所主辦　1987 年 04 月
		國文學報　第 16 期　頁 59-66　1987 年 06 月
		聲韻論叢第一輯　臺北　臺灣學生書局　頁 61-72
		1994 年 05 月
A0671	丁邦新	上古漢語的音節結構
		中央研究院歷史語言研究所集刊　第 50 本 4 分
		頁 717-739　1979 年 12 月
A0672	丁邦新	從閩語論上古音中的*g-
		漢學研究　第 1 卷 1 期　頁 1-8　1983 年 06 月
A0673	李壬癸	關於*-b 尾的構擬及其演變
		中央研究院歷史語言研究所集刊　第 55 本 4 分
		頁 789-795　1984 年 12 月
A0674	高本漢著	上古音當中的-d 跟-r 韻尾
	陳新雄譯	木鐸　第 7 期　頁 13-22　1978 年 03 月
		鍥不舍齋論學集　臺北　臺灣學生書局　頁 437-448
		1984 年 08 月
A0675	龍宇純	上古陰聲字具輔音韻尾說檢討
		中央研究院歷史語言研究所集刊　第 50 本 4 分
		國科會獎助論文　1979 年
		頁 679-716　1979 年 12 月
A0676	龍宇純	再論上古音-b 尾說
		國科會獎助論文　1983 年
		臺大中文學報　第 1 期　頁 151-185　1985 年 11 月

A0677　于維杰　　《詩經》用韻示例
　　　　　　　　成功大學學報　第 2 卷　頁 99-106　1967 年 03 月
A0678　王靜芝　　〈國風〉的叶韻方式
　　　　　　　　輔仁學誌—文學院之部　第 12 期　頁 275-288
　　　　　　　　1983 年 06 月
A0679　江舉謙　　《詩經》例外押韻現象析論
　　　　　　　　東海學報　第 8 卷 1 期　頁 51-66　1967 年 01 月
　　　　　　　　東海文薈　第 8 期　頁 11-25　1967 年 07 月
A0680　江舉謙　　《詩經》韻譜
　　　　　　　　臺北　幼獅書店　1970 年
　　　　　　　　臺中　東海大學出版組　1964 年
A0681　李添富　　《詩經》例外押韻現象之分析
　　　　　　　　輔仁學誌—文學院之部　第 13 期　頁 727-768　1984
　　　　　　　　年 06 月
A0682　金慶淑　　《詩經》韻真耕兩部字通押現象的檢討
　　　　　　　　第二屆國際暨第十屆全國聲韻學學術研討會論文集
　　　　　　　　高雄　國立中山大學中文系所、中華民國聲韻學學
　　　　　　　　會主辦　頁 569-580　1992 年 05 月
A0683　姚榮松　　由上古韻母系統試析《詩經》之例外押韻
　　　　　　　　教學與研究　第 3 期　頁 11-28　1981 年 05 月
A0684　施炳華　　《詩經》韻腳擬音一得
　　　　　　　　尉素秋教授八秩榮慶論文集　臺北　文史哲出版社
　　　　　　　　頁 385-398　1988 年 10 月
A0685　馬幾道　　〈國風〉中聲調不諧的韻腳
　　　　　　　　清華學報　第 9 卷 1、2 期合刊　頁 306-325
　　　　　　　　1971 年 09 月
A0686　許世瑛　　《詩經・二南》諸詩句法研究兼論其用韻（上）
　　　　　　　　圖書季刊　第 2 卷 3 期　頁 19-38　1972 年 01 月
A0687　許世瑛　　《詩經・二南》諸詩句法研究兼論其用韻（下）
　　　　　　　　圖書季刊　第 2 卷 4 期　頁 1-18　1972 年 04 月
A0688　陳新雄　　《毛詩》韻三十部諧聲表
　　　　　　　　第一屆國際暨第八屆全國聲韻學學術討論會論文

　　　　　　　　　臺北　私立輔仁大學、中華民國聲韻學學會主辦
　　　　　　　　　1990 年 03 月
　　　　　　　　　孔孟學報　第 61 期　頁 165-182　1991 年 03 月
　　　　　　　　　聲韻論叢第三輯　臺北　臺灣學生書局　頁 1-24
　　　　　　　　　1991 年 10 月
　　　　　　　　　文字聲韻論叢　臺北　東大圖書公司　頁 135-150
　　　　　　　　　1994 年 01 月

A0689　陳新雄　　《毛詩》韻譜、通韻譜、合韻譜
　　　　　　　　　中國學術年刊　第 10 期　頁 37-68　1989 年 02 月
　　　　　　　　　文字聲韻論叢　臺北　東大圖書公司　頁 259-302
　　　　　　　　　1994 年 01 月

A0690　陳新雄　　高本漢之《詩經韻讀》及其擬音
　　　　　　　　　許世瑛先生六秩論文集　1970 年 10 月
　　　　　　　　　漢學論文集(淡江文理學院中文研究室主編)　臺灣
　　　　　　　　　驚聲文物供應公司　頁 159-273　1970 年 11 月
　　　　　　　　　鍥不舍齋論學集　臺北　臺灣學生書局　頁 581-684
　　　　　　　　　1984 年 08 月

A0691　陳新雄　　從《詩經》的合韻現象看諸家擬音的得失
　　　　　　　　　輔仁學誌—文學院之部　第 11 期　頁 145-160
　　　　　　　　　1982 年 06 月
　　　　　　　　　鍥不舍齋論學集　臺北　臺灣學生書局　頁 37-60
　　　　　　　　　1984 年 08 月

A0692　黃振民　　《詩》三百篇用韻之研究
　　　　　　　　　國文學報　第 11 期　頁 191-232　1982 年 06 月

A0693　黃變三　　以方言印證《詩經》古韻，並作分區整理
　　　　　　　　　國科會獎助論文　1961 年

A0694　賈禮　　　《毛詩》用韻考
　　　　　　　　　臺北　私立中國文化大學中國文學研究所碩士論文
　　　　　　　　　1970 年

A0695　劉秋潮　　風詩的韻法
　　　　　　　　　大陸雜誌　第 10 卷 12 期　頁 3-16　1955 年 06 月

A0696　蔡根祥　　談《詩經·蓼莪》之押韻問題

		國文天地　第 50 期　頁 40-41　1989 年 07 月
A0697	龍宇純講	試說《詩經》的雙聲轉韻
	楊秀芳記	幼獅月刊　第 40 卷 6 期　頁 29-33　1974 年 12 月
		中國語言學論集　臺灣　幼獅文化事業公司
		頁 149-165　1977 年 01 月
A0698	王書輝	西周金文韻讀
		臺北　國立政治大學中國文學研究所碩士論文
		1995 年 05 月
A0699	史墨卿	《楚辭》用韻觀
		國學新探　第 1 期　頁 85-100　1984 年 01 月
A0700	朱學瓊	《易》音古韻部考（一）
		中華文化復興月刊　第 6 卷 10 期　頁 43-47　1973 年 10 月
A0701	朱學瓊	《易》音古韻部考（二）
		中華文化復興月刊　第 6 卷 11 期　頁 47-50　1973 年 11 月
A0702	朱學瓊	《易》音古韻部考（三）
		中華文化復興月刊　第 6 卷 12 期　頁 47-56　1973 年 12 月
A0703	朱學瓊	《易》音古韻部考（四）
		中華文化復興月刊　第 7 卷 1 期　頁 57-61　1974 年 01 月
A0704	李三榮	王靜安先生〈兩周金石文韻讀〉商榷
		高仲華先生八秩榮慶論文集　高雄　國立高雄師範學院國文研究所編　頁 283-292　1988 年 05 月
A0705	金鐘讚	論《說文》一些疊韻形聲字及其歸類問題
		第九屆全國聲韻學討論會論文　臺北　私立東吳大學、中華民國聲韻學學會主辦　1991 年 05 月
		聲韻論叢第四輯　臺北　臺灣學生書局　頁 89-124　1992 年 05 月
A0706	徐泉聲	《楚辭·天問》韻譜
		花蓮師專學報　第 5 期　頁 273-288　1973 年 06 月

A0707　徐泉聲　　　《楚辭》韻譜
　　　　　　　　　臺北　弘道文化事業出版　1974 年 03 月
A0708　徐泉聲　　　《離騷》韻譜
　　　　　　　　　花蓮師專學報　第 3 期　頁 73-86　1971 年 06 月
A0709　徐泉聲　　　〈九章〉韻譜
　　　　　　　　　花蓮師專學報　第 6 期　頁 99-126　1974 年 06 月
A0710　徐泉聲　　　〈九歌〉韻譜
　　　　　　　　　花蓮師專學報　第 4 期　頁 149-218　1972 年 06 月
A0711　陳文吉　　　《楚辭》古韻研究
　　　　　　　　　臺北　國立臺灣師範大學國文研究所碩士論文
　　　　　　　　　1995 年 06 月
A0712　劉至誠　　　《說文》古韻譜
　　　　　　　　　臺北　國立臺灣師範大學國文研究所碩士論文
　　　　　　　　　1973 年 07 月
　　　　　　　　　臺北　龍泉出版社
A0713　孔仲溫　　　論上古祭月同部及其去入之相配
　　　　　　　　　第二屆國際暨第十屆全國聲韻學學術研討會論文集
　　　　　　　　　高雄　國立中山大學中文系所、中華民國聲韻學學
　　　　　　　　　會主辦　頁 375-392　1992 年 05 月
　　　　　　　　　國科會獎助論文　1993 年
A0714　王靜如　　　跋高本漢的〈上古音當中的幾個問題〉並論冬蒸兩部
　　　　　　　　　上古音討論集　臺北　學藝出版社　頁 115-133
　　　　　　　　　1977 年 03 月
　　　　　　　　　中央研究院歷史語言研究所集刊　第 1 本 3 分　頁 403
　　　　　　　　　-416　1930 年
A0715　李添富　　　從音韻結構談古韻分部及其發展
　　　　　　　　　輔仁學誌　第 24 期　1995 年 06 月
A0716　周家風　　　黃氏古韻二十八部諧聲表
　　　　　　　　　臺南　私立遠東工業專科學校　1968 年
A0717　林蓮仙　　　從古音中「离」聲字演變的軌跡透視上古 a 部與中古
　　　　　　　　　支韻的關係　華國　第 5 期　頁 15-30　1967 年 12 月
A0718　金慶淑　　　從《廣韻》同義又音字研討上古幽、中部

		第三屆國際暨第十二屆全國聲韻學學術研討會論文集 新竹　國立清華大學主辦　頁 174-212　1994 年 05 月
A0719	姚榮松	上古漢語「支」部字同源詞證例 國文學報　第 13 期　頁 169-206　1984 年 06 月
A0720	徐芳敏	古韻分部中若干聲符的歸屬問題 中國文學研究　第 2 期　頁 191-210　1988 年 05 月
A0721	許世瑛	評高本漢古韻二十六部 許世瑛先生論文集　臺北　弘道文化事業公司 頁 185-186　1974 年 08 月
A0722	陳新雄	中共簡體字混亂古音韻部系統說 文字聲韻論叢　臺北　東大圖書公司　頁 247-258 1994 年 01 月 聲韻論叢第一輯　臺北　臺灣學生書局　頁 97-110 1994 年 05 月
A0723	陳新雄	論上古音中脂-ər 隊-əd 兩部的區別 文史季刊　第 3 卷 1 期　頁 13-30　1972 年 11 月 鍥不舍齋論學集　臺北　臺灣學生書局　頁 555-580 1984 年 08 月
A0724	陳新雄	論談添盍怗分四部說 中央研究院第二屆國際漢學會議論文集(語言與文字 組)上冊　南港　中央研究院歷史語言研究所編印 頁 53-66　1989 年 06 月 文字聲韻論叢　臺北　東大圖書公司　頁 225-246 1994 年 01 月
A0725	蔡信發	曾氏古音三十攝表正補 臺北市立女子師範專科學校學報　第 12 期　頁 15-76 1980 年 06 月
A0726	錢玄同	古韻廿八部音讀之假定 木鐸　第 2 期　頁 48-62　1973 年 11 月
A0727	龍宇純	有關古韻分部內容的兩點意見 中華文化復興月刊　第 11 卷 4 期　頁 5-10　1978 年 04 月

五、上古聲調研究

A0728　丁邦新　《論語》、《孟子》、及《詩經》中並列語成分之間的聲調關係
　　　　中央研究院歷史語言研究所集刊　第 47 本 1 分　頁 17-52　1975 年 12 月

A0729　丁邦新　上古漢語中并列語成分之間的聲調關係
　　　　國科會獎助論文　1972 年

A0730　全廣鎮　從《詩經》韻腳探索上古之聲調
　　　　中國學術年刊　第 9 期　頁 21-50　1987 年 06 月

A0731　江舉謙　從《說文》入聲語根論析上古字調演變
　　　　東海文薈　第 7 期　頁 57-76　1965 年 06 月
　　　　東海學報　第 7 卷 1 期　頁 73-92　1965 年 06 月

A0732　江舉謙　試論「上古字調研究」
　　　　東海學報　第 5 卷 1 期　頁 11-24　1963 年 06 月

A0733　杜其容　中古聲調研究
　　　　國科會獎助論文　1974 年

A0734　吳靜之　上古聲調之蠡測
　　　　國立臺灣師範大學國文研究所集刊　第 20 號　頁 1-136　1976 年 06 月
　　　　臺北　國立臺灣師範大學國文研究所碩士論文　1975 年 07 月

A0735　林清源　王力上古漢語聲調說述評
　　　　東海中文學報　第 7 期　頁 117-143　1987 年 07 月

A0736　金泰成　黃侃古聲調說淺析
　　　　王靜芝先生八秩壽慶論文集　臺北　輔仁大學中文系所編印　頁 255-270　1985 年 06 月

A0737　柯淑齡　從黃季剛先生「古無上聲說」論古聲調
　　　　陳伯元先生六秩壽慶論文集　臺北　文史哲出版社　頁 457-478　1994 年 03 月

A0738　鄭振桎　上古漢語聲調之研究

		臺北　國立政治大學中國文學研究所博士論文
		1995 年 06 月
A0739	謝雲飛	上古有四聲但不同於後代
		中國語文　第 451 期　頁 13-16　1995 年 01 月
A0740	謝雲飛	上古漢語的聲調
		中國語文　第 442 期　頁 14-18　1994 年 04 月
A0741	謝雲飛	中國語音中的上古聲調問題
		漢學論文集(淡江文理學院中文研究室主編)　臺灣
		驚聲文物供應公司　頁 123-158　1970 年 11 月
A0742	謝雲飛	古四聲不分說
		中國語文　第 443 期　頁 12-17　1994 年 05 月
A0743	謝雲飛	古有五聲說
		中國語文　第 447 期　頁 13-17　1994 年 09 月
A0744	謝雲飛	古有四聲說
		中國語文　第 446 期　頁 15-19　1994 年 08 月
A0745	謝雲飛	古有兩聲說
		中國語文　第 444 期　頁 18-22　1994 年 06 月
A0746	謝雲飛	周秦漢語有四個調類
		中國語文　第 450 期　頁 12-14　1994 年 12 月
A0747	謝雲飛	從方言看上古漢語的聲調
		中國語文　第 449 期　頁 23-26　1994 年 11 月

六、上古聲韻研究史

（一）宋代古音學

A0748	伍明清	宋代之古音學
		臺北　國立臺灣大學中國文學研究所碩士論文　1989 年
A0749	伍明清	項安世之古音觀念
		中國文學研究　第 2 期　頁 235-261　1988 年 05 月

（二）明代古音學

A0750　王天昌　　陳第的《毛詩古音考》
　　　　　　　　書和人　第 453 期　　1982 年 10 月

A0751　李焯然　　焦竑與陳第—明末清初古音學研究的兩位啓導者
　　　　　　　　明史散論　臺北　允晨文化公司　頁 141-152
　　　　　　　　1988 年 04 月

A0752　劉人鵬　　陳第之學術
　　　　　　　　臺北　國立臺灣大學中國文學研究所碩士論文
　　　　　　　　1988 年 05 月

A0753　盧淑美　　楊升菴古音學研究
　　　　　　　　嘉義　國立中正大學中國文學研究所碩士論文 1992 年

（三）清代古音學

A0754　丁邦新　　以音求義，不限形體—論清代語文學的最大成就
　　　　　　　　第一屆國際暨第三屆全國清代學術研討會論文集
　　　　　　　　高雄　國立中山大學　頁 9-24　1993 年

A0755　李妍周　　清人論陰陽對轉的過程
　　　　　　　　中國文學研究　第 6 期　頁 47-74　1992 年 05 月

A0756　林明波　　清代小學考之三—聲韻學考
　　　　　　　　國科會獎助論文　1963 年

A0757　陳新雄　　清代古音學之主流與旁支
　　　　　　　　第一屆國際清代學術研討會論文集　高雄　國立高
　　　　　　　　雄師範大學　1993 年 11 月

A0758　李妍周　　顧炎武之古音學
　　　　　　　　臺北　國立臺灣大學中國文學研究所碩士論文 1989 年

A0759　李添富　　從〈答李子德書〉論顧炎武之古音成就
　　　　　　　　第二屆清代學術研討會—思想、文學、語文—論文集
　　　　　　　　高雄　國立中山大學中國文學系所　頁 495-522
　　　　　　　　1991 年 11 月

A0760　王立霞　　李因篤之平生及其音韻學
　　　　　　　　臺北　國立臺灣師範大學國文研究所碩士論文

		1995 年 06 月
A0761	許惠貞	江永及其古音學
		臺北 國立臺灣大學中國文學研究所碩士論文 1991 年
A0762	朴秋鉉	《聲類考》研究
		臺北　私立中國文化大學中國文學研究所碩士論文
		1984 年
A0763	陳新雄	戴震〈答段若膺論韻書〉幾則聲韻觀念的啓示
		漢學研究　第 9 卷 1 期　頁 45-51　1991 年 06 月
		文字聲韻論叢　臺北　東大圖書公司　頁 127-134
		1994 年 01 月
A0764	陳新雄	戴震〈答段若膺論韻書〉對王力脂微分部的啓示
		中央研究院歷史語言研究所集刊　第 59 本 1 分
		頁 1-5　1988 年 03 月
		文字聲韻論叢　臺北　東大圖書公司　頁 327-334
		1994 年 01 月
A0765	鍾克昌	戴氏《轉語》索隱
		臺北　國立臺灣師範大學國文研究所碩士論文
		1971 年 07 月
A0766	林文寶	段氏《六書音韻表》
		臺東師專學報　第 1 期　頁 155-168　1973 年 04 月
A0767	林慶勳	《段玉裁之生平及其學術成就》提要
		華學月刊　第 105 期　頁 40-42　1980 年 09 月
A0768	林慶勳	段玉裁之生平及其學術成就
		臺北　私立中國文化大學中國文學研究所博士論文
		1979 年
A0769	邱德修	段氏之、脂、支三部分用說商榷
		國立編譯館館刊　第 18 卷 2 期　頁 187-195　1989 年
		12 月
A0770	符濟梅	段玉裁〈詩經均分十七部表〉正誤
		臺北　私立輔仁大學中國文學研究所碩士論文
		1976 年
A0771	許世瑛	段氏《說文》注所標韻部辨誤

		燕京學報　第 29 期　頁 71-142　1941 年 06 月
		許世瑛先生論文集　臺北　弘道文化事業公司
		頁 29-101　1974 年 08 月
A0772	許世瑛	段玉裁〈古十七部諧聲表〉補正
		許世瑛先生論文集　臺北　弘道文化事業公司
		頁 102-115　1974 年 08 月
A0773	陳光政	《說文段注》應用聲韻學校勘示例（七則）
		第二屆國際暨第十屆全國聲韻學學術研討會論文集
		高雄　國立中山大學中文系所、中華民國聲韻學學
		會主辦　頁 715-738　1992 年 05 月
A0774	陳光政	段玉裁校訂《說文》聲符字形之音證
		第十一屆全國聲韻學研討會論文集　臺灣　國立中正
		大學中文系所、中華民國聲韻學學會主辦　1993 年
		04 月
A0775	鄭寶美	孔氏《詩聲分例》正補
		臺北　私立中國文化大學中國文學研究所碩士論文
		1976 年
A0776	林慶勳	王念孫〈與李方伯書〉析論─清代古音學重要文獻
		初探之一
		高雄師院學報　第 15 期　頁 35-47　1987 年 03 月
A0777	許世瑛	由王念孫《古韻譜》考其古韻二十一部相通情形
		許世瑛先生論文集　臺北　弘道文化事業公司
		頁 116-135　1974 年 08 月
A0778	都惠淑	王念孫之生平及其古音學
		臺北　國立臺灣師範大學國文研究所碩士論文
		1993 年 05 月
A0779	許世瑛	江有誥《老子韻讀》商榷
		中國留日同學會季刊　第 3 期　頁 21-30　1943 年
		03 月
A0780	許世瑛	江有誥著《詩經韻譜》序
		民主評論　第 14 卷 24 期　頁 24　1963 年 12 月
A0781	許世瑛	輯江有誥通韻譜、合韻譜、借韻譜

		許世瑛先生論文集　臺北　弘道文化事業公司
		頁 136-160　1974 年 08 月
A0782	傅錫壬	江有誥《楚辭韻讀》補正
		淡江學報　第 6 期　頁 93-113　1967 年 11 月
A0783	陳素貞	嚴可均《說文聲類》一書之內容與體例淺探
		中臺醫專學報　第 4 期　頁 225-237　1987 年 04 月
A0784	林尹	章炳麟之生平及其學術文章
		孔孟月刊　第 14 卷 11 期　頁 16-23　1976 年 07 月
A0785	姚榮松	《文始‧成均圖》音轉理論述評
		國文學報　第 20 期　頁 227-262　1991 年 06 月
A0786	黃錦樹	章太炎語言文字之學的知識（精神）系譜
		臺北　私立淡江大學中國文學研究所碩士論文　1993 年
A0787	謝碧賢	《文始》研究
		臺北　私立輔仁大學中國文學研究所碩士論文　1973 年
A0788	周法高	評王力〈黃侃古音學述評〉
		國科會獎助論文　1992 年
A0789	金泰成	黃侃古聲調說淺析
		王靜芝先生八秩壽慶論文集　臺北　輔仁大學中文系
		所編印　頁 255-270　1985 年 06 月
A0790	姚榮松	黃季剛先生之字源、詞源學初探
		國文學報　第 18 期　頁 321-339　1989 年 06 月
A0791	柯淑齡	從黃季剛先生「古無上聲說」論古聲調
		陳伯元先生六秩壽慶論文集　臺北　文史哲出版社
		頁 457-478　1994 年 03 月
A0792	柯淑齡	黃季剛先生之生平及其學術
		臺北　私立中國文化大學中國文學研究所博士論文
		1982 年
A0793	陳新雄	《黃侃聲韻學未刊稿》出版序
		中國國學　第 15 期　頁 235-236　1987 年 09 月
A0794	陳新雄	《音略》證補
		慶祝瑞安林景伊先生六秩誕辰論文集(上冊)　臺北
		國立政治大學國文研究所　頁 1043-1170　1969 年 12 月

		臺北　文史哲出版社　1971 年
A0795	陳新雄	重校增訂《音略》證補
		臺北　文史哲出版社　1978 年 09 月
A0824	陳新雄	民國古音學的開創人黃侃
		師大學報　第 31 期　1986 年 06 月
A0796	陳新雄	黃侃的古音學

中國語文（北京）　第 6 期　頁 445-455　1993 年 11 月

國立編譯館館刊　第 22 卷 2 期　頁 151-173　1993 年 12 月

A0797　陳新雄　黃季剛先生及其古音學

中國學術年刊　第 14 期　頁 399-433　1993 年 03 月

國科會獎助論文　1993 年

中國國學　第 21 期　頁 1-32　1993 年 11 月

文字聲韻論叢　臺北　東大圖書公司　頁 1-46　1994 年 01 月

A0798　陳新雄　蘄春黃季剛（侃）先生古音學說駁難辨

師大學報　第 15 期　頁 97-108　1970 年 06 月

重校增訂《音略證補》附錄　臺北　文史哲出版社 頁 135-158　1978 年 09 月

鍥不舍齋論學集　臺北　臺灣學生書局　頁 699-720 1984 年 08 月

A0799　陳新雄　蘄春黃季剛先生古音學說是否循環論證辨

孔孟學報　第 58 期　頁 319-264　1989 年 09 月

文字聲韻論叢　臺北　東大圖書公司　頁 179-224 1994 年 01 月

A0800　潘重規　蘄春黃先生《古韻譜》稿跋

大陸雜誌　第 60 卷 4 期　頁 27　1980 年 04 月

A0801　謝一民　蘄春黃氏古音說

臺北　國立臺灣師範大學國文研究所碩士論文 1960 年 06 月

國立臺灣師範大學國文研究所集刊　第 5 號　頁 193-270 1961 年 06 月

臺北　嘉新水泥公司文化基金會叢書研究論文第二七種　1965 年 02 月

臺北　大通書局　1971 年 05 月

A0802　謝雲飛　黃季剛先生上古音學說之論定

南洋大學學報　第 5 期　頁 38-48　1971 年 03 月

參　漢魏六朝聲韻研究

一、通論

A0803　何大安　六朝吳語的層次

中央研究院歷史語言研究所集刊　第 64 本 4 分　頁 867-875　1993 年 12 月

A0804　何大安　劉宋時期在漢語音韻史上的地位—兼論音韻史的分期問題

中國境內語言暨語言學第二輯　南港　中央研究院歷史語言研究所編印　頁 125-138　1993 年 08 月

A0805　林明波　沈約「四聲」辨

國文學報　第 5 期　頁 47-63　1976 年 06 月

A0806　姚振黎　沈約聲律論發微

國立中央大學文學院院刊　第 1 期　頁 81-98　1983 年 06 月

A0807　馮承基　論永明聲律—四聲

大陸雜誌　第 31 卷 9 期　頁 19-23　1965 年 11 月

大陸雜誌語文叢書第二輯第四冊(語法聲韻文字研究論集)　臺灣　大陸雜誌社　頁 303-307　不著出版年月

A0808　何大安　南北朝韻部演變研究

臺北　國立臺灣大學中國文學研究所博士論文　1981 年

國科會獎助論文　1981 年

A0809　周祖謨　魏晉南北朝韻部之演變

臺北　東大圖書公司　1996 年 01 月

A0810　林至信　　　漢魏韻研究
　　　　　　　　　臺北　國立臺灣師範大學國文研究所碩士論文
　　　　　　　　　1963 年 06 月
AA811　林炯陽　　　魏晉詩韻考
　　　　　　　　　國立臺灣師範大學國文研究所集刊　第 16 號　頁 1105
　　　　　　　　　-1302　1972 年 06 月
　　　　　　　　　臺北　國立臺灣師範大學國文研究所碩士論文
　　　　　　　　　1971 年 07 月
A0812　柯蔚南　　　西漢聲母探討
　　　　　　　　　清華學報　第 14 卷 1、2 期合刊　頁 111-133　1982
　　　　　　　　　年 12 月

二、文獻資料考察

（一）韻書研究

A0813　何大安　　　陽休之、李季節、杜臺卿三家韻書的分韻基礎
　　　　　　　　　國科會獎助論文　1982 年
A0814　林平和　　　呂靜《韻集》研究
　　　　　　　　　臺北　國立政治大學中國文學研究所碩士論文　1972 年
　　　　　　　　　臺北　嘉新水泥公司文化基金會叢書研究論文第三十
　　　　　　　　　四種　1976 年 10 月
A0815　林平和　　　李登《聲類》研究（上）
　　　　　　　　　中華學苑　第 21 期　頁 15-96　1978 年 06 月
A0816　林平和　　　李登《聲類》研究（下）
　　　　　　　　　中華學苑　第 22 期　頁 1-78　1979 年 03 月
A0817　高明　　　　黃輯李登《聲類》跋
　　　　　　　　　中央圖書館館刊　第 3 卷 3、4 期合刊　頁 8-17　1970
　　　　　　　　　年 10 月
　　　　　　　　　中華學苑　第 7 期　頁 1-19　1971 年 03 月
　　　　　　　　　高明文輯（中）　臺北　黎明文化事業公司　頁 248
　　　　　　　　　-266　1978 年 03 月

高明小學論叢　臺北　黎明文化事業公司　頁 248-266
1978 年 07 月

A0818　龍宇純　　李登《聲類》考
國科會獎助論文　1980 年
臺靜農先生八十壽慶論文集　臺北　聯經出版社
頁 51-66 1981 年 11 月

（二）音義研究

A0819　何大安　　《經典釋文》所見早期諸反切結構分析
臺北　國立臺灣大學中國文學研究所碩士論文　1973 年

A0820　李正芬　　《經典釋文・莊子音義》異音異義考
臺北　私立東吳大學中國文學研究所碩士論文　1991 年

A0821　杜其容　　《毛詩釋文》異乎常讀之音切研究
國科會獎助論文　1961 年
聯合書院學報　第 4 期　共 56 頁　1965 年 06 月

A0822　竺家寧　　《經典釋文》與複聲母
孔孟月刊　第 23 卷 11 期　頁 16-19　1985 年 07 月
音韻探索　臺北　臺灣學生書局　頁 115-122
1995 年 10 月

A0823　邵榮芬　　《經典釋文》音系
臺北　學海出版社　1995 年 06 月

A0824　金周生　　上古脣塞音聲母之分化可溯源於陸德明《經典釋文》
第六屆全國聲韻學討論會論文　高雄　國立高雄師範
學院主辦　1988 年 04 月
時代說　國科會獎助論文　1988 年

A0825　金周生　　漢語脣塞音聲母之分化可溯源於陸德明《經典釋文》
時代說
輔仁學誌—文學院之部　第 18 期　頁 203-230
1989 年 06 月
聲韻論叢第一輯　臺北　臺灣學生書局　頁 135-174
1994 年 05 月

A0826	張寶三	前人誤讀《經典釋文》舉隅—以《毛詩音義》爲例
		臺大中文學報　第 3 期　頁 464-487　1989 年 11 月
A0827	黃坤堯	《經典釋文》的重紐現象
		第四屆國際暨第十三屆全國聲韻學學術研討會論文
		臺灣　國立臺灣師範大學國文系所、中華民國聲韻
		學學會主辦　1995 年 05 月
A0828	黃坤堯	《釋文》如字初探
		第六屆全國聲韻學討論會論文　高雄　國立高雄師
		範學院主辦　1988 年 04 月
		聲韻論叢第一輯　臺北　臺灣學生書局　頁 345-366
		1994 年 05 月
A0829	黃坤堯	新校索引《經典釋文》
	鄧仕樑校	臺北　學海出版社　1988 年
A0830	潘重規	《經典釋文韻編》成書記
		國文天地　第 7 卷 9 期　頁 58-60　1992 年 2 月
A0831	潘重規主編	《經典釋文》韻編
		臺北　國字整理小組　1983 年
A0832	潘重規主編	《經典釋文》韻編索引
		臺北　國字整理小組　1983 年
A0833	謝雲飛	《經典釋文》異音聲類考
		國立臺灣師範大學國文研究所集刊　第 4 號　頁 215
		-338　1960 年 06 月
A0834	謝雲飛	《經典釋文》異音聲類考
		臺北　國立臺灣師範大學國文研究所碩士論文
		1959 年 06 月
A0835	潘重規	王重民題敦煌卷子徐邈《毛詩音》新考
		新亞學報　第 9 卷 1 期　頁 71-92　1969 年 06 月
		敦煌詩經卷子研究論文集　香港　新亞研究所
		頁 39-64　1970 年 09 月
A0836	潘重規	倫敦藏斯二七二九號暨列寧格勒藏一五一七號敦煌
		《毛詩音》殘卷綴合寫定題記
		新亞學報　第 9 期 2 卷　頁 1-47　1970 年 07 月

　　　　　　　　　敦煌詩經卷子研究論文集　香港　新亞研究所
　　　　　　　　　頁 77-132　1970 年 09 月
A0837　簡宗梧　　《經典釋文》引徐邈音辨證
　　　　　　　　　中華學苑　第 7 期　頁 55-72　1971 年 03 月
A0838　簡宗梧　　《經典釋文》徐邈音之研究
　　　　　　　　　臺北　國立政治大學中國文學研究所碩士論文 1970 年
A0839　簡宗梧　　徐邈能辨別輕重脣音之再商榷
　　　　　　　　　第四次聲韻學討論會論文　臺北　國立政治大學主辦
　　　　　　　　　1986 年 07 月
　　　　　　　　　聲韻論叢第一輯　臺北　臺灣學生書局　頁 119-134
　　　　　　　　　1994 年 05 月
A0840　簡宗梧　　徐邈能辨別輕重脣音之再商榷─兼論《經典釋文》引
　　　　　　　　　又音的體例
　　　　　　　　　中華學苑　第 33 期　頁 87-98　1986 年 06 月
A0841　黃坤堯　　東晉徐邈徐廣兄弟讀音的比較
　　　　　　　　　第九屆全國聲韻學討論會論文　臺北　私立東吳大學
　　　　　　　　　、中華民國聲韻學學會主辦　1991 年 05 月
　　　　　　　　　聲韻論叢第四輯　臺北　臺灣學生書局　頁 125-158
　　　　　　　　　1992 年 05 月
A0842　吳雅美　　郭璞《爾雅註》與《方言註》之比較
　　　　　　　　　南洋大學中國語文學報　第 3 期　頁 55-64　1970 年
A0843　宋麗瓊　　《方言》郭璞音之研究
　　　　　　　　　臺北　私立輔仁大學中國文學研究所碩士論文 1981 年
A0844　竺家寧　　《顏氏家訓·音辭篇》中的幾個語音現象
　　　　　　　　　德明學報　第 1 期　頁 161-169　1973 年 05 月
　　　　　　　　　音韻探索　臺北　臺灣學生書局　頁 191-206
　　　　　　　　　1995 年 10 月
A0845　翁文宏　　梁顧野王《玉篇》聲類考
　　　　　　　　　國立臺灣師範大學國文研究所集刊 第 15 號　頁 1-112
　　　　　　　　　1971 年 06 月
　　　　　　　　　臺北　國立臺灣師範大學國文研究所碩士論文
　　　　　　　　　1970 年 06 月

A0846　陳新雄　酈道元《水經注》裡所見的語音現象
　　　　　　　　中國學術年刊　第 2 期　頁 87-111　1978 年 06 月
　　　　　　　　鍥不舍齋論學集　臺北　臺灣學生書局　頁 365-404
　　　　　　　　1984 年 08 月

A0847　黃坤堯　《史記》三家注之開合現象
　　　　　　　　陳伯元先生六秩壽慶論文集　臺北　文史哲出版社
　　　　　　　　頁 479-488　1994 年 03 月

A0848　黃坤堯　《史記》三家注異常聲紐之考察
　　　　　　　　第五屆全國聲韻學討論會論文　臺北　國立臺灣師範
　　　　　　　　大學國文系所主辦　1987 年 04 月
　　　　　　　　國文學報　第 16 期　頁 155-182　1987 年 06 月
　　　　　　　　聲韻論叢第一輯　臺北　臺灣學生書局　頁 175-220
　　　　　　　　1994 年 05 月

A0849　徐富美　詩禮緯中的一些語言音韻現象
　　　　　　　　中國文學研究　第 5 期　頁 41-55　1991 年 05 月

A0850　黃坤堯　高誘的注音
　　　　　　　　第二屆國際暨第十屆全國聲韻學學術研討會論文集
　　　　　　　　高雄　國立中山大學中文系所、中華民國聲韻學學
　　　　　　　　會主辦　頁 197-208　1992 年 05 月

A0851　董忠司　曹憲《博雅音》研究
　　　　　　　　臺北　國立政治大學中國文學研究所碩士論文 1973 年

A0852　潘重規　隋劉善經《四聲指歸》定本箋
　　　　　　　　新亞書院學術年刊　第 4 期　頁 307-325　1962 年
　　　　　　　　09 月

（三）詩文用韻研究

A0853　丁洪哲　陶潛詩文用韻研究
　　　　　　　　淡江學報　第 14 期　頁 231-326　1976 年 04 月

A0854　李三榮　音韻結構在〈小園賦〉第一段的運用
　　　　　　　　國學新探　第 2 期　頁 101-105　1984 年 04 月

A0855　李三榮　庾信〈小園賦〉第一段的音韻技巧

第一屆國際暨第八屆全國聲韻學學術討論會論文
臺北　私立輔仁大學、中華民國聲韻學學會主辦
1990 年 03 月
聲韻論叢第三輯　臺北　臺灣學生書局　頁 25-40
1991 年 10 月

A0856　李金星　　何遜詩用韻的研究
東海中文學報　第 2 期　頁 67-90　1981 年 04 月

A0857　李義活　　庾信詩歌用韻考
陳伯元先生六秩壽慶論文集　臺北　文史哲出版社
頁 511-524　1994 年 03 月

A0858　竺鳳來　　陶謝詩韻與《廣韻》之比較
臺北 國立政治大學中國文學研究所碩士論文 1968 年
臺北　嘉新水泥公司文化基金會叢書研究論文第一五
九種　1969 年

A0859　金周生　　《史記‧太史公自序》韻語商榷
兩漢文學學術研討會論文集　1995 年 05 月

A0860　唐亦璋　　古詩十九首用韻考
淡江學報　第 4 期　頁 27-50　1965 年 11 月

A0861　許世瑛　　〈登樓賦〉句法研究兼論其用韻
國文學報　第 1 期　頁 69-77　1972 年 06 月

A0862　許世瑛　　蔡琰〈悲憤詩〉句法研究兼論其用韻（上）
圖書季刊　第 3 卷 1 期　頁 1-10　1972 年 07 月

A0863　許世瑛　　蔡琰〈悲憤詩〉句法研究兼論其用韻（下）
圖書季刊　第 3 卷 2 期　頁 13-24　1972 年 10 月

A0864　許世瑛　　談〈木蘭辭〉用韻
圖書月刊　第 1 卷 2 期　頁 6-8　1966 年 05 月
許世瑛先生論文集　臺北　弘道文化事業公司
頁 562-568　1974 年 08 月

A0865　許世瑛　　談談〈思舊賦〉句中的平仄規律與朗誦節奏（遺稿）
中華學苑　第 11 期　頁 71-92　1973 年 03 月

A0866　許世瑛　　談談〈思舊賦〉的寫作技巧與用韻
許世瑛先生論文集　臺北　弘道文化事業公司

		頁 521-529　1974 年 08 月
A0867	許世瑛	論〈孔雀東南飛〉用韻
		淡江學報　第 6 期　頁 1-22　1967 年 11 月
		許世瑛先生論文集　臺北　弘道文化事業公司
		頁 530-561　1974 年 08 月
A0868	許世瑛	論〈鵩鳥賦〉的用韻（附校釋）
		大陸雜誌　第 29 卷 10、11 期合刊
		頁 85-91　1964 年 12 月
		大陸雜誌語文叢書第二輯第四冊(語法聲韻文字研究論集)　臺灣　大陸雜誌社　頁 293-299　不著出版年月
		許世瑛先生論文集　臺北　弘道文化事業公司
		頁 505-520　1974 年 08 月
A0869	劉渼	《文鏡秘府論》六朝聲律說佚書佚文考
		國文學報　第 20 期　頁 109-143　1991 年 06 月
A0870	謝雲飛	從《文鏡秘府論》中看平仄律的形成
		師大國文所潘石禪七十壽誕論文集 臺北　頁 217-234 1977 年 03 月
A0871	簡宗梧	司馬相如賦篇用韻考
		中華學苑　第 10 期　頁 1-40　1972 年 09 月
A0872	羅宗濤	我研究兩晉南北朝歌謠用韻的方法
		慶祝高郵高仲華先生六秩誕辰論文集(上)　臺北 國立臺灣師範大學國文研究所編印　頁 475-494 1968 年 03 月

肆　中古聲韻研究

一、通論

（一）中古聲韻

| A0873 | 董忠司 | 七世紀中葉漢語之讀書音與方俗音 |

　　　　　　　　　　新竹師專學報　第 13 期　頁 81-116　1986 年 12 月

A0874　周法高　　　漢語中古音札記

　　　　　　　　　　國科會獎助論文　1990 年

A0875　竺家寧　　　宋代語音的類化作用

　　　　　　　　　　國科會獎助論文　1985 年

A0876　竺家寧　　　宋代語音的類化現象

　　　　　　　　　　近代音論集　臺北　臺灣學生書局　頁 159-172

　　　　　　　　　　1994 年 08 月

A0877　竺家寧　　　宋代語音的類化現象

　　　　　　　　　　淡江學報　第 22 期　頁 57-65　1985 年 03 月

A0878　竺家寧　　　改變學術史的一次聲韻研討會

　　　　　　　　　　國文天地　第 35 期　頁 48-50　1988 年 04 月

A0879　阿部享士　　唐代西北方音與日本漢音比較研究

　　　　　　　　　　臺北　私立東吳大學中國文學研究所碩士論文　1993 年

A0880　洪惟仁　　　臺灣音與廈門音異讀與中古音的對應關係

　　　　　　　　　　臺語文摘　第 5 卷 4 期　頁 40-44　1992 年 11 月

A0881　黃學堂　　　從中古音及方言看國語的讀音、語音之形成

　　　　　　　　　　中國語文　第 389 期　頁 59-64　1989 年 11 月

A0882　龍宇純　　　中古音的聲類與韻類

　　　　　　　　　　第四屆國際暨第十三屆全國聲韻學學術研討會論文

　　　　　　　　　　臺灣　國立臺灣師範大學國文系所、中華民國聲韻

　　　　　　　　　　學學會主辦　1995 年 05 月

A0883　謝雲飛　　　漢字在中古漢語與現代韓語中之音讀比較

　　　　　　　　　　董作賓先生九五冥誕紀念論文集　頁 120-139

　　　　　　　　　　1988 年 04 月

A0884　龔煌城　　　十二世紀末漢語的西北方音

　　　　　　　　　　中央研究院歷史語言研究所集刊　第 52 本 1 分　頁 37

　　　　　　　　　　-78　1981 年 03 月

A0885　洪藝芳　　　唐五代西北方音研究—以敦煌通俗韻文為主

　　　　　　　　　　臺北　私立中國文化大學中國文學研究所碩士論文

　　　　　　　　　　1995 年 06 月

（二）重紐問題

A0886　周法高　　　隋唐五代宋初重紐反切研究
　　　　　　　　　中央研究院第二屆國際漢學會議論文集（語言與文字
　　　　　　　　　組）上冊　南港　中央研究院歷史語言研究所編印
　　　　　　　　　頁 85-110　1989 年 06 月
　　　　　　　　　國科會獎助論文　1988 年

A0887　孫玉文　　　中古尤韻舌根音有重紐試證
　　　　　　　　　清華學報　第 24 卷 1 期　頁 155-161　1994 年 03 月

A0888　龍宇純　　　論照穿床審四母兩類上字讀音
　　　　　　　　　中央研究院國際漢學會議論文集　南港　中央研究院
　　　　　　　　　編印　頁 247-266　1981 年 10 月
　　　　　　　　　國科會獎助論文　1981 年

A0889　丁邦新　　　重紐的介音差異
　　　　　　　　　第四屆國際暨第十三屆全國聲韻學學術研討會論文
　　　　　　　　　臺灣　國立臺灣師範大學國文系所、中華民國聲韻
　　　　　　　　　學學會主辦　1995 年 05 月

A0890　孔仲溫　　　論重紐字上古時期的音韻現象
　　　　　　　　　第四屆國際暨第十三屆全國聲韻學學術研討會論文
　　　　　　　　　臺灣　國立臺灣師範大學國文系所、中華民國聲韻
　　　　　　　　　學學會主辦　1995 年 05 月

A0891　平山久雄　　重紐問題在日本
　　　　　　　　　第四屆國際暨第十三屆全國聲韻學學術研討會論文
　　　　　　　　　臺灣　國立臺灣師範大學國文系所、中華民國聲韻
　　　　　　　　　學學會主辦　1995 年 05 月

A0892　余迺永　　　中古重紐之上古來源及其語素性質
　　　　　　　　　第四屆國際暨第十三屆全國聲韻學學術研討會論文
　　　　　　　　　臺灣　國立臺灣師範大學國文系所、中華民國聲韻
　　　　　　　　　學學會主辦　1995 年 05 月

A0893　吳鍾林　　　從五種方言和譯音論重紐的音值
　　　　　　　　　中國文學研究　第 4 期　頁 25-67　1990 年 05 月

A0894　李存智　　　重紐問題試論

		第十一屆全國聲韻學研討會論文集　臺灣　國立中正大學中文系所、中華民國聲韻學學會主辦　1993年04月
A0895	李存智	論「重紐」─變遷的音韻結構 第四屆國際暨第十三屆全國聲韻學學術研討會論文 臺灣　國立臺灣師範大學國文系所、中華民國聲韻學學會主辦　1995年05月
A0896	杜其容	三等韻牙喉音反切上字分析 國科會獎助論文　1972年 文史哲學報　第24期　頁245-279　1975年10月
A0897	周法高	三等韻重唇音反切上字研究 中央研究院歷史語言研究所集刊　第23本下冊 頁358-407　1952年07月 中國語言學論文集　臺北　聯經出版事業公司 頁239-262　1975年09月
A0898	竺家寧	試論重紐的語音 第四屆國際暨第十三屆全國聲韻學學術研討會論文 臺灣　國立臺灣師範大學國文系所、中華民國聲韻學學會主辦　1995年05月 中國語文(北京)　第247期　頁298-305　1995年07月
A0899	孫玉文	中古尤韻舌根音有重紐試證 清華學報　第24卷1期　頁155-161　1994年03月
A0900	鄭張尚芳	重紐的來源及其反映 第四屆國際暨第十三屆全國聲韻學學術研討會論文 臺灣　國立臺灣師範大學國文系所、中華民國聲韻學學會主辦　1995年05月
A0901	龍宇純	論重紐等韻及其相關問題 國科會獎助論文　1987年 中央研究院第二屆國際漢學會議論文集（語言與文字組）上冊　南港　中央研究院歷史語言研究所編印 頁111-124　1989年06月
A0902	龔煌城	從漢藏語的比較看重紐問題

第四屆國際暨第十三屆全國聲韻學學術研討會論文
臺灣　國立臺灣師範大學國文系所、中華民國聲韻
學學會主辦　1995 年 05 月

（三）聲母

A0903	高明	中古聲類娘泥不當併士俟不當分說

中古聲類娘泥不當併士俟不當分說
慶祝瑞安林景伊先生七秩華誕特刊　臺北　中國文
化學院中文研究所中國文學系編印　頁 29-34
1979 年 12 月
木鐸　第 8 期　頁 29-34　1979 年 12 月

A0904　許世瑛
重唇音與舌頭音在朱子口中尚有未變讀輕唇音與舌
上音者考
許世瑛先生論文集　臺北　弘道文化事業公司
頁 222-229　1974 年 08 月

A0905　蕭藤村
中古音與廈門音在聲紐上的對應關係
嘉女學報　第 1 期　頁 59-116　1992 年 12 月

A0906　謝雲飛
中古敷微二字母之音值再擬測
中國聲韻學大綱　臺北　臺灣學生書局　頁 199-429
1987 年 10 月
中央研究院第二屆國際漢學會議論文集（語言與文字
組）上冊　南港　中央研究院歷史語言研究所編印
頁 67-84　1989 年 06 月

A0907　龔煌城
十二世紀末漢語的西北方音（聲母部分）
國科會獎助論文　1981 年

（四）韻母

A0908　林慶勳
臺灣閩南語鼻化韻母與中古音的關係
第三屆國際閩方言研討會論文　香港　香港中文大
學主辦　頁 1-8　1993 年

A0909　竺家寧
宋代入聲的喉塞音韻尾

　　　　　　　　　第六屆全國聲韻學討論會論文　高雄　國立高雄師
　　　　　　　　　範學院主辦　1988 年 04 月
　　　　　　　　　淡江學報　第 30 期　頁 35-50　1991 年 01 月
　　　　　　　　　國科會獎助論文　1992 年
　　　　　　　　　聲韻論叢第二輯　臺北·臺灣學生書局　頁 1-24
　　　　　　　　　1994 年 05 月
　　　　　　　　　近代音論集　臺北　臺灣學生書局　頁 197-222
　　　　　　　　　1994 年 08 月

A0910　　竺家寧　　論中古韻母
　　　　　　　　　高仲華先生八秩榮慶論文集　高雄　國立高雄師範學
　　　　　　　　　院國文研究所編　頁 401-420　1988 年 05 月
　　　　　　　　　國科會獎助論文　1990 年
　　　　　　　　　音韻探索　臺北　臺灣學生書局　頁 243-264　1995
　　　　　　　　　年 10 月

A0911　　許世瑛　　止攝各韻與蟹攝三、四等韻朱熹所讀音值
　　　　　　　　　許世瑛先生論文集　臺北　弘道文化事業公司
　　　　　　　　　頁 409-450　1974 年 08 月

A0912　　許世瑛　　朱熹口中已有舌尖前高元音說
　　　　　　　　　淡江學報　第 9 期　頁 1-16　1970 年 11 月
　　　　　　　　　許世瑛先生論文集　臺北　弘道文化事業公司
　　　　　　　　　頁 287-312　1974 年 08 月

A0913　　許寶華　　中古陽聲韻類在現代吳語中的演變
　　　　　　　　　第四屆國際暨第十三屆全國聲韻學學術研討會論文
　　　　　　　　　臺灣　國立臺灣師範大學國文系所、中華民國聲韻
　　　　　　　　　學學會主辦　1995 年 05 月

A0914　　龔煌城　　十二世紀末漢語的西北方音（韻尾問題）
　　　　　　　　　中央研究院第二屆國際漢學會議論文集（語言與文字
　　　　　　　　　組）上冊　南港　中央研究院歷史語言研究所編印
　　　　　　　　　頁 145-190　1989 年 06 月

（五）聲調

A0915　杜其容　　　論中古聲調
　　　　　　　　　中華文化復興月刊　第 9 卷 3 期　頁 22-30　1976 年
　　　　　　　　　03 月
A0916　梅祖麟著　　　中古漢語的聲調與上聲的起源
　　　　黃宣範譯　　　中國語言學論集　臺灣　幼獅文化事業公司
　　　　　　　　　頁 175-197　1977 年 01 月
　　　　　　　　　幼獅月刊　第 40 卷 6 期　頁 69-75　1974 年 12 月
A0917　陳重瑜　　　　中古音前後入聲舒化的比較
　　　　　　　　　第二屆國際暨第十屆全國聲韻學學術研討會論文集
　　　　　　　　　高雄　國立中山大學中文系所、中華民國聲韻學學
　　　　　　　　　會主辦　頁 67-96　1992 年 05 月
A0918　謝雲飛　　　　中古漢語與現代漢語的聲調關係
　　　　　　　　　中國語文　第 441 期　頁 24-27　1994 年 03 月

二、文獻資料考察

（一）切韻系韻書研究

1.綜論

A0919　李永富　　　　從《切韻》到《廣韻》（之一）
　　　　　　　　　大陸雜誌　第 19 卷 2 期　頁 9 轉 25　1959 年 07 月
A0920　李永富　　　　從《切韻》到《廣韻》（之二）
　　　　　　　　　大陸雜誌　第 19 卷 10 期　頁 21 轉 32　1959 年 11 月
A0921　周法高　　　　論《切韻》音　中國文化研究所學報　第 1 卷 1 期
　　　　　　　　　頁 89-112　1968 年 09 月
　　　　　　　　　中國音韻學論文集　香港　中文大學出版社　頁 1-24
　　　　　　　　　1984 年 01 月
A0922　周法高　　　　論上古音和《切韻》音
　　　　　　　　　中國文化研究所學報　第 3 卷 2 期　頁 321-458　1970
　　　　　　　　　年 09 月
　　　　　　　　　中國音韻學論文集　香港 中文大學出版社 頁 95-230

1984 年 01 月

A0923　竺家寧　　王國維先生在唐代韻書研究上的貢獻
海峽兩岸王國維學術研討會論文　浙江　海寧
1994 年 08 月

A0924　竺家寧　　如果韓愈和孔子對話：談先秦上古音和唐宋中古音
國文天地　第 19 期　頁 76-79　1986 年 12 月

A0925　金周生　　切韻詩「十六聲」說集證
國科會獎助論文　1987 年
王靜芝先生七十壽慶論文集　臺北　文史哲出版社
頁 297-322　不著出版年月

A0926　姜忠姬　　《五音集韻》與《廣韻》之比較研究
臺北　國立臺灣師範大學國文研究所碩士論文
1980 年 01 月

A0927　張光宇　　《切韻》與方言
臺北　臺灣商務印書館　1990 年 01 月

A0928　張琨　　　論中古音與《切韻》之關係
清華學報　第 10 卷 2 期　頁 61-82　1974 年 07 月
書目季刊　第 8 卷 4 期　頁 23-40　1975 年 03 月
中國語言學論集　臺灣　幼獅文化事業公司
頁 266-296　1977 年 01 月
漢語音韻史論文集　臺北　聯經出版社　頁 1-24
1987 年 08 月；漢語音韻史論文集　華中工學院出版社
1987 年

A0929　陳新雄　　如何從國語的讀音辨識《廣韻》的聲韻調
輔仁學誌—文學院之部　第 9 期　頁 109-152　1980
年 06 月
鍥不舍齋論學集　臺北　臺灣學生書局　頁 145-196
1984 年 08 月

A0930　陳新雄　　陳澧《切韻考》系聯《廣韻》切語上下字補充條例補
例
第五屆全國聲韻學討論會論文　臺北　國立臺灣師範
大學國文系所主辦　1987 年 04 月

　　　　　　　　　　　國文學報　第16期　頁1-18　1987年06月
　　　　　　　　　　　文字聲韻論叢　臺北　東大圖書公司　頁303-326
　　　　　　　　　　　1994年01月
　　　　　　　　　　　聲韻論叢第一輯　臺北　臺灣學生書局　頁221-248
　　　　　　　　　　　1994年05月

A0931　駱嘉鵬　　　《廣韻》音類辨識法—如何以國語閩南語讀音分辨廣
　　　　　　　　　　　韻的聲韻調
　　　　　　　　　　　臺北　私立輔仁大學中國文學研究所碩士論文　1985年

A0932　龍宇純　　　《切韻》系韻書兩類反切上字之省察
　　　　　　　　　　　毛子水先生九五壽慶論文集　臺北　幼獅文化事業公
　　　　　　　　　　　司　頁1-12　1987年04月

A0933　龍宇純　　　從《集韻》反切看《切韻》系韻書反映的中古音
　　　　　　　　　　　中央研究院歷史語言研究所集刊　第57本1分
　　　　　　　　　　　頁37-90　1986年03月

A0934　龍宇純　　　陳澧以來幾家反切系聯法商兌—並論《切韻》系韻書
　　　　　　　　　　　反切系聯法的學術價值
　　　　　　　　　　　國科會獎助論文　1982年
　　　　　　　　　　　清華學報　第14卷1、2期合刊　頁193-205
　　　　　　　　　　　1982年　12月

A0935　應裕康　　　論宋代韻書
　　　　　　　　　　　慶祝高郵高仲華先生六秩誕辰論文集（上）　臺北
　　　　　　　　　　　國立臺灣師範大學國文研究所編印　頁495-544
　　　　　　　　　　　1968年03月

A0936　李相馥　　　唐五代韻書寫本俗字研究
　　　　　　　　　　　臺北　私立中國文化大學中國文學研究所碩士論文
　　　　　　　　　　　1989年

A0937　邢宗訓　　　從〈切韻序〉研究《切韻》的作者
　　　　　　　　　　　東方雜誌　第6卷9期　頁52-53　1973年03月

A0938　周法高　　　讀《切韻》研究
　　　　　　　　　　　大陸雜誌　第69卷2期　頁1-15　1984年08月

A0939　林尹　　　　影印《十韻彙編》後記
　　　　　　　　　　　學粹　第7卷3期　頁38　1965年04月

A0940　林炯陽　　《切韻》系韻書反切異文形成的原因及其價值
　　　　　　　　東吳文史學報　第 11 期　頁 1-16　1993 年 03 月
A0941　林炯陽　　敦煌韻書殘卷在聲韻學研究上的價值
　　　　　　　　漢學研究　第 4 卷 2 期　頁 409-420　1986 年 12 月
A0942　張賢豹　　邵著《切韻研究》書後
　　　　　　　　書目季刊　第 18 卷 1 期　頁 3-16　1984 年 06 月
A0943　葉鍵得　　《十韻彙編》研究
　　　　　　　　國科會獎助論文　1988 年
　　　　　　　　臺北　私立中國文化大學中國文學研究所博士論文
　　　　　　　　1987 年
　　　　　　　　臺北　臺灣學生書局　1988 年 07 月
A0944　葉鍵得　　內府藏唐寫本《刊謬補缺切韻》一書的特色及其在音
　　　　　　　　韻學上的價值
　　　　　　　　第十一屆全國聲韻學研討會論文集　臺灣　國立中正
　　　　　　　　大學中文系所、中華民國聲韻學學會主辦　1993 年
　　　　　　　　04 月
A0945　葉鍵得　　論故宮本王仁昫《刊謬補缺切韻》一書拼湊的真象
　　　　　　　　北市師院語文學刊　第 1 期　頁 67-92　1994 年 05 月
A0946　葉鍵得　　論故宮本王仁昫《刊謬補缺切韻》的內容成份
　　　　　　　　第二屆國際暨第十屆全國聲韻學學術研討會論文集
　　　　　　　　高雄　國立中山大學中文系所、中華民國聲韻學學
　　　　　　　　會主辦　頁 473-488　1992 年 05 月
A0947　李維棻　　介紹《廣韻聲系》
　　　　　　　　中華文化復興月刊　第 12 卷 3 期　頁 71-76　1979 年
　　　　　　　　03 月
A0948　竺鳳來　　陶謝詩韻與《廣韻》之比較
　　　　　　　　臺北　國立政治大學中國文學研究所碩士論文　1968 年
　　　　　　　　臺北　嘉新水泥公司文化基金會叢書研究論文第一五
　　　　　　　　九種　1969 年
A0949　張以仁　　由《廣韻》變到國語的若干聲調與聲母上的例外
　　　　　　　　大陸雜誌　第 37 卷 5 期　1968 年 09 月　頁 19-28
　　　　　　　　大陸雜誌語文叢書第二輯第四冊（語法聲韻文字研究

論集）　臺灣　大陸雜誌社　頁 283-292　不著出版年月

A0950　許世瑛　《廣韻》兩讀之字朱熹口中僅有一讀考
　　　　　　　文史季刊　第 3 卷 1 期　頁 4-12　1972 年 11 月

A0951　許世瑛　論《廣韻》反切跟國語音讀
　　　　　　　文教論叢　頁 171-196　1971 年 01 月

A0952　許世瑛　論《廣韻》反切跟國語音讀
　　　　　　　許世瑛先生論文集　臺北　弘道文化事業公司　頁 1-24
　　　　　　　1974 年 08 月

A0953　莊惠芬　《廣韻》切語今讀表
　　　　　　　臺北　廣文書局　1964 年

A0954　陳新雄　聲類新編
　　　　　　　臺北　臺灣學生書局　1982 年 03 月

A0955　蔡信發　《廣韻》反切一覽表
　　　　　　　文風　第 4 期　頁 28-44　1964 年 04 月

A0956　忌浮　　《禮部韻略》的增補與《古今韻會舉要》的失誤
　　　　　　　第十一屆全國聲韻學研討會論文集　臺灣　國立中正
　　　　　　　大學中文系所、中華民國聲韻學學會主辦　1993 年
　　　　　　　04 月

A0957　李添富　《古今韻會舉要》與《禮部韻略》七音三十六母通考
　　　　　　　比較研究
　　　　　　　第二屆國際暨第十屆全國聲韻學學術研討會論文集
　　　　　　　高雄　國立中山大學中文系所、中華民國聲韻學學
　　　　　　　會主辦　頁 507-532　1992 年 05 月
　　　　　　　輔仁學誌—文學院之部　第 23 期　頁 53-100　1994 年
　　　　　　　06 月

A0958　林英津　《集韻》之體例及音韻系統中的幾個問題
　　　　　　　臺北 國立臺灣大學中國文學研究所碩士論文 1985 年

A0959　林英津　論《集韻》在漢語音韻學史的定位
　　　　　　　國科會獎助論文　1989 年
　　　　　　　漢學研究　第 6 卷 2 期　頁 85-103　1988 年 12 月

A0960　邱棨鐋　《集韻》研究
　　　　　　　臺北　私立中國文化大學中國文學研究所博士論文

		1974 年 07 月
		臺北　臺灣學生書局　1974 年 10 月
A0961	邱棨鐊	《集韻》研究（增訂再版）
		臺北　臺灣學生書局　1978 年 09 月
A0962	邱棨鐊	《集韻研究》提要
		華學月刊　第 33 期　頁 35-37　1974 年 09 月
A0963	潘重規	《集韻》聲類表述例
		新亞書院學術年刊　第 6 期　頁 133-226　1964 年 09 月
A0964	應裕康	《禮部韻略》反切之研究
		國科會獎助論文　1963 年

2.切韻系韻書的性質

A0965	李貴榮	從《廣韻》又音論《廣韻》之性質
		陳伯元先生六秩壽慶論文集　臺北　文史哲出版社
		頁 525-540　1994 年 03 月
A0966	張琨著	《切韻》的綜合性質
	張賢豹譯	書目季刊　第 17 卷 1 期　頁 12-18　1983 年 06 月
		漢語音韻史論文集　臺北　聯經出版社　頁 25-34
		1987 年 08 月；漢語音韻史論文集　華中工學院出版
		社　1987 年
A0967	陳新雄	《切韻》性質的再探討
		中國學術年刊　第 3 期　頁 31-57　1979 年 06 月
		鍥不舍齋論學集　臺北　臺灣學生書局　頁 273-310
		1984 年 08 月

3.切韻系韻書板本及校正

A0968	李永富	《切韻》輯斠
		臺北　藝文印書館　1973 年
A0969	林慶勳	《切韻序》新校—黎本、張本《廣韻·切韻序》之

來源

木鐸　第 5、6 期合刊　頁 207-225　1977 年 03 月

A0970　姚榮松　巴黎所藏 P.2011 王韻的新校記

全國敦煌學研討會論文集　嘉義　國立中正大學中
國文學系所主辦　頁 29-56　1995 年 03 月

A0971　潘重規　《瀛涯敦煌韻輯》別錄

香港　新亞研究所　1972 年

新亞學報　第 10 期(下)　頁 1-92　1973 年 07 月

A0972　潘重規　《瀛涯敦煌韻輯》拾補

新亞學報　第 11 期　頁 37-48　1974 年 09 月

A0973　潘重規　《瀛涯敦煌韻輯》新編、附《瀛涯敦煌韻籍》別錄

臺北　文史哲出版社　1974 年 06 月

A0974　潘重規　《瀛涯敦煌韻輯新編》序─海外《切韻》系韻書的
新結集

中華學苑　第 12 期　頁 19-35　1973 年 09 月

木鐸　第 2 期　頁 31-47　1973 年 11 月

A0975　潘重規　龍宇純〈英倫藏敦煌切韻殘卷校記〉拾遺

華岡文科學報　第 15 期　頁 177-214　1983 年 12 月

A0976　龍宇純　英倫藏敦煌《切韻》殘卷記

中央研究院歷史語言研究所集刊外編第 4 種　慶祝董
作賓先生六十五歲論文集上冊　頁 803-825　1960 年
07 月

A0977　龍宇純　唐寫全本王仁煦《刊謬補缺切韻》校箋

香港　中文大學出版　1968 年

香港　崇基書院　1968 年

A0978　于維杰　《廣韻》訛奪辨正

成功大學學報　第 4 卷　頁 95-154　1969 年 05 月

A0979　于維杰　《廣韻》訛奪辨正（續完）

成功大學學報　第 6 卷　頁 187-224　1971 年 06 月

A0980　朴現圭　《廣韻》版本考
　　　　朴貞玉　臺北　學海出版社　1986 年 07 月

A0981　朱少雄　《廣韻》表解之辨正研究

黃埔學報　第 12 期　頁 233-282　1979 年 08 月

A0982　江舉謙　《廣韻》中古音讀標訂（上）

東海學報　第 3 卷 1 期　頁 139-156　1961 年 06 月

A0983　江舉謙　《廣韻》中古音讀標訂（下）

東海學報　第 4 卷 1 期　頁 46-56　1962 年 06 月

A0984　江舉謙　《廣韻》切語斠訂

學術論文集刊　第 2 期　頁 87-106　1973 年 12 月

A0985　余迺永　《互註校正宋本廣韻》序

華學月刊　第 45 期　頁 43-47　1975 年 09 月

A0986　余迺永　互註校正宋本《廣韻》校勘記

臺北　聯貫出版社　1974 年

A0987　林尹　《新校正切宋本廣韻》序

書和人　第 300 期　頁 8　1976 年 11 月

A0988　林尹校訂　新校正切宋本《廣韻》

臺北　黎明文化事業出版有限公司　1976 年

A0989　林炯陽　林景伊先生《廣韻校本》箋證

紀念林景伊先生逝世十週年學術討論會論文集　臺北
國立臺灣師範大學國文研究所主辦　1993 年 06 月

A0990　邱棨鐊　《集韻》之板本及校本

師大國文所潘石禪七十壽誕論文集　臺北　頁 157-180
1977 年 03 月

A0991　陳徽治　周氏《廣韻校本》拾補

華學月刊　第 82 期　頁 54-58　1978 年 10 月

A0992　黃翠芬　《廣韻》詳略版本先後概述

國立中央圖書館館刊　第 25 卷 1 期　頁 125-133　1992
年 06 月

A0993　蔡信發　《廣韻》切語上字表增補與重編

國立中央圖書館館刊　第 14 卷 1 期　頁 34-43
1981 年 06 月

A0994　龍宇純　《廣韻》校勘記訂補（去聲之部）

國科會獎助論文　1977 年

A0995　龍宇純　《廣韻》校勘記訂補（平、上二聲之部）

國科會獎助論文　1974 年

4. 聲母

A0996	呂源德	從《廣韻》又音考群母之古讀

臺北　國立臺灣師範大學國文研究所碩士論文
1976 年 07 月

A0997	林炯陽	論曾運乾《切韻》五十一紐說

中華學苑　第 33 期　頁 45-64　1986 年 06 月

A0998	林炯陽	論曾運乾五十一紐說

東吳文史學報　第 5 期　頁 89-101　1986 年 08 月

A0999	康世統	《廣韻》韻類考正

臺北　國立臺灣師範大學國文研究所碩士論文
1975 年 07 月
國立臺灣師範大學國文研究所集刊　第 20 號
頁 136-366　1976 年 06 月

A1000	陳新雄	《廣韻》四十一聲紐聲值的擬測

木鐸　第 8 期　頁 61-75　1979 年 12 月
慶祝瑞安林景伊先生七秩華誕特刊　臺北　中國文化
學院中文研究所中國文學系編印　頁 61-76　1979 年
12 月
鍥不舍齋論學集　臺北　臺灣學生書局　頁 249-272
1984 年 08 月

A1001	陳新雄	《廣韻》聲類諸說述評

華岡文科學報　第 12 期　頁 159-196　1980 年 03 月
鍥不舍齋論學集　臺北　臺灣學生書局　頁 197-248
1984 年 08 月

A1002	曾運乾	《切韻》五聲五十一紐考

木鐸　第 3、4 期合刊　頁 31-40　1975 年 11 月
聲韻學論文集　臺北　木鐸出版社　頁 107-116
1976 年 05 月

A1003	莊惠芬	全本王仁昫《刊謬補缺切韻》反切上字的研究

淡江學報　第 3 期　頁 97-114　1964 年 11 月

A1004　董同龢　全王本王仁昫《刊謬補缺切韻》的反切上字
中央研究院歷史語言研究所集刊　第 23 本下冊
頁 511-522　1952 年 07 月
董同龢先生語言學論文選集　臺灣　食貨出版社
頁 113-152　1974 年 11 月

A1005　應裕康　《廣韻》《集韻》切語上字異同考
臺北　國立臺灣師範大學國文研究所碩士論文
1959 年 06 月
國立臺灣師範大學國文研究所集刊　第 4 號　頁 339
-506　1960 年 06 月

A1006　許世瑛　《詩集傳》叶韻之聲母有與《廣韻》相異者考
許世瑛先生論文集　臺北　弘道文化事業公司
頁 213-221　1974 年 08 月

5.韻母

A1007　孔仲溫　《廣韻》祭泰夬廢四韻來源試探
第五屆全國聲韻學討論會論文　臺北　國立臺灣師
範大學國文系所主辦　1987 年 04 月
國文學報　第 16 期　頁 137-154　1987 年 06 月
聲韻論叢第一輯　臺北　臺灣學生書局　頁 249-268
1994 年 05 月

A1009　何士澤　《廣韻》韻目與韻內切語岐異解釋
新亞書院學術年刊　第 5 期　頁 165-225　1963 年
09 月

A1010　李方桂　《切韻》â 的來源
中央研究院歷史語言研究所集刊　第 3 本 1 分　頁 1-38
1931 年 08 月
上古音討論集　臺北　學藝出版社　頁 134-184
1977 年 03 月

A1011　周法高　《切韻》魚虞之音讀及其流變

中央研究院歷史語言研究所集刊外編第 3 種　六同別錄
1945 年 01 月
中央研究院歷史語言研究所集刊　第 13 本　頁 119-152
1948 年 09 月
中國語言學論文集　臺北　聯經出版事業公司
頁 71-104　1975 年 09 月

A1012　林尹　《切韻》韻類考正
師大學報　第 2 期　頁 137-186　1957 年 06 月

A1013　金慶淑　從《廣韻》同義又音字研討上古幽、中部
第三屆國際暨第十二屆全國聲韻學學術研討會論文集
新竹　國立清華大學主辦　頁 174-212　1994 年 05 月

A1014　張光宇　《切韻》純四等韻的主要元音及相關問題
切韻與方言　臺北　臺灣商務印書館　頁 76-102
1990 年 01 月

A1015　張光宇　從閩方言看《切韻》一二等韻的分合
清華學報　第 19 卷 2 期　頁 165-193　1989 年 12 月
切韻與方言　臺北　臺灣商務印書館　頁 146-174
1990 年 01 月

A1016　張光宇　從閩方言看《切韻》三四等韻的對立
切韻與方言　臺北　臺灣商務印書館　頁 117-135
1990 年 01 月

A1017　張光宇　從閩語看《切韻》三四等韻的對立
第五屆全國聲韻學討論會論文　臺北　國立臺灣師
範大學國文系所主辦　1987 年 04 月
國文學報　第 16 期　頁 255-270　1987 年 06 月

A1018　張尙倫　《廣韻》《集韻》切語下字異同考
臺北　私立中國文化大學中國文學研究所碩士論文
1969 年

A1019　張琨　《切韻》止攝、遇攝字在現代粵語方言中的演變
中央研究院歷史語言研究所集刊　第 61 本 4 分
頁 943-966　1989 年 12 月

A1020　張琨　《切韻》的前*a 和後*a 在現代方言中的演變

		中央研究院歷史語言研究所集刊　第 56 本 1 分　頁 43 -104　1985 年 03 月
A1021	張琨著 張賢豹譯	古漢語韻母系統與《切韻》 漢語音韻史論文集　臺北　聯經出版社　頁 59-228 1987 年 08 月；漢語音韻史論文集　華中工學院出版 社　1987 年
A1022	許世瑛	從《詩集傳》叶韻中考《廣韻》陰聲各韻之併合情形 人文學報　第 2 期　頁 127-150　1972 年 01 月 許世瑛先生論文集　臺北　弘道文化事業公司 頁 379-408　1974 年 08 月
A1023	許世瑛	從《詩集傳》叶韻中考《廣韻》陽聲及入聲各韻之併 合情形 淡江學報　第 10 期　頁 15-46　1971 年 11 月 許世瑛先生論文集　臺北　弘道文化事業公司 頁 321-378　1974 年 08 月
A1024	許世瑛	從《詩集傳》叶韻考朱子口中鼻音韻尾以及塞音韻尾 已各有相混情形 文史季刊　第 1 卷 3 期　頁 9-13　1971 年 04 許世瑛先生論文集　臺北　弘道文化事業公司 頁 313-320　1974 年 08 月
A1025	陳光政	《廣韻》四聲相承韻類系聯之探討 中華學苑　第 26 期　頁 1-121　1982 年 12 月 臺北　學海出版社　1983 年
A1026	陳新雄	《廣韻》二百六韻之擬音 第三屆國際暨第十二屆全國聲韻學學術研討會論文集 新竹　國立清華大學主辦　頁 1-17　1994 年 05 月
A1027	陳新雄	《廣韻》二百六韻擬音之我見 語言研究　1994 年第 2 期　1994 年 11 月
A1028	陳新雄	《廣韻》韻類分析之管見 中華學苑　第 14 期　頁 31-86　1974 年 09 月 聲韻學論文集　臺北　木鐸出版社　頁 171-226 1976 年 05 月

重校增訂《音略證補》附錄　臺北　文史哲出版社
頁 159-216　1978 年 09 月

鍥不舍齋論學集　臺北　臺灣學生書局　頁 457-514
1984 年 08 月

A1029　陳新雄　今本《廣韻》切語下字系聯
語言研究增刊（二）　1991 年 11 月
第二屆國際暨第十屆全國聲韻學學術研討會論文集
高雄　國立中山大學中文系所、中華民國聲韻學學
會主辦　頁 169-196　1992 年 05 月
教學與研究　第 14 期　頁 79-114　1992 年 06 月
文字聲韻論叢　臺北　東大圖書公司　頁 71-114
1994 年 01 月

A1030　董同龢　全王本王仁昫《刊謬補缺切韻》的反切下字
中央研究院歷史語言研究所集刊　第 19 本　頁 549
-588　1948 年 10 月
董同龢先生語言學論文選集　臺灣　食貨出版社
頁 101-112　1974 年 11 月

A1032　李三榮　從切語使用趨勢看《廣韻》的聲韻類別
臺北 國立政治大學中國文學研究所博士論文 1992 年

A1033　李貴榮　《廣韻》唇音字開合研究
臺北 私立輔仁大學中國文學研究所碩士論文 1977 年
臺北　聯貫出版社　1977 年 05 月

A1034　辛勉　《廣韻》反切反音母聲變化之研究
臺北　私立中國文化大學中國文學研究所碩士論文
1964 年

A1035　臼田眞佐子　論李燾《說文解字五音韻譜》標目的讀若與《集韻》
第三屆國際暨第十二屆全國聲韻學學術研討會論文集
新竹　國立清華大學主辦　頁 18-24　1994 年 05 月

6.聲調

A1036　吳秀英　《廣韻》入聲演變爲國語音讀考

A1037	吳鍾林	臺北　私立輔仁大學中國文學研究所碩士論文　1975 年 《廣韻》去聲索源 臺北　國立臺灣師範大學國文研究所碩士論文 1987 年 06 月
A1039	沈葆	《洪武正韻》入聲韻與《廣韻》入聲韻之比較研究 淡江學報　第 8 期　頁 45-81　1969 年 11 月 淡江學報　第 9 期　頁 127-186　1970 年 11 月
A1040	許世瑛	《廣韻》全濁上聲字朱熹口中所讀聲調考 幼獅學誌　第 9 卷 3 期　頁 1-24　1970 年 09 月 許世瑛先生論文集　臺北　弘道文化事業公司 頁 451-472　1974 年 08 月
A1041	許世瑛	再考《廣韻》全濁上聲字朱熹口中所讀聲調 許世瑛先生論文集　臺北　弘道文化事業公司 頁 473-504　1974 年 08 月
A1042	劉德智	《韻略易通》中入聲字與《廣韻》入聲字的比較研究 臺北　國立臺灣大學中國文學研究所碩士論文　1968 年

7.其他

A1044	姜嬉遠	唐寫全本王仁昫《刊謬補缺切韻》多音字初探 臺北　私立輔仁大學中國文學研究所碩士論文　1993 年
A1045	李貴榮	從《廣韻》又切看唇音字之演變 臺灣　興業圖書公司　1982 年 11 月
A1046	林素珍	《廣韻》又音研究 臺北　國立政治大學中國文學研究所碩士論文　1969 年
A1047	林素珍	《廣韻》又音探源 中華學苑　第 9 期　頁 39-98　1972 年 03 月
A1048	金周生	《廣韻》一字多音現象初探 臺北　私立輔仁大學中國文學研究所碩士論文　1979 年
A1049	金周生	談《廣韻》六個從「夷」得聲多音字之形成 中國古文字學學術研討會論文　1986 年 08 月
A1050	金慶淑	《廣韻》又音字與上古方音之研究

		臺北　國立臺灣大學中國文學研究所博士論文　1992 年
A1051	竺家寧	《廣韻》類隔研究
		德明學報　第 2 期　頁 100-107　1974 年 11 月
		音韻探索　臺北　臺灣學生書局　頁 207-226
		1995 年 10 月
A1052	田存容	《廣韻》類隔研究
		臺北市立女子師範專科學校學報　第 4 期　頁 307-384
		1974 年 03 月
A1053	董同龢	《廣韻》重紐試釋
		中央研究院歷史語言研究所集刊　第 13 本　頁 1-20
		1948 年 09 月
		董同龢先生語言學論文選集　臺灣　食貨出版社
		頁 13-32 1974 年 11 月
A1054	潘天久	《廣韻》重紐索源
		臺北　國立臺灣師範大學國文研究所碩士論文
		1988 年 06 月
A1055	龍宇純	《廣韻》重紐音值試論—兼論幽部及喻母音值
		崇基學報　第 9 卷 2 期　頁 161-181　1970 年 05 月
A1057	薛鳳生	試論《切韻》音系的元音音位與「重紐、重韻」等
		現象
		第四屆國際暨第十三屆全國聲韻學學術研討會論文
		臺灣　國立臺灣師範大學國文系所、中華民國聲韻
		學學會主辦　1995 年 05 月
A1058	周法高	《廣韻》重紐的研究
		中央研究院歷史語言研究所集刊外編第 3 種
		六同別錄　1945 年 01 月
		中央研究院歷史語言研究所集刊　第 13 本　頁 49-117
		1948 年 09 月
		中國語言學論文集　臺北　聯經出版事業公司
		頁 1-70　1975 年 09 月
A1059	林炯陽	《廣韻》音切探源
		臺北　國立臺灣師範大學國文研究所博士論文

　　　　　　　　1980 年 02 月

A1060　林英津　　《廣韻》「重紐」問題之檢討
　　　　　　　　臺中　私立東海大學中國文學研究所碩士論文　1979 年

A1061　姚榮松　　從《切韻》諸本的異同探重紐之形成
　　　　　　　　第四屆國際暨第十三屆全國聲韻學學術研討會論文
　　　　　　　　臺灣　國立臺灣師範大學國文系所、中華民國聲韻
　　　　　　　　學學會主辦　1995 年 05 月

（二）其他系韻書研究

1.古今韻會舉要

A1062　李添富　　《古今韻會舉要》反切引《集韻》考
　　　　　　　　輔仁國文學報　第 4 集　頁 195-256　1988 年 06 月

A1063　李添富　　《古今韻會舉要》同音字志疑
　　　　　　　　輔仁學誌─文學院之部　第 22 期　頁 207-243
　　　　　　　　1993 年 06 月
　　　　　　　　聲韻論叢第二輯　臺北　臺灣學生書局　頁 53-72
　　　　　　　　1994 年 05 月

A1064　李添富　　《古今韻會舉要》匣合二紐之分立
　　　　　　　　漢語言學國際學術研研討會論文　華中理工大學
　　　　　　　　1991 年 11 月

A1065　李添富　　《古今韻會舉要》研究
　　　　　　　　臺北　國立臺灣師範大學國文研究所博士論文
　　　　　　　　1990 年 06 月
　　　　　　　　國科會獎助論文　1990 年

A1066　李添富　　《古今韻會舉要》疑、魚、喻三母分合研究
　　　　　　　　第一屆國際暨第八屆全國聲韻學學術討論會論文
　　　　　　　　臺北　私立輔仁大學、中華民國聲韻學學會主辦
　　　　　　　　1990 年 03 月
　　　　　　　　聲韻論叢第三輯　臺北　臺灣學生書局　頁 225-256
　　　　　　　　1991 年 05 月

A1067　李添富　《古今韻會舉要》與《禮部韻略》七音三十六母通
考比較研究
第二屆國際暨第十屆全國聲韻學學術研討會論文集
高雄　國立中山大學中文系所、中華民國聲韻學學
會主辦　頁 507-532　1992 年 05 月
輔仁學誌—文學院之部　第 23 期　頁 53-100
1994 年 06 月

A1068　李添富　《古今韻會舉要》聲類考
輔仁國文學報　第 8 期　頁 149-170　1992 年 06 月

A1069　竺家寧　《古今韻會舉要》入聲類字母韻研究
中國學術年刊　第 8 期　頁 91-123　1986 年 06 月

A1070　竺家寧　《古今韻會舉要》的語音系統
臺北　臺灣學生書局　1986 年 07 月
國科會獎助論文　1987 年

A1071　竺家寧　《古今韻會舉要》陰聲類字母韻研究
人文學報　第 11 期　頁 31-50　1986 年 06 月

A1072　竺家寧　《韻會》重紐現象研究
漢學研究　第 5 卷 2 期　頁 311-327　1987 年 12 月
國科會獎助論文　1988 年
近代音論集　臺北　臺灣學生書局　頁 173-196
1994 年 08 月

A1073　竺家寧　《韻會》陰聲韻音系擬測
中華學苑　第 33 期　頁 1-44　1986 年 06 月
第四屆全國聲韻學研討會論文　臺北 國立政治大學
主辦　1986 年 07 月

A1074　竺家寧　《韻會》陽聲類字母韻研究
淡江學報　第 25 期　頁 215-237　1987 年 01 月

A1075　竺家寧　《韻會》聲母研究
淡江學報　第 25 期　頁 239-255　1987 年 01 月

A1076　竺家寧著　《古今韻會舉要》的語音系統
木村晟　日本駒澤大學　外國語部研究紀要第 19 號第二分冊
松本丁俊譯　1990 年 07 月

A1077　張宰源　　　《古今韻會舉要》之入聲字研究
　　　　　　　　　臺北　私立輔仁大學中國文學研究所碩士論文
　　　　　　　　　1995 年 06 月

A1078　應裕康　　　《古今韻會舉要》反切之研究
　　　　　　　　　國立政治大學學報　第 8 期　頁 287-339　1963 年 12 月
　　　　　　　　　國科會獎助論文　1961 年

A1079　忌浮　　　　《禮部韻略》的增補與《古今韻會舉要》的失誤
　　　　　　　　　第十一屆全國聲韻學研討會論文集　臺灣　國立中正
　　　　　　　　　大學中文系所、中華民國聲韻學學會主辦
　　　　　　　　　1993 年 04 月

2.五音集韻

A1080　姜忠姬　　　《五音集韻》研究
　　　　　　　　　臺北　國立臺灣師範大學國文研究所博士論文
　　　　　　　　　1987 年 06 月

A1081　姜忠姬　　　《五音集韻》與《廣韻》之比較研究
　　　　　　　　　臺北　國立臺灣師範大學國文研究所碩士論文
　　　　　　　　　1980 年 01 月

A1082　應裕康　　　《五音集韻》反切之研究
　　　　　　　　　國科會獎助論文　1962 年

A1083　應裕康　　　論《五音集韻》與宋元韻圖韻書之關係
　　　　　　　　　國立政治大學學報　第 11 期　頁 165-200
　　　　　　　　　1965 年 05 月

（三）韻圖研究

1.綜論

A1084　于維杰　　　宋元等韻圖序例研究
　　　　　　　　　成功大學學報　第 7 卷　頁 91-134　1972 年 06 月

A1085　于維杰　　　宋元等韻圖研究

成功大學學報　第8卷　頁137-214　1973年06月

A1086　于維杰　宋元等韻圖源流考索
成功大學學報　第3卷　頁137-150　1968年05月

A1087　成元慶　《切韻指掌圖》與《訓民正音》(韓字)制字解例之
理論關係考─以五音與五聲配合之差異爲根據
反攻　第323期　頁5-10　1969年02月

A1088　林幼莉　宋元等韻圖的形式
中國語文學報　第3期　頁38-43　1970年03月

A1089　林慶勳　《經史正音切韻指南》與《等韻切音指南》比較研究
臺北　私立中國文化大學中國文學研究所碩士論文
1971年

A1090　竺家寧　中國古代的「字母」和奇妙的「等韻圖」
國文天地　第10期　頁71-75　1986年03月

A1091　竺家寧　佛教傳入與等韻圖的興起
國際佛學研究年刊　第1期　頁251-263　1991年
12月
音韻探索　臺北　臺灣學生書局　頁275-290　1995
年10月

A1092　竺家寧　宋元韻圖入聲分配及其音系研究
國立中正大學學報　第4卷1期　頁1-36　1993年
10月

A1093　竺家寧　宋元韻圖入聲探索
第一屆國際漢語語言學會議論文　新加坡　新加坡國
立大學　1992年06月

A1094　竺家寧　宋元韻圖入聲排列所反映的音系差異
中國音韻學國際學術研討會論文　威海　山東大學
1992年08月

A1095　唐明雄　宋元等韻圖研究
臺中　私立東海大學中國文學研究所碩士論文　1975年

A1096　許德平　《韻鏡》與《七音略》
文海　第3期　頁11-12　1963年05月

A1097　陳弘昌　藤堂明保之等韻說

臺北　私立中國文化大學中國文學研究所碩士論文
1973 年

臺北　文津出版社　1973 年 05 月

A1098　陳新雄　　等韻述要

國文學報　第 3 期　頁 29-89　1974 年 06 月

臺北　藝文印書館　1975 年 10 月

A1099　楊叔籌　　《韻鏡》與《切韻指掌圖》之比較研究

臺北　私立中國文化大學中國文學研究所碩士論文
1964 年

A1100　葉鍵得　　《七音略》與《韻鏡》之比較

復興崗學報　第 43 期　頁 345-358　1990 年 06 月

A1101　董同龢　　等韻門法通釋

中央研究院歷史語言研究所集刊　第 14 本　頁 257-306
1948 年 06 月

中央研究院歷史語言研究所集刊外編第 3 種　六同別錄
1945 年 01 月

董同龢先生語言學論文選集　臺灣　食貨出版社
頁 33-82　1974 年 11 月

A1102　龍宇純　　從臻櫛兩韻性質的認定到韻圖列二四等字的擬音

國科會獎助論文　1984 年

A1103　謝雲飛　　《七音略》與《四聲等子》之比較研究

國科會獎助論文　1965 年

A1104　謝雲飛　　《切韻指掌圖》與《四聲等子》之成書年代考

學粹　第 9 卷 1 期　頁 12-17　1968 年 03 月

音學十論　臺灣 霧峰出版社 頁 85-101　1971 年 01 月

A1105　謝雲飛　　《四聲等子》與《切韻指掌圖》之比較研究

國科會獎助論文　1964 年

A1106　謝雲飛　　《韻鏡》與《切韻指掌圖》之比較研究

國科會獎助論文　1963 年

A1107　謝雲飛　　韻圖歸字與等韻門法

南洋大學學報　第 2 期　頁 119-136　1968 年 03 月

2.韻鏡

A1108　孔仲溫　　《韻鏡》的特質
　　　　　　　　孔孟月刊　第 24 卷 11 期　頁 19-22　1986 年 07 月
A1109　孔仲溫　　《韻鏡》研究
　　　　　　　　臺北　國立政治大學中國文學研究所碩士論文　1981 年
　　　　　　　　臺北　　臺灣學生書局　1987 年 10 月
A1110　孔仲溫　　論《韻鏡》序例的「題下注」「歸納助紐字」及其相
　　　　　　　　關問題
　　　　　　　　聲韻論叢第一輯　臺北　臺灣學生書局　頁 321-344
　　　　　　　　1994 年 05 月
A1111　李三榮　　《韻鏡》新編
　　　　　　　　高雄　復文圖書出版社　1988 年
A1112　李存智　　《韻鏡集證》及研究
　　　　　　　　臺中　私立東海大學中國文學研究所碩士論文
　　　　　　　　1991 年 05 月
A1113　李存智　　論《韻鏡》之撰作時代與所據韻書
　　　　　　　　中國文學研究　第 6 期　頁 75-98　1992 年 05 月
A1114　周法高　　《韻鏡》中韻圖之結構
　　　　　　　　中央研究院歷史語言研究所集刊　第 54 本 1 分
　　　　　　　　頁 169-186　1983 年 03 月
A1115　周法高　　讀《韻鏡》中韻圖之構成原理
　　　　　　　　國科會獎助論文　1991 年
　　　　　　　　東海學報　第 32 卷　頁 19-35　1991 年
A1116　周法高　　讀《韻鏡》研究
　　　　　　　　大陸雜誌　第 69 卷 3 期　頁 1-4　1984 年 09 月
A1117　林炯陽　　《磨光韻鏡》在漢語音韻學研究上的價值
　　　　　　　　第一屆中國域外漢籍國際學術會議論文集　臺北
　　　　　　　　聯經出版事業公司　頁 169-196　1987 年 12 月
　　　　　　　　東吳文史學報　第 6 期　頁 193-210　1988 年 01 月
A1118　林慶勳　　論《磨光韻鏡》的特殊歸字
　　　　　　　　第三次聲韻學討論會論文　臺北　私立東吳大學中

　　　　　　　　　　文研究所主辦　1984 年 12 月
　　　　　　　　　　國科會獎助論文　1985 年
　　　　　　　　　　高雄師院學報　第 14 期　頁 1-13　1986 年 03 月
　　　　　　　　　　聲韻論叢第一輯　臺北　臺灣學生書局　頁 297-320
　　　　　　　　　　1994 年 05 月

A1119　高明　　　《韻鏡》研究
　　　　　　　　　　中華學苑　第 5 期　頁 1-40　1970 年 01 月
　　　　　　　　　　高明文輯（中）　臺北　黎明文化事業公司
　　　　　　　　　　頁 303-343　1978 年 03 月
　　　　　　　　　　高明小學論叢　臺北　黎明文化事業公司　頁 303-343
　　　　　　　　　　1978 年 07 月

A1120　高明　　　嘉吉元年本《韻鏡》跋
　　　　　　　　　　第一屆國際華學會議論文　臺北
　　　　　　　　　　學粹　第 7 卷 3 期　頁 33-37 轉 55　1965 年 04 月
　　　　　　　　　　南洋大學學報　第 1 期　頁 1-14　1967 年
　　　　　　　　　　高明小學論叢　臺北　黎明文化事業公司　頁 273-302
　　　　　　　　　　1978 年 07 月

A1121　陳貴麟　　論《韻鏡》重紐的邏輯原型及其重估之現象
　　　　　　　　　　第四屆國際暨第十三屆全國聲韻學學術研討會論文
　　　　　　　　　　臺灣　國立臺灣師範大學國文系所、中華民國聲韻
　　　　　　　　　　學學會主辦　1995 年 05 月

A1122　龍宇純　　《韻鏡》校注
　　　　　　　　　　臺北　藝文印書館　1959 年

A1123　龍宇純　　讀〈嘉吉元年本韻鏡跋〉及〈韻鏡研究〉
　　　　　　　　　　大陸雜誌　第 40 卷 12 期　頁 18-23　1970 年 06 月

3.七音略

A1124　高明　　　《通志·七音略》校記（上）
　　　　　　　　　　華岡文科學報　第 15 期　頁 105-176　1983 年 12 月

A1125　高明　　　等韻研究之一——《通志·七音略》研究
　　　　　　　　　　國科會獎助論文　1970 年

A1126　高明　　　鄭樵與《通志‧七音略》
　　　　　　　　包遵彭文集　頁 89-97　1971 年 02 月
　　　　　　　　高明小學論叢　臺北　黎明文化事業公司　頁 344-359
　　　　　　　　1978 年 07 月

A1127　葉鍵得　　《通志‧七音略》研究
　　　　　　　　臺北　私立中國文化大學中國文學研究所碩士論文
　　　　　　　　1979 年

A1128　董忠司　　《七音略》「重」「輕」說及其相關問題
　　　　　　　　中華學苑　第 19 期　頁 101-147　1977 年 03 月

A1129　謝雲飛　　《七音略》之作者及成書
　　　　　　　　文海　第 9 期　1966 年 05 月
　　　　　　　　音學十論　臺灣　霧峰出版社　頁 102-106
　　　　　　　　1971 年 01 月

4. 聲音唱合圖

A1130　竺家寧　　論《皇極經世聲音唱合圖》之韻母系統
　　　　　　　　淡江學報　第 20 期　頁 297-307　1983 年 05 月
　　　　　　　　國科會獎助論文　1984 年
　　　　　　　　近代音論集　臺北　臺灣學生書局　頁 139-158
　　　　　　　　1994 年 08 月

A1131　陳郁夫　　《皇極經世》聲韻論述評
　　　　　　　　國文學報　第 7 期　頁 278-309　1978 年 06 月

5. 皇極經世起數訣

A1132　陳梅香　　《皇極經世解起數訣》「清濁」現象探析
　　　　　　　　第四屆國際暨第十三屆全國聲韻學學術研討會論文
　　　　　　　　臺灣　國立臺灣師範大學國文系所、中華民國聲韻
　　　　　　　　學學會主辦　1995 年 05 月

A1133　陳梅香　　《皇極經世解起數訣》之音學研究
　　　　　　　　高雄 國立中山大學中國文學研究所碩士論文 1992 年

6.四聲等子

A1134　竺家寧　　　《四聲等子》之音位系統
　　　　　　　　　師大國文所潘石禪七十壽誕論文集　臺北　頁 351-368
　　　　　　　　　1977 年 03 月
　　　　　　　　　木鐸　第 5、6 期合刊　頁 351-368　1977 年 03 月
　　　　　　　　　近代音論集　臺北　臺灣學生書局　頁 1-26　1994
　　　　　　　　　年 08 月

A1135　竺家寧　　　《四聲等子》音系蠡測
　　　　　　　　　臺北　國立臺灣師範大學國文研究所碩士論文
　　　　　　　　　1972 年 07 月
　　　　　　　　　國立臺灣師範大學國文研究所集刊　第 17 號
　　　　　　　　　頁 53-178　1973 年 06 月

A1136　高明　　　　《四聲等子》之研究
　　　　　　　　　國科會獎助論文　1971 年
　　　　　　　　　中華學苑　第 8 期　頁 1-39　1971 年 09 月
　　　　　　　　　高明小學論叢　臺北　黎明文化事業公司　頁 360-399
　　　　　　　　　1978 年 07 月

A1137　曾陽晴　　　《四聲全形等子》研究
　　　　　　　　　中國文學研究　第 2 期　頁 211-234　1988 年 05 月

7.切韻指掌圖研究

A1138　姚榮松　　　《切韻指掌圖》研究
　　　　　　　　　臺北　國立臺灣師範大學國文研究所碩士論文
　　　　　　　　　1973 年 07 月
　　　　　　　　　國立臺灣師範大學國文研究所集刊 第 18 號 頁 321-512
　　　　　　　　　1974 年 06 月

A1139　莊嘉廷　　　《切韻指掌圖》廣篇
　　　　　　　　　慶祝瑞安林景伊先生六秩誕辰論文集(上冊)　臺北
　　　　　　　　　國立政治大學中文研究所　頁 851-1002　1969 年 12 月

A1140　莊嘉廷　《切韻指掌圖》廣篇總論
　　　　　　　　自印本　不著出版年月
A1141　董同龢　《切韻指掌圖》中的幾個問題
　　　　　　　　中央研究院歷史語言研究所集刊　第 17 本　頁 195-212
　　　　　　　　1948 年 04 月
　　　　　　　　董同龢先生語言學論文選集　臺灣　食貨出版社
　　　　　　　　頁 83-100　1974 年 11 月

8.經史正音切韻指南研究

A1142　洪固　　《經史正音切韻指南》之研究
　　　　　　　　臺北 私立輔仁大學中國文學研究所碩士論文 1970 年
A1143　高明　　《經史正音切韻指南》之研究
　　　　　　　　南洋大學學報　第 6 期　頁 1-18　1972 年
　　　　　　　　高明文輯（中）　臺北　黎明文化事業公司
　　　　　　　　頁 400-444　1978 年 03 月
　　　　　　　　高明小學論叢　臺北 黎明文化事業公司　頁 400-444
　　　　　　　　1978 年 07 月

（四）音義及注音資料研究

A1144　董忠司　七世紀中葉漢語之讀書音與方俗音—初唐顏師古音
　　　　　　　　系及其他
　　　　　　　　國科會獎助論文　1987 年
　　　　　　　　臺中　省教育廳　1988 年
A1145　董忠司　反切結構索引與反切諧和說：顏師古所作反切之研
　　　　　　　　究-1-
　　　　　　　　新竹師專學報　第 12 期　頁 127-168　1985 年 12 月
A1146　董忠司　董鍾兩家顏師古音系的比較
　　　　　　　　第二屆國際暨第十屆全國聲韻學學術研討會論文集
　　　　　　　　高雄　國立中山大學中文系所、中華民國聲韻學學
　　　　　　　　會主辦　頁 325-342　1992 年 05 月

A1147　董忠司　董鍾兩家顏師古音系的比較──兼論音義書音切研究法與初唐讀書音的確定
語文學報　第1期　頁1-20　1994年06月

A1148　董忠司　顏師古所作音切之研究
臺北　國立政治大學中國文學研究所博士論文　1978年

A1149　丁邦新　唐何超《晉書音義》研究
國科會獎助論文　1974年

A1150　周法高　玄應反切再論
大陸雜誌　第69卷5期　頁1-16　1984年11月

A1151　周法高　玄應反切考
中央研究院歷史語言研究所集刊　第20本上㕮
頁359-444　1948年06月
中國語言學論文集　臺北　聯經出版事業公司
頁153-238　1975年09月

A1152　周法高　從玄應音義考察唐初的語音
學原　2卷3期　頁39-45　1948年07月
中國語文論叢　臺北　正中書局　頁1-20　1970年
05月

A1153　周法高編　玄應《一切經音義》反切考附冊──玄應一切經音義
南港　中央研究院歷史語言研究所專刊之四十七
1962年07月

A1154　周法高編　玄應反切字表
香港　崇基書店　1968年

A1155　莊淑慧　《玄應音義》所錄《大般涅槃經》中梵文字母譯音
之探討
第十一屆全國聲韻學研討會論文集　臺灣　國立中
正大學中文系所、中華民國聲韻學學會主辦
1993年04月

A1156　謝美齡　慧琳《一切經音義》聲類新考
臺中　私立東海大學中國文學研究所碩士論文　1989年

A1157　謝美齡　慧琳反切中的重紐問題
國科會獎助論文　1992年

A1158　謝美齡　慧琳反切中的重紐問題（上）
　　　　　　　大陸雜誌　第81卷1期　頁34-48　1990年07月
A1159　謝美齡　慧琳反切中的重紐問題（下）
　　　　　　　大陸雜誌　第81卷2期　頁37-48　1990年08月
A1160　李義活　《續一切經音義》反切研究
　　　　　　　臺北　私立中國文化大學中國文學研究所博士論文
　　　　　　　1991年
A1161　李義活　諸本《續一切經音義》反切比較
　　　　　　　第二屆國際暨第十屆全國聲韻學學術研討會論文集
　　　　　　　高雄　國立中山大學中文系所、中華民國聲韻學學
　　　　　　　會主辦　頁625-644　1992年05月
A1162　張慧美　朱翱反切中的重紐問題
　　　　　　　大陸雜誌　第76卷4期　頁8-25　1988年04月
A1163　張慧美　朱翱反切新考
　　　　　　　臺中　私立東海大學中國文學研究所碩士論文　1988年
A1164　張慧美　朱翱反切新考之導論與結語
　　　　　　　建國學報　第9期　頁152-169　1990年07月
A1165　張慧美　評張世祿、王力兩家對朱翱反切聲類畫分之得失
　　　　　　　建國學報　第8期　頁116-105　1989年05月
A1166　梅廣　　從朱翱反切看中古晚期的幾點音韻學的演變
　　　　　　　臺北　國立臺灣大學中國文學研究所碩士論文　1963年
A1167　許端容　可洪《新集藏經音義隨函錄》音系研究
　　　　　　　臺北　私立中國文化大學中國文學研究所博士論文
　　　　　　　1991年
　　　　　　　國科會獎助論文　1989年
A1168　許端容　可洪《新集藏經音義隨函錄》敦煌寫卷考
　　　　　　　第二屆敦煌學國際研討會論文　臺北　私立中國文
　　　　　　　化大學中國文學系主辦、漢學研究中心協辦
　　　　　　　頁235-250　1991年06月
A1169　張正男　《群經音辨》辨字音清濁門疏證
　　　　　　　臺北　聯貫出版社　1973年
A1170　游子宜　《群經音辨》研究　臺北　國立政治大學中國文學

		研究所碩士論文　1992 年
A1171	林慶勳	《龍龕手鑑》聲類考
		國科會獎助論文　1971 年
A1172	林慶勳	《龍龕手鑑》聲類考商榷
		木鐸　第 7 期　頁 151-174　1978 年 03 月
A1173	陳飛龍	《龍龕手鑑》研究
		臺北　國立政治大學中國文學研究所博士論文 1974 年
A1174	馮蒸	《爾雅音圖》音注所反映的宋初濁上變去
		大陸雜誌　第 87 卷 2 期　頁 21-25　1993 年 08 月
A1175	吳淑惠	《四書集註》音注研究
		臺北　文津出版社　1979 年 06 月
A1176	金周生	朱注叶韻音不一致現象初考
		輔仁國文學報　第 7 集　頁 125-136　1991 年 07 月
A1177	金鐘讚	《大般涅槃經・文字品》字音十四字理、釐二字對音研究
		第一屆國際暨第八屆全國聲韻學學術討論會論文
		臺北　私立輔仁大學、中華民國聲韻學學會主辦
		1990 年 03 月
		聲韻論叢第三輯　臺北　臺灣學生書局　頁 273-306
		1991 年 10 月
A1178	許世瑛	《詩集傳》叶韻之聲母有與《廣韻》相異者考
		許世瑛先生論文集　臺北　弘道文化事業公司
		頁 213-221　1974 年 08 月
A1179	許世瑛	從《詩集傳》叶韻中考《廣韻》陰聲各韻之併合情形
		人文學報　第 2 期　頁 127-150　1972 年 01 月
		許世瑛先生論文集　臺北　弘道文化事業公司
		頁 379-408　1974 年 08 月
A1180	許世瑛	從《詩集傳》叶韻中考《廣韻》陽聲及入聲各韻之併合情形
		淡江學報　第 10 期　頁 15-46　1971 年 11 月
		許世瑛先生論文集　臺北　弘道文化事業公司
		頁 321-378　1974 年 08 月

A1181　許世瑛　從《詩集傳》叶韻考朱子口中鼻音韻尾以及塞音韻尾
　　　　　　　已各有相混情形
　　　　　　　文史季刊　第1卷3期　頁9-13　1971年04
　　　　　　　許世瑛先生論文集　臺北　弘道文化事業公司
　　　　　　　頁313-320　1974年08月

A1182　許世瑛　從《詩集傳》音注及叶韻考中古聲母併合情形
　　　　　　　淡江學報　第11期　頁1-32　1973年03月
　　　　　　　許世瑛先生論文集　臺北　弘道文化事業公司
　　　　　　　頁230-286　1974年08月

A1183　謝信一　由《詩集傳》叶韻說看朱子時代的語音現象
　　　　　　　臺北　國立臺灣大學中國文學研究所碩士論文　1966年

A1184　竺家寧　《九經直音》的時代與價值
　　　　　　　孔孟月刊　第19卷2期　頁51-57　1980年10月
　　　　　　　近代音論集　臺北　臺灣學生書局　頁79-96
　　　　　　　1994年08月

A1185　竺家寧　《九經直音》的濁音清化
　　　　　　　慶祝瑞安林景伊先生七秩華誕特刊　臺北　中國文
　　　　　　　化學院中文研究所中國文學系編印　頁289-302
　　　　　　　1979年12月
　　　　　　　木鐸　第8期　頁289-302　1979年12月
　　　　　　　近代音論集　臺北　臺灣學生書局　頁27-46
　　　　　　　1994年08月

A1186　竺家寧　《九經直音》的聲母問題
　　　　　　　木鐸　第9期　頁345-356　1980年12月
　　　　　　　近代音論集　臺北　臺灣學生書局　頁97-112
　　　　　　　1994年08月

A1187　竺家寧　《九經直音》知照系聲母的演變
　　　　　　　東方雜誌　第14卷7期　頁25-28　1981年01月
　　　　　　　近代音論集　臺北　臺灣學生書局　頁113-124
　　　　　　　1994年08月

A1188　竺家寧　《九經直音》聲調研究
　　　　　　　淡江學報　第17期　頁1-19　1980年07月

近代音論集　臺北　臺灣學生書局　頁47-78
1994 年 08 月

A1189　竺家寧　《九經直音》韻母研究
臺北　文史哲出版社　1980 年 11 月

（五）詩文用韻研究

A1190　許燈城　初唐詩人用韻考
臺北　私立中國文化大學中國文學研究所碩士論文
1971 年

A1191　陳素貞　初唐四傑詞用韻考
臺北　私立輔仁大學中國文學研究所碩士論文　1971 年

A1192　耿志堅　盛唐詩人用韻考
國科會獎助論文　1989 年

A1193　耿志堅　中唐詩人用韻考
第一屆國際暨第八屆全國聲韻學學術討論會論文
臺北　私立輔仁大學、中華民國聲韻學學會主辦
1990 年 03 月
聲韻論叢第三輯　臺北　臺灣學生書局　頁65-84
1991 年 10 月

A1194　耿志堅　由唐宋近體詩用韻看止攝字的通轉問題
國科會獎助論文　1992 年

A1195　耿志堅　由唐宋近體詩看「止」攝字的通轉問題
彰化師範大學學報　第 3 期　頁 1-39　1992 年 06 月

A1196　耿志堅　由唐宋近體詩看陽聲韻 n、ŋ、m 三系(臻、山、梗、
曾、深、咸六攝)韻尾間的混用通轉問題
靜宜人文學報　第 3 期　頁 163-179　1991 年 06 月

A1197　耿志堅　唐代元和前後詩人用韻考
彰化師範大學學報　第 1 期　頁 117-165　1990 年
06 月

A1198　耿志堅　唐代近體詩用韻之研究
臺北　國立政治大學中國文學研究所博士論文　1983 年

A1199　耿志堅　　唐代近體詩用韻通轉現象之探討
　　　　　　　　中華學苑　第29期　頁97-134　1984年06月

A1120　林炯陽　　敦煌寫本王梵志詩「卷中」本用韻考
　　　　　　　　第二屆國際暨第十屆全國聲韻學學術研討會論文集
　　　　　　　　高雄　國立中山大學中文系所、中華民國聲韻學學
　　　　　　　　會主辦　頁489-506　1992年05月

A1121　林炯陽　　敦煌寫本王梵志詩用韻研究
　　　　　　　　東吳文史學報　第9期　頁37-50　1991年

A1122　林炯陽　　敦煌寫本王梵志詩用韻研究—兼論伯三四一八號殘
　　　　　　　　卷的系統
　　　　　　　　國科會獎助論文　1992年

A1123　林炯陽　　斯四二七七號、列一四五六號法忍抄本殘卷王梵志
　　　　　　　　詩用韻考
　　　　　　　　陳伯元先生六秩壽慶論文集　臺北　文史哲出版社
　　　　　　　　頁489-510　1994年03月

A1124　盧順點　　王梵志詩用韻考及其與敦煌變文用韻之比較
　　　　　　　　臺中　私立東海大學中國文學研究所碩士論文　1989年

A1125　林慶盛　　李白詩用韻之研究
　　　　　　　　臺北　私立東吳大學中國文學研究所碩士論文　1986年

A1126　王三慶　　杜甫詩韻考
　　　　　　　　臺北　國立臺灣師範大學國文研究所碩士論文
　　　　　　　　1973年07月

A1127　朱樂本　　王維詩中聲系的元音簡化
　　　　　　　　清華學報　第12卷1、2期合刊　頁135-178
　　　　　　　　1979年12月

A1128　蕭永雄　　元白詩韻考
　　　　　　　　臺北　私立中國文化大學中國文學研究所碩士論文
　　　　　　　　1973年

A1129　宋淑萍　　白居易古體詩和樂府詩的用韻
　　　　　　　　漢學論文集(淡江文理學院中文研究室主編)　臺灣
　　　　　　　　驚聲文物供應公司　頁547-562　1970年11月

A1130　陳美霞　　白居易詩文用韻考及其與唐代西北方音之比較研究

		臺北　私立輔仁大學中國文學研究所碩士論文 1995 年 12 月
A1131	許世瑛	論〈長恨歌〉與〈琵琶行〉用韻 淡江學報　第 4 期　頁 1-12　1965 年 11 月 許世瑛先生論文集　臺北　弘道文化事業公司 頁 569-587　1974 年 08 月
A1132	鄭建華	元稹古詩及樂府之韻例及用韻考 臺北 國立臺灣大學中國文學研究所碩士論文 1968 年
A1133	許世瑛	論元稹〈有酒〉詩十章用韻 許世瑛先生論文集　臺北　弘道文化事業公司 頁 684-695　1974 年 08 月
A1134	許世瑛	論元稹〈有鳥〉二十章用韻 廣文月刊　第 1 卷 2 期　頁 1-9　1968 年 12 月 許世瑛先生論文集　臺北　弘道文化事業公司 頁 667-683　1974 年 08 月
A1135	許世瑛	論元稹〈望雲騅馬歌〉及〈和李校書新題樂府十二 首〉用韻 幼獅學誌　第 6 卷 3 期　共 23 頁　1967 年 10 月 許世瑛先生論文集　臺北　弘道文化事業公司 頁 598-619　1974 年 08 月
A1136	許世瑛	論元稹〈連昌宮詞〉用韻 許世瑛先生論文集　臺北　弘道文化事業公司 頁 588-597　1974 年 08 月
A1137	許世瑛	論元稹樂府古題十九首用韻 淡江學報　第 7 期　頁 1-27　1968 年 11 月 許世瑛先生論文集　臺北　弘道文化事業公司 頁 620-666　1974 年 08 月
A1138	廖湘美	元稹詩文用韻考 臺北　私立東吳大學中國文學研究所碩士論文 1993 年 07 月
A1139	金周生	韓昌黎特殊文韻述記 輔仁國文學報　第 4 期　頁 151-178　1988 年 06 月

A1140	金周生	韓愈詩文「濁上讀去」例再補證
		輔仁學誌─文學院之部　第 17 期　頁 315-316
		1988 年 06 月
A1141	段醒民	韓愈詩用韻考
		臺北　私立輔仁大學中國文學研究所碩士論文
		1973 年
A1142	蒲立本	李賀詩的用韻
		清華學報　第 7 卷 1 期　頁 1-25　1968 年 08 月
A1143	許世瑛	論鄭嵎〈津陽門詩〉用韻
		幼獅學誌　第 7 卷 4 期　共 14 頁　1968 年 12 月
A1144	王忠林	敦煌歌辭用入聲韻探討
		高雄師範大學　第 2 期　頁 31-48　1991 年 03 月
A1145	王忠林	敦煌歌辭用上去聲韻探討
		第十一屆全國聲韻學研討會論文集　臺灣　國立中
		正大學中文系所、中華民國聲韻學學會主辦　1993
		年 04 月
A1146	李添富	晚唐律體詩用韻通轉之研究
		臺北　私立輔仁大學中國文學研究所碩士論文
		1980 年 06 月
A1147	李達賢	五代詞韻考
		臺北　國立政治大學中國文學研究所碩士論文　1975 年
A1148	洪藝芳	唐五代西北方音研究─以敦煌通俗韻文爲主
		臺北　私立中國文化大學中國文學研究所碩士論文
		1995 年 06 月
A1149	耿志堅	晚唐五代時期古體詩及樂府詩用韻考
		第三屆國際暨第十二屆全國聲韻學學術研討會論文集
		新竹　國立清華大學主辦　頁 95-124　1994 年 05 月
A1150	耿志堅	晚唐及唐末、五代僧侶詩用韻考
		第九屆全國聲韻學討論會論文　臺北　私立東吳大學
		、中華民國聲韻學學會主辦　1991 年 05 月
		聲韻論叢第四輯　臺北　臺灣學生書局　頁 193-226
		1992 年 05 月

A1151　耿志堅　　晚唐及唐末五代近體詩用韻考
　　　　　　　　彰化師範大學學報　第2期　頁83-124　1991年06月
A1152　羅宗濤　　敦煌變文用韻考
　　　　　　　　臺北　眾人出版社　1969年04月
A1153　龔文凱　　杜牧詩之押韻、平仄、對仗及色彩字
　　　　　　　　清華學報　第12卷1、2期合刊　頁281-307
　　　　　　　　1979年12月
A1154　金周生　　古體詩入聲字押韻條件之研究—以唐宋十家詩為例
　　　　　　　　國科會獎助論文　1989年
A1155　弓英德　　論詞的音律與四聲
　　　　　　　　師大學報　第4期　頁155-164　1959年06月
A1156　馮永敏　　杜律對句疊字所見聲情
　　　　　　　　臺北　國立臺灣師範大學國文研究所碩士論文
　　　　　　　　1973年12月
A1157　黃金文　　杜甫〈秋興〉八首之音韻風格研究
　　　　　　　　中國語言學論文集　高雄　復文圖書出版社　頁233
　　　　　　　　-256　1993年12月
A1158　黃紹梅　　從李商隱七言律詩的用韻現象看其情感特質
　　　　　　　　中國文化月刊　第149期　頁98-111　1992年03月
A1159　簡翠貞　　李義山〈燕台〉及〈韓碑〉二詩之聲律賞析
　　　　　　　　新竹師專學報　第8期　頁152-184　1986年12月
A1160　吳淑美　　張先詞用韻考
　　　　　　　　臺東師專學報　第2期　頁173-258　1974年04月
A1161　李三榮　　〈秋聲賦〉的音韻成就
　　　　　　　　第五屆全國聲韻學討論會論文　臺北　國立臺灣師
　　　　　　　　範大學國文系所主辦　1987年04月
　　　　　　　　國文學報　第16期　頁183-204　1987年06月
　　　　　　　　聲韻論叢第一輯　臺北　臺灣學生書局　頁367-392
　　　　　　　　1994年05月
A1162　林冷　　　玉田詞用韻考
　　　　　　　　臺北　私立輔仁大學中國文學研究所碩士論文　1971年
A1164　林振瑩　　周邦彥詞韻考

A1165	林裕盛	臺北　私立輔仁大學中國文學研究所碩士論文 1970 年 宋詞陰聲韻用韻考 高雄　國立中山大學中國文學研究所碩士論文 1995 年 06 月
A1166	邱珮萱	后山絕句用韻研究 國教月刊　第 39 卷 5、6 期合刊　頁 15-26　1993 年 02 月
A1167	金周生	中古雙唇鼻音韻尾字於宋詞中的押韻現象研究 國科會獎助論文　1990 年
A1168	金周生	宋詞音系入聲韻部考 國科會獎助論文　1986 年 臺北　文史哲出版社　1985 年 04 月
A1169	金周生	宋詞與-m 尾韻母的演化—以咸攝字爲例 第一屆國際暨第八屆全國聲韻學學術討論會論文 臺北　私立輔仁大學、中華民國聲韻學學會主辦 1990 年 03 月
A1170	金周生	談-m 尾韻母字於宋詞中的押韻現象—以「咸」攝字 爲例 聲韻論叢第三輯　臺北　臺灣學生書局　頁 85-124 1991 年 05 月
A1171	耿志堅	宋代律體詩用韻之研究 臺北　國立政治大學中國文學研究所碩士論文 1978 年
A1172	袁蜀君	東坡樂府用韻考 臺北　國立臺灣大學中國文學研究所碩士論文 1970 年
A1173	許金枝	東坡詞韻研究 臺北　國立臺灣師範大學國文研究所碩士論文 1978 年 06 月 國立臺灣師範大學國文研究所集刊　第 23 號　頁 775 -854　1979 年 06 月
A1174	許金枝	稼軒詞韻研究 臺北　里仁書局　1986 年 01 月
A1175	黃瑞枝	王碧山詞韻探究

屏東師院學報　第 3 期　頁 44-83　1990 年

A1176　葉慕蘭　柳永詞用韻考

臺北　私立輔仁大學中國文學研究所碩士論文　1973 年

（六）其它聲韻資料研究

A1177　孔仲溫　敦煌守溫殘卷析論

國科會獎助論文　1987 年

A1178　孔仲溫　敦煌守溫韻學殘卷析論

第四次聲韻學討論會論文　臺北　國立政治大學主辦

1986 年 07 月

中華學苑　第 34 期　頁 9-30　1986 年 12 月

聲韻論叢第一輯　臺北　臺灣學生書局　頁 269-296

1994 年 05 月

A1179　辛勉　藏文三十字母與守溫三十字母的關係

慶祝瑞安林景伊先生六秩誕辰論文集(上冊)　臺北

國立政治大學中文研究所　頁 1003-1028　1969 年 12 月

A1180　姚鶴年　守溫三十六字母新證

大陸雜誌　第 6 卷 12 期　頁 1-4　1953 年 06 月

大陸雜誌語文叢書第一輯第三冊（語言文字學）

臺灣　大陸雜誌社　頁 91-94　不著出版年月

A1181　福井文雅　新出遼慈賢譯漢梵翻對字音《般若波羅蜜多心經》

試釋

第二屆中國域外漢籍國際學術會議論文集　臺北

聯經出版事業公司　頁 505-516　1989 年 02 月

A1182　盧順點　論晚唐漢藏對音資料中漢字顎化情形

大陸雜誌　第 81 卷 5 期　頁 23-29　1990 年 11 月

A1183　王勝昌　《說文》篆韻譜之源流及其音系之研究

臺北　國立臺灣師範大學國文研究所碩士論文

1974 年 07 月

國立臺灣師範大學國文研究所集刊　第 19 號　頁 1-76

1975 年 06 月

A1184	徐士賢	《說文》亦聲字二徐異辭考
		臺北　國立臺灣大學中國文學研究所碩士論文　1989 年
A1185	龔煌城	《類林》西夏文譯本中所見漢夏對音字之研究
		國科會獎助論文　1988 年
A1186	臼田眞佐子	論李燾《說文解字五音韻譜》標目的讀若與《集韻》
		第三屆國際暨第十二屆全國聲韻學學術研討會論文集
		新竹　國立清華大學主辦　頁 18-24　1994 年 05 月
A1187	高明道	論《諸教決定名義論》所載華梵對音若干問題
		木鐸　第 7 期　頁 323-365　1978 年 03 月

三、中古聲韻研究史

A1188	于維杰	陳澧《切韻考》辨證
		國科會獎助論文　1968 年
A1189	李三榮	陳澧《切韻考》考
		第二屆清代學術研討會—思想·文學·語文—論文集
		高雄　國立中山大學中國文學系所　頁 523-520
		1991 年 11 月
		高雄師大學報　第 3 期　頁 350-374　1992 年 03 月
A1190	杜其容	陳澧反切說申論
		國科會獎助論文　1971 年
		書目季刊　第 8 卷 4 期　頁 17-22　1975 年 03 月
A1191	高明	評陳澧以來諸家之聲類說
		輔仁學誌—文學院之部　第 10 期　頁 29-66　1981 年 06 月
A1192	陳秋隆	陳澧《切韻考》辨證
		臺北　正大印書館　1982 年 10 月
A1193	黃小石	據陳澧系聯條例窺其四十聲類之得失
		中華國學　第 4 期　頁 28-32　1977 年 04 月
A1194	戴瑞坤	陳澧《切韻考》考辨
		臺北　私立中國文化大學中國文學研究所碩士論文 1971 年

A1195	江舉謙	《唐韻四聲正》訂補
		國科會獎助論文　1966 年
A1196	江舉謙	江有誥《唐韻四聲正》平聲韻字訂補
		圖書館學報　第 9 期　頁 21-40　1968 年 05 月
A1197	江舉謙	江有誥《唐韻四聲正》上聲韻字訂補
		圖書館學報　第 10 期　頁 25-46　1969 年 12 月
A1198	江舉謙	江有誥《唐韻四聲正》去聲韻字訂補
		圖書館學報　第 11 期　頁 123-144　1971 年 06 月
A1199	江舉謙	江有誥《唐韻四聲正》入聲字訂補
		文史學報　第 4 期　頁 23-50　1974 年 05 月

伍　近代聲韻研究

一、通論

A1200	丁邦新	元曲韻字示意說之探討
		臺靜農先生八十壽慶論文集　臺北　聯經出版社
		頁 821-842　1981 年 11 月
A1201	王忠林	明代散曲用韻探討
		第一屆國際華學會議論文　臺北
A1202	李炳華	國劇音韻芻議
		東方雜誌　第 22 卷 11 期　頁 30-34　1989 年 05 月
A1203	金周生	元代北戲入聲字唱唸法研究
		輔仁學誌—文學院之部　第 15 期　頁 227-238　1986
		年 06 月
A1204	金周生	元好問時代舌尖元音已與照系字相配說
		漢語言學國際學術研研討會論文　華中理工大學
		1991 年 11 月
A1205	金周生	金元時代中州地區的音韻特徵
		第十三屆韓國中國學國際學術研討會論文集　1993 年
		08 月
A1206	金周生	從李漁「別解務頭」試說曲律上的幾個問題

陳伯元先生六秩壽慶論文集　臺北　文史哲出版社
頁 599-614　1994 年 03 月

A1207　金周生　論曲詞之陰陽
輔仁國文學報　第 2 集　1986 年 06 月

A1208　范其美　北詞音讀考
曲學集刊 臺灣省立師範大學 頁 67-141 1964 年 06 月

A1209　張世彬　略論唐宋詞之韻法
中國學人　第 6 期　頁 163-170　1977 年 09 月

A1210　閔守恆　國劇聲類考原
師大學報　第 1 期　頁 173-240　1956 年 06 月

A1211　謝雲飛　皮黃科班正音初探
第九屆全國聲韻學討論會論文　臺北　私立東吳大學
、中華民國聲韻學學會主辦　1991 年 05 月
國立政治大學學報　第 64 期　頁 1-32　1992 年 03 月
聲韻論叢第四輯　臺北　臺灣學生書局　頁 377-416
1992 年 05 月

A1212　成元慶　《訓民正音》(韓字)二十三聲母與中國聲母之比較
研究
反攻　第 328 期　頁 19-28　1969 年 07 月

A1213　林平和　《明代等韻學研究》提要
木鐸　第 5、6 期合刊　1977 年 03 月
師大國文所潘石禪七十壽誕論文集 臺北　頁 393-396
1977 年 03 月

A1214　林平和　明代等韻學之研究
臺北 國立政治大學中國文學研究所博士論文 1975 年

A1215　許世瑛　從《中原音韻》ian 與 ien 韻母說到國語的 ien 韻母
許世瑛先生論文集　臺北　弘道文化事業公司
頁 25-28　1974 年 08 月

A1216　許金枝　李汝珍音韻學述評
國科會獎助論文　1988 年
臺北　宏泰出版社　1988 年

A1217　陳光政　梁僧寶之等韻學

		臺北　國立政治大學中國文學研究所碩士論文　1970年
A1218	董忠司	沈寵綏及其音節分析法
		國教世紀　第24卷6期　頁12-17　1989年06月
A1219	董忠司	沈寵綏的語音分析說
		聲韻論叢第二輯　臺北　臺灣學生書局　頁73-110
		1994年05月
A1220	董忠司	明代沈寵綏語音分析觀的幾項考察
		孔孟學報　第61期　頁183-216　1991年03月
A1221	鄭錦全	明清韻書字母的介音與北音顎化源流的探討
		書目季刊　第14卷2期　頁77-88　1980年09月
A1222	黎邵西	王照的官話合聲字母
		書和人　第351期　頁5-8　1978年11月
		國語週刊　130期
A1223	應裕康	《宋元明三代重要韻書之研究》前言
		慶祝瑞安林景伊先生六秩誕辰論文集(上冊)　臺北
		國立政治大學國文研究所　頁1029-1042　1969年12月
A1224	應裕康	宋元明三代重要韻書之研究
		自印本　1965年
A1225	應裕康	清代韻圖之研究
		臺北　國立政治大學中國文學研究所博士論文　1972年
		臺北　弘道文化事業公司　1972年
A1226	成元慶	十五世紀韓國字音與中國聲韻之關係
		臺北　國立臺灣師範大學國文研究所博士論文
		1969年11月
A1227	西銘律子	中國現代語音之探討
		臺北　國立臺灣師範大學國文研究所碩士論文
		1972年07月
A1228	竺家寧	近代音史上的舌尖韻母
		第一屆國際暨第八屆全國聲韻學學術討論會論文
		臺北　私立輔仁大學、中華民國聲韻學學會主辦
		1990年03月
		國科會獎助論文　1993年

		聲韻論叢第三輯　臺北　臺灣學生書局　頁 205-223
		1994 年 05 月
		近代音論集　臺北　臺灣學生書局　頁 223-240
		1994 年 08 月
A1229	竺家寧	近代漢語零聲母的形成
		中語中文學　第 4 輯　頁 125-133　1982 年 12 月
		近代音論集　臺北　臺灣學生書局　頁 125-138
		1994 年 08 月
A1230	竺家寧	國語ㄜ韻母的形成與發展
		第二屆國際暨第十屆全國聲韻學學術研討會論文集
		高雄　國立中山大學中文系所、中華民國聲韻學學
		會主辦　頁 357-374　1992 年 05 月
A1231	竺家寧	清代語料中的ㄜ韻母
		國立中正大學學報—人文分冊　第 3 卷第 1 期　頁 97
		-119　1992 年 10 月
		近代音論集　臺北　臺灣學生書局　頁 241-269
		1994 年 08 月
A1232	尉遲治平	明末吳語聲母系統
		第三屆國際暨第十二屆全國聲韻學學術研討會論文集
		新竹　國立清華大學主辦　頁 368-370　1994 年 05 月
A1233	薛鳳生	論「支思」韻的形成與演進
		書目季刊　第 14 卷 2 期　頁 53-76　1980 年 09 月
A1234	成元慶	十五世紀韓國字音與中國聲韻之關係
		臺北　國立臺灣師範大學國文研究所博士論文
		1969 年 11 月
A1235	林慶勳	東語入門的假名對當特色
		林尹教授逝世十週年學術論文集　頁 313-324　1993 年
A1236	姜信沆	依據朝鮮資料略記近代漢語語音史
		中央研究院歷史語言研究所集刊　第 51 本 3 分 頁 525
		-544　1980 年 09 月
A1237	姚榮松	勞乃宣的審音論
		第二屆國際暨第十屆全國聲韻學學術研討會論文集

高雄　國立中山大學中文系所、中華民國聲韻學學
會主辦　頁 231-252　1992 年 05 月

A1238　黃俊泰　　滿文對音規則及其所反映的清初北音音系
國文學報　第 16 期　頁 83-118　1987 年 06 月
第五屆全國聲韻學討論會論文　臺北　國立臺灣師
範大學國文系所主辦　1987 年 04 月

A1239　蔡瑛純　　從朝鮮對譯資料考近代漢語音韻字變遷
臺北　國立臺灣師範大學國文研究所博士論文
1986 年 07 月

A1240　鄭再發　　八思巴字標註漢語材料校勘記
慶祝李濟先生七十歲論文集下冊　清華學報社
頁 933-1004　1967 年 01 月

A1241　謝雲飛　　漢字在近代漢語與現代韓語中之音讀比較
高仲華先生八秩榮慶論文集　高雄　國立高雄師範
學院國文研究所編　頁 77-104　1988 年 05 月

A1242　顧保鵠　　明季西洋教士對我語言學的貢獻
語文教育研究集刊　第 6 期　頁 95-109　1987 年 06 月

二、文獻資料考察

（一）綜合性音韻論著研究

1.問奇集

A1243　丁邦新　　《問奇集》所記之明代方音
中央研究院成立五十周年紀念論文集　南港　中央
研究院編印　頁 577-592　1978 年 07 月

2.西儒耳目資

A1244　王松木　　《西儒耳目資》所反映的明末官話音系
嘉義　國立中正大學中國文學研究所碩士論文

		1994 年 12 月
A1245	王松木	《西儒耳目資》的聲母系統
		第三屆國際暨第十二屆全國聲韻學學術研討會論文集
		新竹　國立清華大學主辦　頁 75-94　1994 年 05 月
A1246	謝雲飛	金尼閣《西儒耳目資》析論
		南洋大學學報　第 8 、 9 期合刊　頁 66-83　1975 年
		12 月

3.杉亭集

A1247	陳貴麟	《杉亭集·五聲反切正韻》音系探賾
		中國音韻學研究會第八次學術討論會論文　天津
		南開大學　1994 年 08 月
		語言研究增刊　華中理工大學　頁 174-182
		1994 年 08 月
A1248	陳貴麟	《杉亭集·五聲反切正韻》音系與江淮官話洪巢片之
		關聯
		中國文學研究　第 9 期　頁 63-88　1995 年 06 月

4.拙菴韻悟

A1249	李靜惠	《拙菴韻悟》之音系研究
		臺北 私立淡江大學中國文學研究所碩士論文 1993 年
A1250	李靜惠	《拙菴韻悟》音韻理論初探—以呼、應、吸為主
		中國語言學論文集　高雄　復文圖書出版社　頁 1-13
		1993 年 12 月
A1251	李靜惠	《拙菴韻悟》聲母系統之研究
		第三屆國際暨第十二屆全國聲韻學學術研討會論文集
		新竹　國立清華大學主辦　頁 142-161　1994 年 05 月
A1252	李靜惠	試探《拙菴韻悟》之圓形音類符號
		第四屆國際暨第十三屆全國聲韻學學術研討會論文
		臺灣　國立臺灣師範大學國文系所、中華民國聲韻

　　　　　　　　　學學會主辦　1995 年 05 月
A1253　楊惠娥　　《拙菴韻悟》研究
　　　　　　　　　臺中　私立逢甲大學中國文學研究所碩士論文
　　　　　　　　　1995 年 06 月
A1254　應裕康　　清初抄本韻圖《拙庵韻悟》研究
　　　　　　　　　國科會獎助論文　1993 年
　　　　　　　　　高雄師大學報　第 4 期　頁 25-50　1993 年 03 月

5.音學辨微

A1255　竺家寧　　《音學辨微》在語言學上的價值
　　　　　　　　　木鐸　第 7 期　頁 209-222　1978 年 03 月
　　　　　　　　　音韻探索　臺北　臺灣學生書局　頁 227-242
　　　　　　　　　1995 年 10 月

6.音切譜

A1256　林平和　　李元《音切譜》之古音學
　　　　　　　　　臺北　文史哲出版社　1980 年 04 月
A1257　林平和　　從李元《音切譜》談一些古聲紐參考資料
　　　　　　　　　第三次聲韻學討論會論文　臺北　私立東吳大學中
　　　　　　　　　文研究所主辦　1984 年 12 月

7.李氏音鑑

A1258　羅潤基　　《李氏音鑑》研究
　　　　　　　　　臺北　國立臺灣師範大學國文研究所碩士論文
　　　　　　　　　1991 年 06 月
A1259　陳盈如　　《李氏音鑑》中「三十三問」研究
　　　　　　　　　嘉義　國立中正大學中國文學研究所碩士論文
　　　　　　　　　1992 年
A1260　陳盈如　　論嘉慶本《李氏音鑑》及相關之版本問題

第十一屆全國聲韻學研討會論文集　臺灣　國立中
正大學中文系所、中華民國聲韻學學會主辦
1993 年 04 月

8. 五均論

A1261　王芳彥　　《五均論》研究
臺北　國立臺灣師範大學國文研究所碩士論文
1971 年 07 月

A1262　王芳彥　　新化鄒氏《五均論》評介
樹德學報　第 1 期　頁 13-40　1971 年 12 月

9. 古今中外音韻通例

A1263　陳貴麟　　《古今中外音韻通例》所反映的官話音系
臺北　國立臺灣師範大學國文研究所碩士論文
1989 年 06 月

A1264　陳貴麟　　《古今中外音韻通例》總譜十五圖研究
第十一屆全國聲韻學研討會論文集　臺灣　國立中
正大學中文系所、中華民國聲韻學學會主辦
1993 年 04 月
中國文學研究　第 7 期　頁 33-71　1993 年 05 月

A1265　陳貴麟　　《味根軒韻學・總譜》入聲字重覆現象探析
中國文學研究　第 4 期　頁 19-42　1990 年 05 月

（二）韻書研究

1. 今音類韻書

(1)諧聲韻學

A1266　林慶勳　　《諧聲韻學》的幾個問題

　　　　　　　　　　第六屆全國聲韻學討論會論文　高雄　國立高雄師
　　　　　　　　　　範學院主辦　1988 年 04 月
　　　　　　　　　　高雄師院學報　第 17 期　頁 107-124　1989 年 03 月
　　　　　　　　　　國科會獎助論文　1989 年
　　　　　　　　　　聲韻論叢第二輯　臺北　臺灣學生書局　頁 169-196
　　　　　　　　　　1994 年 05 月

A1267　　詹滿福　　《諧聲韻學稿》音系研究
　　　　　　　　　　高雄　國立高雄師範大學國文研究所碩士論文
　　　　　　　　　　1989 年 06 月

(2)音韻闡微

A1268　　王文相　　《音韻闡微》韻譜之研究
　　　　　　　　　　臺北　私立中國文化大學中國文學研究所碩士論文
　　　　　　　　　　1972 年

A1269　　林慶勳　　《音韻闡微》研究
　　　　　　　　　　臺北　臺灣學生書局　1988 年 04 月

A1270　　林慶勳　　論《音韻闡微》的入聲字
　　　　　　　　　　國科會獎助論文　1987 年
　　　　　　　　　　中央研究院第二屆國際漢學會議論文集(語言與文字
　　　　　　　　　　組）上冊　南港　中央研究院歷史語言研究所編印
　　　　　　　　　　頁 267-285　1989 年 06 月

A1271　　林慶勳　　論《音韻闡微》的協用與借用
　　　　　　　　　　第五屆全國聲韻學討論會論文　臺北　國立臺灣師
　　　　　　　　　　範大學國文系所主辦　1987 年 04 月
　　　　　　　　　　國文學報　第 16 期　頁 119-153　1987 年 06 月
　　　　　　　　　　聲韻論叢第二輯　臺北　臺灣學生書局　頁 143-168
　　　　　　　　　　1994 年 05 月

A1272　　林慶勳　　論《音韻闡微》的韻譜
　　　　　　　　　　高雄師院學報　第 16 期　頁 19-34　1988 年 03 月
　　　　　　　　　　國科會獎助論文　1988 年

A1273　　林慶勳　　論李光地、王蘭生與康熙帝對《音韻闡微》成書之

		影響
		高仲華先生八秩榮慶論文集　高雄　國立高雄師範
		學院國文研究所編　頁367-383　1988年05月
A1274	應裕康	論《音韻闡微》
		淡江學報　第10期　頁139-154　1971年11月

2.近代音類韻書

(1)中原音韻

A1275	丁邦新	與《中原音韻》相關的幾種方言現象
		國科會獎助論文　1981年
		中央研究院歷史語言研究所集刊　第52本4分
		頁619-650　1981年12月
A1276	王潔心	《中原音韻》新考
		臺北　臺灣商務印書館　1988年
A1277	司徒修	《中原音韻》的音系
		清華學報　第3卷1期　頁114-159　1962年05月
A1278	李殿魁	校訂補正《中原音韻》及正語作詞起例
		臺北　學海出版社　1977年
A1279	汪經昌疏	《中原音韻》講疏
	郁元英校	臺北　廣文書局　1961年
A1280	林香薇	試論《中原音韻》的m尾
		中國語言學論文集　高雄　復文圖書出版社
		頁43-56　1993年12月
A1281	金周生	《中原音韻》-m→-n字考實
		中國聲韻學國際學術研討會論文
		香港浸會學院　1990年06月
		輔仁國文學報　第6集　頁249-265　1990年06月
A1282	金周生	《中原音韻》入聲多音字音證
		輔仁學誌—文學院之部　第13期　頁693-726
		1984年06月

A1283　金周生　　　《中原音韻》入聲問題
　　　　　　　　　國科會獎助論文　1992 年

A1284　姚榮松　　　《中原音韻》入派三聲新探
　　　　　　　　　第二次聲韻學討論會論文　臺北　國立臺灣師範大
　　　　　　　　　學國文系所主辦　1983 年 10 月
　　　　　　　　　聲韻論叢第二輯　臺北　臺灣學生書局　頁 25-52
　　　　　　　　　1994 年 05 月

A1285　姚榮松　　　《中原音韻》入聲問題再探
　　　　　　　　　陳伯元先生六秩壽慶論文集　臺北　文史哲出版社
　　　　　　　　　頁 563-598　1994 年 03 月

A1286　胡嘉陽　　　《中原音韻》國語音系之音質之逐字比較研究
　　　　　　　　　臺北　國立臺灣大學中國文學研究所碩士論文
　　　　　　　　　1966 年

A1287　高美華　　　《中原音韻》成書背景及其價值
　　　　　　　　　嘉義師院學報　第 3 期　頁 205-226　1989 年 11 月

A1288　許世瑛校訂　音注《中原音韻》
　　　　劉德智注音　臺北　廣文書局　1986 年

A1289　陳新雄　　　《中原音韻》概要
　　　　　　　　　臺北　學海出版社　1976 年 06 月

A1290　鄧興鋒　　　《中原音韻》內部一些自相矛盾現象
　　　　　　　　　大陸雜誌　第 87 卷 6 期　頁 27-28　1993 年 12 月

A1291　鄧興鋒　　　例說《中原音韻》的術語混用現象─兼論與王潔心
　　　　　　　　　先生商榷
　　　　　　　　　大陸雜誌　第 89 卷 2 期　頁 3-5　1994 年 08 月

A1292　賴橋本　　　《中原音韻》與北詞用韻之關係
　　　　　　　　　曲學集刊　臺灣省立師範大學　頁 1-21　1964 年 06 月

A1293　龍良棟　　　《古今圖書集成》所收《嘯餘譜》本《中原音韻》
　　　　　　　　　校勘記
　　　　　　　　　漢學論文集(淡江文理學院中文研究室主編)　臺灣
　　　　　　　　　驚聲文物供應公司　頁 323-400　1970 年 11 月

(2)中州樂府音韻

A1294　林恭祖　　元從卓之《中州樂府音韻類編》校注（下）
　　　　　　　　東南學報　第 3 期　頁 99-127　1978 年 05 月

（3）洪武正韻

A1295　吳淑美　　《洪武正韻》的聲類與韻類
　　　　　　　　臺北　文津出版社　1976 年
A1296　沈葆　　　《洪武正韻》入聲韻與《廣韻》入聲韻之比較研究
　　　　　　　　淡江學報　第 9 期　頁 127-186　1970 年 11 月
A1297　崔玲愛　　《洪武正韻》研究
　　　　　　　　臺北　國立臺灣大學中國文學研究所碩士論文
　　　　　　　　1975 年
A1298　黃學堂　　《洪武正韻》二十聲母說
　　　　　　　　中國語文　第 378 期　頁 35-37　1988 年 12 月
A1299　應裕康　　《洪武正韻》反切之研究
　　　　　　　　國科會獎助論文　1960 年
　　　　　　　　國立政治大學學報　第 5 期　頁 99-150　1962 年 05 月
A1300　應裕康　　《洪武正韻》聲母音值之擬訂
　　　　　　　　中華學苑　第 6 期　頁 1-35　1970 年 09 月
A1301　應裕康　　《洪武正韻》韻母音值之擬訂
　　　　　　　　漢學論文集(淡江文理學院中文研究室主編)　臺灣
　　　　　　　　驚聲文物供應公司　頁 275-322　1970 年 11 月

（4）中原雅音

A1302　岩田憲幸　《同聲千字文》所傳《中原雅音》記略
　　　　　　　　第四屆國際暨第十三屆全國聲韻學學術研討會論文
　　　　　　　　臺灣　國立臺灣師範大學國文系所、中華民國聲韻
　　　　　　　　學學會主辦　1995 年 05 月

（5）中州音韻

A1303　丁玫聲　　王文璧《中州音韻》研究
　　　　　　　　高雄　國立高雄師範大學國文研究所碩士論文
　　　　　　　　1989 年

(6)中州音韻輯要

A1304　林慶勳　　《中州音韻輯要》入聲字的音讀
　　　　　　　　第三屆國際暨第十二屆全國聲韻學學術研討會論文集
　　　　　　　　新竹　國立清華大學主辦　頁 58-74　1994 年 05 月
　　　　　　　　國立中山大學人文學報　第 3 期　頁 21-36　1995 年
A1305　林慶勳　　《中州音韻輯要》的反切
　　　　　　　　第一屆國際暨第三屆全國清代學術研討會論文集
　　　　　　　　高雄　國立高雄師範大學　頁 497-521　1993 年

(7)韻略易通

A1306　楊美美　　《韻略易通》研究
　　　　　　　　高雄　國立高雄師範大學國文研究所碩士論文
　　　　　　　　1988 年
A1307　詹秀惠　　《韻略易通》研究
　　　　　　　　淡江學報　第 11 期　頁 185-205　1973 年 03 月
A1308　劉德智　　《韻略易通》中入聲字與《廣韻》入聲字的比較研究
　　　　　　　　臺北　國立臺灣大學中國文學研究所碩士論文
　　　　　　　　1968 年

(8)韻略匯通

A1309　吳傑儒　　《韻略匯通》之入聲系統
　　　　　　　　陳伯元先生六秩壽慶論文集　臺北　文史哲出版社
　　　　　　　　頁 615-634　1994 年 03 月
A1310　吳傑儒　　《韻略匯通》初探

大仁學報　第 11 期　頁 63-81　1993 年 04 月

A1311　莊惠芬　《韻略匯通》與《廣韻》入聲字的比較研究

淡江學報　第 8 期　頁 45-81　1969 年 11 月

A1312　董忠司　明末沈寵綏《中原音韻》十九韻音讀

國科會獎助論文　1991 年

(9)五方元音

A1313　石俊浩　《五方元音》研究

臺北　私立中國文化大學中國文學研究所碩士論文
1993 年

A1314　林慶勳　從編排特點論《五方元音》的音韻現象

高雄師大學報　第 1 期　頁 223-241　1990 年 05 月
聲韻論叢第二輯　臺北　臺灣學生書局　頁 237-266
1994 年 05 月

A1315　林慶勳　論《五方元音》年氏本與樊氏原本的音韻差異

高雄師大學報　第 2 期　頁 105-119　1991 年 03 月

A1316　龍莊偉　《五方元音》與元韻譜

第三屆國際暨第十二屆全國聲韻學學術研討會論文集
新竹　國立清華大學主辦　頁 136-141　1994 年 05 月

(10)本韻一得

A1317　林金枝　《本韻一得》音系的研究

臺南　國立成功大學中國文學研究所碩士論文
1995 年 06 月

(11)詞林正韻

A1318　林裕盛　《詞林正韻》第三部與第五部分合研究—以宋詞用
韻為例

中國語言學論文集　高雄　復文圖書出版社

　　　　　　　　　頁 97-114　1993 年 12 月

A1319　許金枝　　《詞林正韻》部目分合之研究

　　　　　　　　　中正嶺學術研究集刊　第 5 期　頁 1-18　1986 年 06 月

(12)正音咀華

A1320　朴奇淑　　《正音咀華》音系研究

　　　　　　　　　高雄　國立高雄師範大學國文研究所碩士論文

　　　　　　　　　1992 年

A1321　岩田憲幸　論《正音咀華》音系

　　　　　　　　　第二屆國際暨第十屆全國聲韻學學術研討會論文集

　　　　　　　　　高雄　國立中山大學中文系所、中華民國聲韻學學

　　　　　　　　　會主辦　頁 645-668　1992 年 05 月

3.方音類韻書

(1)戚林八音

A1322　王天昌　　《戚林八音》簡介

　　　　　　　　　書和人　第 476 期　頁 2　1983 年 09 月

A1323　張琨　　　讀《戚林八音》

　　　　　　　　　中央研究院歷史語言研究所集刊　第 60 本 4 分

　　　　　　　　　頁 877-887　1989 年 12 月

(2)彙音妙悟

A1324　姚榮松　　《彙音妙悟》的音系及其相關問題

　　　　　　　　　第六屆全國聲韻學討論會論文　高雄　國立高雄師

　　　　　　　　　範學院主辦　1988 年 04 月

A1325　姚榮松　　《彙音妙悟》的音系及其鼻化韻母

　　　　　　　　　國文學報　第 17 期　頁 251-281　1988 年 06 月

A1326　姚榮松　　《彙音妙悟》的音系及其鼻化韻母

國科會獎助論文　1988 年

(3)拍掌知音

A1327　林慶勳　《拍掌知音》的聲母
第二屆國際暨第十屆全國聲韻學學術研討會論文集
高雄　國立中山大學中文系所、中華民國聲韻學學
會主辦　頁 209-230　1992 年 05 月
高雄師大學報　第 5 期　頁 345-362　1994 年 03 月

(4)渡江書十五音

A1328　姚榮松　《渡江書十五音》初探
聲韻論叢第二輯　臺北　臺灣學生書局　頁 337-354
1994 年 05 月

（三）韻圖研究

1.今韻韻圖研究

(1)明顯四聲等韻圖

A1329　謝雲飛　《明顯四聲等韻圖》之研究
國科會獎助論文　1966 年
臺北　臺灣師範大學國文研究所出版　1968 年
慶祝高郵高仲華先生六秩誕辰論文集(上)　臺北
國立臺灣師範大學國文研究所編印　頁 565-666
1968 年 03 月

A1330　鄭鎭椌　《明顯四聲等韻圖》與漢字的現代韓音之比較研究
臺北　國立政治大學中國文學研究所碩士論文
1991 年

(2)四聲韻和表

A1331　朴萬圭　　　《四聲韻和表》聲母系統考
　　　　　　　　　第四屆國際暨第十三屆全國聲韻學學術研討會論文
　　　　　　　　　臺灣　國立臺灣師範大學國文系所、中華民國聲韻
　　　　　　　　　學學會主辦　1995 年 05 月

(3)四聲切韻表

A1332　傅兆寬　　　《四聲切韻表》研究
　　　　　　　　　臺北　私立中國文化大學中國文學研究所碩士論文
　　　　　　　　　1972 年

(4)切韻求蒙

A1333　陳光政　　　論梁僧寶《切韻求蒙》之音母等列
　　　　　　　　　師院文萃　第 5 期　頁 12-15　1970 年 12 月
A1334　陳光政　　　梁僧寶之等韻學
　　　　　　　　　臺北　國立政治大學中國文學研究所碩士論文　1970 年

2.時音韻圖研究

(1)交泰韻

A1335　楊秀芳　　　論《交泰韻》所反映的一種明代方音
　　　　　　　　　國科會獎助論文　1986 年
　　　　　　　　　漢學研究　第 5 卷 2 期　頁 329-374　1987 年 12 月

(2)重訂司馬溫公等韻圖經

A1336　劉英璉　　　《重訂司馬溫公等韻圖經》研究
　　　　　　　　　高雄　國立高雄師範大學國文研究所碩士論文

1988 年

（3）韻法橫、直圖

A1337　宋韻珊　　《韻法直圖》的聲母系統
　　　　　　　　中國語言學論文集　高雄　復文圖書出版社
　　　　　　　　頁 57-78 1993 年 12 月
A1338　宋韻珊　　《韻法直圖》與《韻法橫圖》音系研究
　　　　　　　　高雄　國立高雄師範大學國文研究所碩士論文
　　　　　　　　1993 年

（4）切韻聲原

A1339　黃學堂　　方以智《切韻聲原》中韻圖的特色
　　　　　　　　孔孟月刊　第 27 卷 4 期　頁 25-28　1988 年 12 月
A1340　黃學堂　　方以智《切韻聲原》研究
　　　　　　　　高雄　國立高雄師範大學國文研究所碩士論文
　　　　　　　　1989 年 01 月

（5）等音、聲位

A1341　應裕康　　論馬自援《等音》及林本裕《聲位》
　　　　　　　　人文學報　第 2 期　頁 221-242　1972 年 01 月
A1342　劉一正　　馬自援《等音》音系研究
　　　　　　　　高雄　國立高雄師範大學國文研究所碩士論文
　　　　　　　　1990 年

（6）五音通韻

A1343　應裕康　　抄本韻圖《五音通韻》所反映的清初北方語音
　　　　　　　　國立編譯館館刊　第 22 卷 2 期　頁 129-150
　　　　　　　　1993 年 12 月

A1344　應裕康　　　　試論《五音通韻》之體例及聲母韻母之音值
　　　　　　　　　　第二屆國際暨第十屆全國聲韻學學術研討會論文集
　　　　　　　　　　高雄　國立中山大學中文系所、中華民國聲韻學學
　　　　　　　　　　會主辦　頁 97-118　1992 年 05 月

(7)大藏字母九經等韻

A1345　李鍾九　　　　《大藏字母九音等韻》音系研究
　　　　　　　　　　高雄　國立高雄師範大學國文研究所碩士論文
　　　　　　　　　　1992 年
A1346　竺家寧　　　　《大藏字母九經等韻》之特殊音讀
　　　　　　　　　　第三屆國際暨第十二屆全國聲韻學學術研討會論文集
　　　　　　　　　　新竹　國立清華大學主辦　　頁 51-57　1994 年 05 月
A1347　竺家寧　　　　《大藏字母九經等韻》之韻目異讀
　　　　　　　　　　中國音韻學研究會第八次學術討論會論文　天津
　　　　　　　　　　南開大學　　1994 年 08 月

(8)黃鐘通韻

A1348　應裕康　　　　試論《黃鐘通韻》聲母韻母之音值
　　　　　　　　　　國立中央圖書館臺灣分館建館七十八年暨改隸中央二
　　　　　　　　　　十週年紀念論文集　臺灣　國立中央圖書館臺灣分館
　　　　　　　　　　頁 33-34　1993 年 10 月
A1349　應裕康　　　　清代一本滿人的等韻圖《黃鐘通韻》
　　　　　　　　　　第一屆清代學術研討會論文集　高雄　國立高雄師範
　　　　　　　　　　大學　1993 年

(9)字母切韻要法

A1350　吳聖雄　　　　《康熙字典》字母切韻要法探索
　　　　　　　　　　臺北　國立臺灣師範大學國文研究所碩士論文
　　　　　　　　　　1985 年 06 月

A1351　陳貴麟　　　《康熙字典》所附韻圖的音系基礎
　　　　　　　　　第三屆國際暨第十二屆全國聲韻學學術研討會論文集
　　　　　　　　　新竹　國立清華大學主辦　頁 162-173　1994 年 05 月

3.等韻與門法理論專著研究

(1)等切元聲

A1352　林慶勳　　　論《等切元聲‧韻譜》的兩對相重字母
　　　　　　　　　第四屆國際暨第十三屆全國聲韻學學術研討會論文
　　　　　　　　　臺灣　國立臺灣師範大學國文系所、中華民國聲韻
　　　　　　　　　學學會主辦　1995 年 05 月
A1353　林慶勳　　　論《等切元聲》與詩詞通押的合聲切
　　　　　　　　　第四屆清代學術研討會論文集　高雄　國立中山大學
　　　　　　　　　1995 年

(2)等韻精要

A1354　竺家寧　　　《等韻精要》與晉方言
　　　　　　　　　第一屆晉方言國際學術研討會論文　山西　太原
　　　　　　　　　1995 年 07 月
A1355　宋珉映　　　《等韻精要》音系研究
　　　　　　　　　臺南　國立成功大學中國文學研究所碩士論文
　　　　　　　　　1993 年

(3)等韻一得

A1356　許世瑛　　　《等韻一得》研究
　　　　　　　　　許世瑛先生論文集　臺北　弘道文化事業公司
　　　　　　　　　頁 161-184　1974 年 08 月
A1357　朴允河　　　《等韻一得》所表現的尖團音探微
　　　　　　　　　第四屆國際暨第十三屆全國聲韻學學術研討會論文

臺灣　國立臺灣師範大學國文系所、中華民國聲韻
學學會主辦　1995 年 05 月

A1358　朴允河　　勞乃宣《等韻一得》研究
臺北　國立臺灣師範大學國文研究所碩士論文
1992 年 06 月

(4)等韻輯要

A1359　宋建華　　《等韻輯略》研究
臺北　私立中國文化大學中國文學研究所碩士論文
1985 年

（四）對音資料研究

1.蒙古字韻

A1360　鄭再發　　《蒙古字韻》研究
臺北　國立臺灣大學中國文學研究所碩士論文　1962 年
A1361　鄭再發　　《蒙古字韻》跟八思巴字有關的韻書
臺北　國立臺灣大學文史叢刊第 15 種　1965 年
臺北　嘉新水泥公司文化基金會叢書研究論文第 38 種

2.訓民正音

A1362　李光濤　　記朝鮮實錄中之《訓民正音》
大陸雜誌語文叢書第二輯第四冊(語法聲韻文字研究
論集)　臺灣　大陸雜誌社　頁 313-315　不著出版
年月
A1363　饒燕娟　　《訓民正音》文獻之探討
中韓文化論集　臺北　中華學術院韓國研究所出版
頁 263-275　1978 年 10 月
A1364　成元慶　　《訓民正音》(韓字)二十三聲母與中國聲母之比較

研究

反攻　第 328 期　頁 19-28　1969 年 07 月

3.洪武正韻訓音

A1365　權容華　　《洪武正韻譯訓》之正音與俗音研究

臺北　私立東吳大學中國文學研究所碩士論文　1992 年

A1366　成元慶　　《洪武正韻》釋訓音研究（上）

興大中文學報　第 3 期　頁 69-108　1990 年 01 月

A1367　成元慶　　《洪武正韻》譯訓音研究（下）

興大中文學報　第 4 期　頁 47-100　1991 年 01 月

4.奎章全韻

A1368　金恩柱　　《奎章全韻》「華音」之研究

高雄　國立高雄師範大學國文研究所碩士論文　1992 年

5.華東正音

A1369　邊瀅雨　　《華東正音》通釋韻考之華音聲母與王力「歷代語

音」之比較

韓國學報　第 11 期　頁 194-231　1992 年 06 月

A1370　邊瀅雨　　《華東正音》通釋韻考研究

臺北　國立政治大學中國文學研究所碩士論文

1989 年

6.譯語類解

A1371　蔡瑛純　　《譯語類解》所見中國音系之研究

臺北　私立中國文化大學中國文學研究所碩士論文

1978 年

7.四聲通解

A1372　劉敎蘭　　《四聲通解》之研究
臺北　國立政治大學中國文學研究所碩士論文
1990 年 07 月

8.韻解

A1373　權宅龍　　申景濬《韻解》考
臺北　國立臺灣師範大學國文研究所碩士論文
1984 年 05 月

9.遊歷日本經圖

A1374　林慶勳　　《游歷日本圖經》的聲母對音
第二屆清代學術研討會—思想・文學・語文—論文集
高雄　國立中山大學中國文學系所　頁 561-576
1991 年 11 月

10.華夷譯語

A1375　林慶勳　　《日本館譯語》的柳崖音注
第十一屆全國聲韻學研討會論文集　臺灣　國立中
正大學中文系所、中華民國聲韻學學會主辦
1993 年 04 月
A1376　林慶勳　　試論《日本館譯語》的聲母對音
高雄師大學報　第 4 期　頁 67-88　1993 年 03 月
A1377　林慶勳　　試論《日本館譯語》的韻母對音
第九屆全國聲韻學討論會論文　臺北　私立東吳大學
、中華民國聲韻學學會主辦　1991 年 05 月
高雄師大學報　第 3 期　頁 1-30　1992 年 03 月
國科會獎助論文　1992 年

聲韻論叢第四輯　臺北　臺灣學生書局　頁 253-298
1992 年 05 月

11.同文韻統

A1378　吳聖雄　《同文韻統》所反映的近代北方官話音
　　　　　　　中華學苑　第 33 期　頁 195-222　1986 年 06 月
　　　　　　　國文學報　第 15 期　頁 299-326　1986 年 06 月
　　　　　　　國科會獎助論文　1987 年
　　　　　　　第四次聲韻學討論會論文　臺北　國立政治大學主辦
　　　　　　　1986 年 07 月
　　　　　　　聲韻論叢第二輯　臺北　臺灣學生書局　頁 111-142
　　　　　　　1994 年 05 月

12.圓音正考

A1379　林慶勳　刻本《圓音正考》所反映的音韻現象
　　　　　　　國科會獎助論文　1991 年
　　　　　　　第一屆國際暨第八屆全國聲韻學學術討論會論文
　　　　　　　臺北　私立輔仁大學、中華民國聲韻學學會主辦
　　　　　　　1990 年 03 月
　　　　　　　漢學研究　第 8 卷 2 期　頁 21-55　1990 年 12 月
　　　　　　　聲韻論叢第三輯　臺北　臺灣學生書局　頁 149-204
　　　　　　　1991 年 10 月

（五）詩文用韻研究

A1380　金周生　《元曲選・音釋》平聲字切語不定被切字之陰陽調說
　　　　　　　輔仁學誌—文學院之部　第 14 期　頁 371-382
　　　　　　　1985 年 06 月
A1381　金周生　《元曲選・音釋》處理賓白韻語入聲押韻字方法之
　　　　　　　探討

		輔仁國文學報　第1集　頁365-376　1985年06月
A1382	金周生	《遺山樂府》韻轍考
		紀念元好問八百年誕辰學術研討會論文　1990年12月
		國科會獎助論文　1991年
A1383	金周生	「元阮願」韻字在金元詞中的押韻類型研究
		輔仁國文學報　第13集　1995年06月
A1384	金周生	元代散曲m、n韻尾字通押現象之探討—以山、咸攝字爲例
		輔仁學誌—文學院之部　第19期　頁217-224
		1990年06月
A1385	金周生	元好問近體詩律「支脂之」三韻已分說
		輔仁學誌—文學院之部　第20期　頁187-194
		1991年06月
A1386	金周生	元曲暨《中原音韻》「東鍾」「庚靑」二韻互見字研究
		輔仁學誌—文學院之部　第11期　頁539-574
		1982年06月
A1387	金周生	從臧晉叔《元曲選·音釋》標注某一古入聲字的兩種方法看其對元雜劇入聲字唱唸法的處理方式
		輔仁學誌—文學院之部　第22期　頁165-206
		1993年06月
A1388	金周生	試論金元詞中的一種特殊押韻現象
		王靜芝先生八秩壽慶論文集　臺北　輔仁大學中文系所編印　頁881-898　1985年06月
A1389	耿志堅	全金近體詩用韻（陰聲韻部分）通轉之研究
		第二屆國際暨第十屆全國聲韻學學術研討會論文集　高雄　國立中山大學中文系所、中華民國聲韻學學會主辦　頁343-356　1992年05月
A1390	丁惠英	《琵琶記》韻協之研究
		曲學集刊　臺灣省立師範大學　頁142-219　1964年06月
A1391	任靜海	朱希眞詞韻研究

		臺北　國立臺灣師範大學國文研究所碩士論文
		1987 年 06 月
A1392	崔秀貞	明代《六十種曲》用韻之研究
		臺北　私立輔仁大學中國文學研究所碩士論文 1991 年
A1393	趙德華	《全明傳奇》合韻現象研究—以蘇滬嘉地區作品爲研究範疇
		臺南　國立成功大學中國文學研究所碩士論文 1993 年
A1394	邢宗訓	從押韻看曹雪芹的語音
		大陸雜誌　第 63 卷 5 期　頁 40-44　1981 年 11 月

（六）其它聲韻資料研究

A1395	吳疊彬	《眞臘風土記》裡的元代語音
		第十一屆全國聲韻學研討會論文集　臺灣　國立中正大學中文系所、中華民國聲韻學學會主辦
		1993 年 04 月
A1396	許金枝	《鏡花緣》字母圖探微
		中正嶺學術研究集刊 第 9 期 頁 129-163　1990 年 0 月
A1397	陳光政	述評《鏡花緣》中的聲韻學
		第一屆國際暨第八屆全國聲韻學學術討論會論文
		臺北　私立輔仁大學、中華民國聲韻學學會主辦
		1990 年 03 月
		聲韻論叢第三輯　臺北　臺灣學生書局　頁 125-148
		1991 年 10 月

作者索引

二畫

丁邦新	A0073 A0171 A0300 A0301 A0399 A0400 A0537 A0611 A0612 A0613 A0633 A0662 A0670 A0671 A0672 A0728 A0729 A0754 A0889 A1149 A1200 A1243 A1275
丁玟聲	A1303
丁洪哲	A0853
丁惠英	A1390
丁嬪娜	A0092

三畫

于維杰	A0677 A0587 A0586 A1188 A0979 A0978 A1086 A1085 A1084
小川環樹	A0446

四畫

弓英德	A0039 A1155
孔仲溫	A0165 A0614 A0508 A0126 A0713 A0890 A1007 A1178 A1177 A1110 A1109 A1108
方師鐸	A0343 A0342 A0634 A0244 A0127 A0401 A0195
方毅	A0196
木村晟	A1076
王三慶	A1126
王士元	A0198 A0197
王天昌	A0284 A00ʋ1 A0750 A0369 A0354 A1322

王文相	A1268
王文濤	A0002
王立達	A0141
王立霞	A0760
王忠林	A0402 A1201 A1145 A1144
王松木	A0174 A0173 A0172 A1245 A1244 A0383
王芳彥	A1262 A1261
王書輝	A0698
王勝昌	A1183
王雲五	A0448 A0447
王潔心	A1276
王靜如	A0714
王靜芝	A0678

五畫

包擬古	A0635 A0615
司徒修	A1277
史墨卿	A0699
左松超	A0616 A0286
左偉芳	A0319
平山久雄	A0891
平田昌司	A0320
田存容	A1052
田園	A0403
申小龍	A0003
申克常	A0449
白一平	A0538
石俊浩	A1313
石鋒	A0321

六畫

伍明清	A0749 A0748
伍崇厚	A0199
任日鎬	A0429
任永華	A0004
任靜海	A1391
全廣鎮	A0509 A0730
向光忠	A0636
安藤正次	A0005
成元慶	A1234 A1226 A1212 A1367 A1366 A1364 A1087
朴允河	A1358 A1357
朴奇淑	A1320
朴秋鉉	A0093 A0762
朴貞玉	A0980
朴現圭	A0980
朴萬圭	A1331
朱少雄	A0981
朱星	A0142
朱榮智	A0404
朱樂本	A1127
朱學瓊	A0703 A0702 A0701 A0700
朱曉農	A0322
朱鴻林	A0617
江惜美	A0323
江舉謙	A0680 A0679 A0344 A0200 A0732 A0731 A1199 A1198 A1197
	A1196 A1195 A0984 A0983 A0982
羊達之	A0588
臼田眞佐子	A1035 A1186
瀨戶口津子	A0113 A1227
（西銘律子）	

七畫

何乃達	A0143
何士澤	A1009
何大安	A0175 A0324 A0302 A0144 A0510 A0203 A0384 A0202 A0819
	A0813 A0808 A0804 A0803
何容	A0303
余明貴	A0123
余迺永	A0539 A0450 A0892 A0986 A0985
吳世畯	A0094 A0637 A0607 A0540 A0510
吳匡	A0304
吳守禮	A0176
吳秀英	A1036
吳笑生	A0305
吳淑美	A1160 A1295
吳淑惠	A0405 A1175
吳傑儒	A1310 A1309
吳雅美	A0842
吳聖雄	A0165 A0097 A0096 A0095 A1378 A1350
吳靜之	A0734
吳鍾林	A1037 A0893
吳疊彬	A0618 A1395
呂源德	A0996
宋珉映	A1355
宋金印	A0006
宋建華	A1359
宋淑萍	A1129
宋道序	A0007
宋韻珊	A1337 A1338
宋麗瓊	A0843
忌浮	A0956 A1079
李三榮	A0287 A0704 A0854 A0855 A1032 A1111 A1161 A1189
李壬癸	A0074 A0204 A0205 A0245 A0370 A0673

李方桂	A0040 A0245 A0385 A0386 A0511 A0512 A0541 A0619 A0620 A1010
李正芬	A0820
李永富	A0919 A0920 A0968
李立信	A0406
李光濤	A1362
李如龍	A0246
李存智	A0434 A0542 A0621 A0894 A0895 A1112 A1113
李妍周	A0755 A0758
李金星	A0856
李金眞	A0440 A0441
李炳華	A1202
李相馥	A0936
李添富	A0206 A0207 A0208 A0209 A0247 A0681 A0715 A0759 A0957 A1062 A1063 A1064 A1065 A1066 A1067 A1068 A1146
李貴榮	A0965 A1033 A1045
李逵	A0443
李殿魁	A1278
李義活	A0857 A1160 A1161
李達賢	A1147
李維棻	A0355 A0451 A0589 A0947
李璜	A0098
李靜惠	A1249 A1250 A1251 A1252
李鍾九	A1345
李焯然	A0751
李鎏	A0210
村上之伸	A0292
杜其容	A0147 A0211 A0356 A0435 A0452 A0513 A0638 A0733 A0821 A0896 A0915 A1190
杜學知	A0155 A0212 A0357 A0453
沈壹農	A0345
沈葆	A1039 A1296

沈謙	A0482
汪經昌	A1279
辛勉	A0075 A0371 A0543 A0544 A1034 A1179
那宗訓	A0937 A1394

八畫

周何	A0590
周法高	A0041 A0042 A0043 A0044 A0099 A0100 A0145 A0156 A0157
	A0158 A0159 A0162 A0213 A0214 A0248 A0249 A0293 A0325
	A0454 A0455 A0456 A0495 A0496 A0497 A0498 A0499 A0545
	A0546 A0547 A0548 A0549 A0550 A0788 A0874 A0886 A0897
	A0921 A0922 A0938 A1011 A1058 A1114 A1115 A1116 A1150
	A1151 A1152 A1153 A1154
周家風	A0160 A0716
周祖謨	AA809
宗德崗	A0045
芮家智	A0201
岩田憲幸	A1302 A1321
岩田禮	A0306
東初	A0101
林尹	A0008 A0009 A0010 A0011 A0076 A0387 A0457 A0458 A0591
	A0784 A0939 A0987 A0988 A1012
林尹○	A0514
林文寶	A0766
林平和	A0459 A0814 A0815 A0816 A1213 A1214 A1256 A1257
林幼莉	A1088
林至信	AA810
林冷	A1162
林明波	A0012 A0756 AA805
林金枝	A1317
林炯陽	A0011 A0430 A0460 A0481 A0940 A0941 A0989 A0997 A0998

	A1059 A1117 A1120 A1121 A1122 A1123 AA811
林英津	A0958 A0959 A1060
林香薇	A1280
林恭祖	A1294
林振瑩	A1164
林祝○	A0146
林素珍	A1046 A1047
林素琴	A0326
林清源	A0735
林裕盛	A1165 A1318
林慶盛	A1125
林慶勳	A0013 A0077 A0215 A0358 A0372 A0388 A0389 A0461 A0515
	A0767 A0768 A0776 A0908 A0969 A1089 A1118 A1171 A1172
	A1235 A1266 A1269 A1270 A1271 A1272 A1273 A1304 A1305
	A1314 A1315 A1327 A1352 A1353 A1374 A1375 A1376 A1377
	A1379
林蓮仙	A0717
松本丁俊	A1076
竺家寧	A0013 A0014 A0046 A0047 A0048 A0078 A0102 A0124 A0125
	A0128 A0129 A0130 A0131 A0165 A0177 A0178 A0179 A0180
	A0181 A0182 A0216 A0217 A0218 A0219 A0250 A0251 A0307
	A0346 A0347 A0359 A0360 A0373 A0374 A0407 A0408 A0462
	A0463 A0500 A0501 A0516 A0517 A0518 A0519 A0551 A0592
	A0615 A0635 A0639 A0640 A0641 A0642 A0643 A0644 A0645
	A0646 A0647 A0648 A0649 A0650 A0651 A0652 A0653 A0654
	A0655 A0822 A0844 A0875 A0876 A0877 A0878 A0898 A0909
	A0910 A0923 A0924 A1051 A1069 A1070 A1071 A1072 A1073
	A1074 A1075 A1076 A1090 A1091 A1092 A1093 A1094 A1130
	A1134 A1135 A1184 A1185 A1186 A1187 A1188 A1189 A1228
	A1229 A1230 A1231 A1255 A1346 A1347 A1354
竺鳳來	A0858 A0948
邵榮芬	A0823

邱珮萱	A1166
邱德修	A0079 A0769
邱棨鐊	A0464 A0960 A0961 A0962 A0990
金周生	A0132 A0252 A0288 A0289 A0348 A0622 A0824 A0825 A0859
	A0925 A1048 A1049 A1139 A1140 A1154 A1167 A1168 A1169
	A1170 A1176 A1203 A1204 A1205 A1206 A1207 A1281 A1282
	A1283 A1380 A1381 A1382 A1383 A1384 A1385 A1386 A1387
	A1388
金恩柱	A1368
金泰成	A0736 A0789
金慶淑	A0520 A0682 A0718 A1013 A1050
金鐘讚	A0253 A0254 A0521 A0593 A0623 A0656 A0705 A1177
阿部享士	A0879

九畫

姜忠姬	A0926 A1080 A1081
姜信沆	A0104 A0103 A1236
姜嬉遠	A1044
姚振黎	A0806
姚榮松	A0165 A0183 A0184 A0185 A0624 A0683 A0719 A0785 A0790
	A0970 A1061 A1138 A1237 A1284 A1285 A1324 A1325 A1326
	A1328
姚鶴年	A1180
施炳華	A0684
施雲山	A0015
柯淑齡	A0080 A0522 A0594 A0737 A0791 A0792
柯蔚南	AA812
段醒民	A1141
洪固	A1142
洪惟仁	A0081 A0880
洪德和	A0409

洪藝芳	A0885 A1148
胡莫	A0308
胡嘉陽	A1286
范其美	A1208
郁元英	A1279

十畫

唐亦璋	A0860
唐明雄	A1095
孫玉文	A0887 A0899
孫樹林	A0016
徐士賢	A1184
徐芳敏	A0220 A0552 A0720
徐泉聲	A0706 A0707 A0708 A0709 A0710
徐通鏘	A0390
徐富美	A0255 A0849
徐敬修	A0049
翁文宏	A0845
耿志堅	A1149 A1150 A1151 A1171 A1192 A1193 A1194 A1195 A1196 A1197 A1198 A1199 A1389
袁宙宗	A0256 A0221
袁蜀君	A1172
袁鶴翔	A0050
馬幾道	A0685
馬進學	A0608
馬輔	A0553
高元	A0017
高本漢	A0018 A0147 A0554 A0674
高明	A0051 A0052 A0053 A0054 A0055 A0116 A0186 A0187 A0222 A0285 A0294 A0295 A0361 A0362 A0363 A0465 A0466 A0467 A0468 A0556 A0817 A0903 A1119 A1120 A1124 A1125 A1126

	A1136 A1143 A1191
高明道	A1187
高秋鳳	A0600
高美華	A1287
高琇華	A0105

十一畫

國立中正大學中文研究所語言學專題研究室主編	A0502
國立臺灣師範大學國音教材編輯委員會	A0019
尉遲治平	A1232
崔秀貞	A1392
崔玲愛	A1297
常宗豪	A0620
康世統	A0999
張卜庥	A0161
張文彬	A0595
張日昇	A0156 A0162 A0436 A0549 A0550
張世彬	A0020 A0133 A0391 A1209
張以仁	A0134 A0223 A0469 A0503 A0523 A0524 A0949
張正男	A0296 A0309 A0349 A0431 A1169
張正體	A0021
張光宇	A0022 A0056 A0082 A0148 A0149 A0150 A0257 A0297 A0327
（賢豹）	A0470 A0504 A0663 A0927 A0942 A0966 A1014 A1015 A1016
	A1017 A1021

張希曾	A0310
張志奇	A0410
張尙倫	A1018
張洪年	A0018
張宰源	A1077
張婷婷	A0021
張琨	A0150 A0224 A0298 A0299 A0504 A0663 A0928 A0966 A1019
	A1020 A1021 A1323
張群顯	A0436
張達雅	A0596
張端仕	A0364
張慧美	A1162 A1163 A1164 A1165
張嚴	A0525
張寶三	A0826
曹峰銘	A0258
梁容若	A0471
梅祖麟	A0328 A0555 A0916
梅廣	A0135 A0136 A1166
畢鶚	A0657
符濟梅	A0770
莊淑慧	A1155
莊惠芬	A0163 A0953 A1003 A1311
莊雅州	A0412 A0411
莊嘉廷	A1139 A1140
許世瑛	A0225 A0437 A0472 A0473 A0686 A0687 A0721 A0771 A0772
	A0777 A0779 A0780 A0781 A0861 A0862 A0863 A0864 A0865
	A0866 A0867 A0868 A0904 A0911 A0912 A0950 A0951 A0952
	A1006 A1022 A1023 A1024 A1040 A1041 A1131 A1133 A1134
	A1135 A1136 A1137 A1143 A1178 A1179 A1180 A1181 A1182
	A1215 A1288 A1356
許金枝	A1173 A1174 A1216 A1319 A1396
許惠貞	A0761

許端容	A1167 A1168
許德平	A1096
許燈城	A1190
許寶華	A0913
許錟輝	A0259 A0597 A0598 A0599
郭松茂	A0083
都惠淑	A0778
野渡	A0350
陳子博	A0106 A0107
陳文吉	A0711
陳弘昌	A0084 A1097
陳光政	A0137 A0773 A0774 A1025 A1217 A1333 A1334 A1397
陳秀英	A0329
陳盈如	A1259 A1260
陳秋隆	A1192
陳美霞	A1130
陳郁夫	A1131
陳重瑜	A0330 A0917
陳飛龍	A1173
陳振寰	A0188
陳素貞	A0600 A0783 A1191
陳荊蟄	A0664
陳梅香	A1132 A1133
陳紹棠	A0031
陳舜政	A0526
陳貴麟	A0375 A1121 A1247 A1248 A1263 A1264 A1265 A1351
陳新雄	A0023 A0024 A0057 A0058 A0059 A0117 A0118 A0119 A0164
	A0165 A0189 A0190 A0191 A0192 A0392 A0393 A0413 A0414
	A0442 A0474 A0475 A0476 A0477 A0478 A0479 A0480 A0481
	A0505 A0506 A0527 A0528 A0529 A0557 A0558 A0559 A0560
	A0561 A0609 A0610 A0625 A0674 A0688 A0689 A0690 A0691
	A0722 A0723 A0724 A0757 A0763 A0764 A0793 A0794 A0795

	A0796 A0797 A0798 A0799 A0824 A0846 A0929 A0930 A0954
	A0967 A1000 A1001 A1026 A1027 A1028 A1029 A1098 A1289
陳毓華	A0040
陳瑤璣	A0108 A0331
陳銀樹	A0138
陳慧劍	A0311
陳蔡煉昌	A0085
陳徽治	A0991
陳韻珊	A0601
陳耀祖	A0060
陸鴻圖	A0061 A0062

十二畫

傅兆寬	A1332
傅錫壬	A0530 A0782
喬一凡	A0063
曾進興	A0258
曾陽晴	A1137
曾運乾	A1002
游子宜	A1170
渡邊雪	A0025
湯廷池	A0193
閔守恆	A1210
雲惟利	A0658
馮永敏	A1156
馮承基	AA807
馮俊明	A0312
馮榮輝	A0626
馮蒸	A1174
黃小石	A1193
黃坤堯	A0351 A0827 A0828 A0829 A0841 A0847 A0848 A0850

黃居仁	A0376
黃金文	A0260 A1157
黃俊泰	A1238
黃宣範	A0916
黃振民	A0692
黃得時	A0086 A0087
黃啓山	A0365
黃紹梅	A1158
黃瑞枝	A1175
黃翠芬	A0992
黃慶萱	A0482
黃學堂	A0064 A0881 A1298 A1339 A1340
黃憲堂	A0226
黃錦樹	A0786
黃禮科	A0415
黃變三	A0693

十三畫

奧德里古	A0608
楊秀芳	A0290 A0377 A0697 A1335
楊叔籌	A1099
楊美美	A1306
楊胤宗	A0026 A0562 A0563
楊時逢	A0313
楊惠娥	A1253
楊福綿	A0166
溫知新	A0166
葉芝生	A0445 A0564 A0565
葉紹良	A0483
葉嘉毅	A0394
葉夢麟	A0352 A0353 A0484 A0485 A0486 A0531 A0566 A0567 A0568

	A0569 A0570 A0571 A0572 A0573 A0574 A0575 A0576
葉慕蘭	A1176
葉鍵得	A0943 A0944 A0945 A0946 A1100 A1127
葉簡齋	A0227
董同龢	A0027 A0028 A0120 A0151 A0152 A0167 A0194 A0261 A0577
	A0665 A1004 A1030 A1053 A1101 A1141
董季棠	A0228 A0332 A0333
董忠司	A0088 A0089 A0090 A0168 AO851 A0873 A1128 A1144 A1145
	A1146 A1147 A1148 A1218 A1219 A1220 A1312
董俊彥	A0578 A0579
董昭輝	A0229 A0262
詹秀惠	A1307
詹梅伶	A0627
詹滿福	A1267
賈禮	A0694
鄒太華	A0065
雷通群	A0005

十四畫

廖湘美	A1138
福井文雅	A1181
蒲立本	A0666 A1142
趙元任	A0263 A0264 A0378 A0438 A0532 A0554 A0580 A0659 A0660
（尺子）	
趙秉璇	A0182 A0655
趙振靖	A0230
趙振鐸	A0581
趙健相	A0109
趙德華	A1393
遠藤光曉	A0265

十五畫

齊鐵恨	A0364
劉一正	A1342
劉人鵬	A0153 A0439 A0752
劉文清	A0667
劉至誠	A0712
劉秉南	A0444
劉建甌	A0628 A0629
劉秋潮	A0695
劉英璉	A1336
劉述先	A0231
劉敎蘭	A1372
劉義棠	A0232
劉德智	A1042 A1288 A1308
劉翰星	A0582
劉錫五	A0029
劉繁蔚	A0267 A0266
劉渼	A0869
潘天久	A1054
潘重規	A0030 A0031 A0487 A0488 A0489 A0507 A0800 A0830 A0831
	A0832 A0835 A0836 A0852 A0963 A0971 A0972 A0973 A0974
	A0975
蔡宗祈	A0169
蔡信發	A0602 A0603 A0725 A0955 A0993
蔡春惠	A0066
蔡根祥	A0696
蔡瑛純	A1239 A1371
蔡懋棠	A0490 A0491 A0568 A0583 A0584 A0585
鄭再發	A0154 A1240 A1360 A1361
鄭良偉	A0170
鄭邦鎮	A0604

鄭建華　　　A1132
鄭振桱　　　A0738
鄭張尙芳　　A0900
鄭錦全　　　A0416 A1221
鄭靜宜　　　A0258 A0268
鄭鎭桱　　　A0492 A1330
鄭韻蘭　　　A0139
鄭寶美　　　A0775
鄧仕樑　　　A0829
鄧興鋒　　　A1290 A1291
鄧臨爾　　　A0067 A0110
黎光蓮　　　A0111
黎明光　　　A0032
黎邵西　　　A1222

十六畫

盧貞玲　　　A0668
盧淑美　　　A0753
盧順點　　　A1124 A1182
蕭永雄　　　A1128
蕭藤村　　　A0905
賴橋本　　　A1292
錢玄同　　　A0726
駱嘉鵬　　　A0395 A0931
鮑國順　　　A0091

十七畫

龍宇純　　　A0366 A0379 A0396 A0533 A0534 A0605 A0630 A0675 A0676
　　　　　　A0697 A0727 A0818 A0882 A0888 A0901 A0932 A0933 A0934
　　　　　　A0976 A0977 A0994 A0995 A1055 A1102 A1122 A1123

龍良棟	A1293
龍莊偉	A1316
應裕康	A0493 A0935 A0964 A1005 A1078 A1082 A1083 A1223 A1224
	A1225 A1254 A1274 A1299 A1300 A1301 A1341 A1343 A1344
	A1348 A1349
戴瑞坤	A1194
薛鳳生	A0314 A0380 A1057 A1233
謝一民	A0801
謝信一	A1183
謝美齡	A1156 A1157 A1158 A1159
謝國平	A0033
謝雲飛	A0034 A0035 A0036 A0037 A0038 A0068 A0069 A0070 A0071
	A0072 A0112 A0121 A0122 A0140 A0233 A0234 A0235 A0236
	A0237 A0238 A0239 A0240 A0241 A0269 A0270 A0271 A0272
	A0273 A0274 A0275 A0276 A0277 A0278 A0279 A0280 A0281
	A0282 A0291 A0315 A0316 A0317 A0318 A0334 A0335 A0336
	A0337 A0338 A0339 A0340 A0341 A0367 A0368 A0381 A0397
	A0417 A0418 A0419 A0420 A0421 A0422 A0423 A0424 A0425
	A0432 A0433 A0535 A0536 A0631 A0632 A0739 A0740 A0741
	A0742 A0743 A0744 A0745 A0746 A0747 A0802 AO833 AO834
	A0870 A0883 A0906 A0918 A1103 A1104 A1105 A1106 A1107
	A1129 A1211 A1241 A1246 A1329
謝碧賢	A0787
鍾克昌	A0426 A0765
鍾榮富	A0382

十八畫

簡宗梧	A0427 A0428 A0871 A0837 A0838 A0839 A0840
簡翠貞	A1159
顏綠清	A0242
魏伯特	A0606

十九畫

魏岫明	A0243
羅宗濤	A0398 A0872 A1152
羅杰瑞	A0114
羅潤基	A1258
羅肇錦	A0165
邊瀅雨	A1369 A1370

二十畫以上

嚴學宭	A0494
蘇尙耀	A0283
饒燕娟	A1363
顧保鵠	A1242
權宅龍	A1373
權容華	A1365
龔文凱	A1153
龔煌城	A0115 A0555 A0661 A0669 A0884 A0902 A0907 A0914 A1185

下　　編

漢語方音學部分

分 類 索 引

壹　古代方音研究

B0001　王潔宇　　古輕唇音歸重唇證
　　　　　　　　中華日報國語周刊復刊　頁 41-42　1949 年
B0002　張正男　　上古漢語「支」部同源詞證例
　　　　　　　　國文學報　第 13 期　頁 169-206　1984 年 06 月
B0003　丁邦新　　從閩語論上古音中的*g-
　　　　　　　　漢學研究　1 卷 1 期　1983 年
B0004　白一平　　閩方言裡留存的《切韻》前的語音區別
　　　　　　　　第一屆台灣語言國際研討會論文集　台北　國立師範大
　　　　　　　　學　1993 年 3 月
B0005　駱嘉鵬　　廣韻音類辨識法－如何以國語閩南語讀音分辨廣韻的聲
　　　　　　　　韻調
　　　　　　　　私立輔仁大學中文研究所碩士論文　1985 年 5 月
B0006　董忠司　　七世紀中葉漢語之讀書音與方俗音：初唐顏師古音系及
　　　　　　　　其他
　　　　　　　　新竹師專學報　第 13 期　頁 81-116　1986 年 12 月
B0007　龔煌城　　十二世紀末漢語的西北方音（韻尾問題）
　　　　　　　　第二屆國際漢學會議論文集　中央研究院　頁 145
　　　　　　　　1989 年
B0008　葉芸生原著　古音佐證
　　　　蔡懋棠增註　1969 年
B0009　葉夢麟　　古音佐證
　　　　　　　　單行本　1956 年
B0010　丁介民　　《方言》考
　　　　　　　　臺北市　臺灣中華書　1969 年 07 月
B0011　李裕民　　楚方言初探

中國語文研究　第 9 期　頁 139-146　1987 年 03 月

貳　總論

B0012　王士元　　　語言研究講話
　　　　　　　　　Journal of Chinese Linguistics 2.1　頁 1-25
　　　　　　　　　1991 年

B0013　王士元　　　Competing change as a cause of residue
　　　　　　　　　Language　45.1　頁 9-25　1974 年

B0014　王世平　　　Phonology-syntax interaction: A case study of
　　　　　　　　　Taiwanese neutral tone.
　　　　　　　　　Paper presented at NACCL 4, Ann Arbor, University
　　　　　　　　　of Michigan. 1992 年

B0015　李壬癸　　　A secret language in Taiwanese.
　　　　　　　　　Journal of Chinese Lingistics 13.1:91-121. 1986 年

B0016　李英哲　　　The Relevence of Phonemic Analysis in Teaching
　　　　　　　　　English to Taiwanese　Speakers
　　　　　　　　　Tunghai Journal 4.1:1-10,Taichung. 1963 年

B0017　張光宇　　　漢語方言發展的不平衡性
　　　　　　　　　中國語文　第 6 期(1991) 頁 431-438　1991 年

B0018　張美智　　　A prosodic account of stress,and tone sandhi in
　　　　　　　　　Chinese languages. Ph.D. dissertation.
　　　　　　　　　University of Hawaii. 1972 年

B0019　李壬癸　　　語音變化的各種學說述評
　　　　　　　　　幼獅月刊　第 44 卷 6 期　頁 23-29　1976 年

B0020　董昭輝　　　Chinese syllables and English syllables.
　　　　　　　　　Taipei: Student Book Co., Ltd.　1988 年

B0021　陳麗桂　　　淮南多楚語--論淮南子的文字
　　　　　　　　　漢學研究　第 2 卷第 1 期　頁 109-115　1984 年 6 月

B0022　廖恭鳳　　　台灣地區命名與價值觀變遷之研究調查
　　　　　　　　　私立輔仁大學語言學研究所碩士論文　1990 年

B0023　王天昌　　　中國語裏讀音語音的習慣問題

書和人　第 425 期　頁 5-8　1981 年 10 月

B0024　王本瑛　莊初崇生三等字在方言中的反映
第十一屆全國聲韻學研討會　中正大學　1993 年

B0025　王洪君　從開口一等重韻在現代方言中的不同表現看方言的層次
中華民國聲韻學會第十二次年會暨第三屆國際學術研討
會論文集　新竹清華大學　頁 353　1994 年 5 月 28,29 日

B0026　何大安　論永興方言的送氣濁聲母
中央研究院歷史語言研究所集刊第 57 本 4 分　頁 585-600
1986 年 12 月

B0027　李壬癸　漢語的連環變化
聲韻論叢第三輯　頁 457-471　1991 年

B0028　李存智　從現代方言看匣、群喻的古音構擬
中華民國聲韻學會第十二次年會暨第三屆國際學術研討
會論文集　新竹清華大學　頁 246　1994 年 05 月
28、29 日

B0029　岩田禮　漢語方言入聲音節的生理特徵—兼論入聲韻尾的歷時變
化
臺北　中研院史語所學術論文語言學一輯漢語方法
1989 年 6 月

B0030　林麗芬　漢語方言中的唇音異化限制
高雄　高雄師範大學英語教育研究所　1992 年

B0031　范登堡　臺灣地區的社會身份與口音變化
第二屆國際暨第十屆全國聲韻學學術研討會論文集
臺灣　國立中山大學中文系所　中華民國聲韻學學會主
辦　頁 133-152　1992 年

B0032　馬希寧　漢語方言陽聲韻尾的一種演變類型：元音韻尾語鼻音韻
尾的關係
第十一屆全國聲韻學研討會論文集　臺灣　國立中正大
學中文系所　中華民國聲韻學學會主辦　1993 年

B0033　張光宇　梗攝三四等字在漢語南方方言的發展
中華學苑　第 33 期　頁 65-86　1986 年 6 月

B0034　張光宇　漢語方言見系二等文白讀的幾種類型

		清華學報　第 22 卷第 4 期　頁 301-350　1992 年 12 月
B0035	張琨	《切韻》的前*a 和後*a 在現代方言中的演變
		中央研究院歷史語言研究所集刊　第 56 卷 1 期　頁 43-104
		1985 年 3 月
B0036	張琨	切韻與現代漢語方音
		大陸雜誌　第 82 卷 5 期　頁 1-7　1991 年 5 月
B0037	張琨	漢語方言中的*th>h/x 和*tsh>th
		台北　中央研究院歷史語言研所集刊 65 本 1 分　頁 19-36
		1994 年 3 月
B0038	張琨	漢語方言中鼻音韻尾的消失
		臺北　中央研究院歷史語言研究所集刊 54 本 1 分　頁 3-74
		1983 年 3 月
B0039	張琨	漢語方言中聲母韻母之間的關係
		臺北　中央研究院歷史語言研究所集刊 53 本 1 分
		頁 57-77　1982 年 3 月
B0040	連金發	漢語方言中共存的聲調系統
		國科會獎助論文　1988 年
B0041	楊秀芳	論漢語方言中全濁聲母的清化
		漢學研究　第 7 卷 2 期　頁 41-74　1989 年 12 月
B0042	董昭輝	Nasality and orthography.
		The structure of Taiwanese: A modern synthesis,
		ed. by Robert L. Cheng, and Shuanfan Huang,67-94.
		Taipei: The Crane Publishing Co.　1990 年
B0043	董昭輝	鼻音與記音
		現代台灣話研究論文集　台北　文鶴出版公司　1988 年
B0044	趙元任	Chinese tones and English stress.
		The melody of language, ed. by Linda R. Waugh and
		C. H. van Schooneveld, 41-44.
		Baltimore: University Park Press. 1983 年
B0045	鄭良偉	Some Notes on Tone Sandhi in Taiwanese,
		Linguistics, 100 (1972a), 5-25. 1973 年
B0046	鄭良偉	聲調語言中重音的類型

	曾金金	第四屆中國境內語言暨語言學國際討論會　台北　中央研究院　1994 年
B0047	蕭宇超	Syntax rhythm and tone:A triangular relationship Ph D dissertation　University of California San Diego Taipei: The Crane Publishing Co. 1991 年
B0048	蕭宇超	The Bermuda triangle of syntax, rhythm and tone. ESCOL 7.112-23. 1990 年
B0049	蕭宇超	漢語方言中的聲調標示系統之檢討 第四屆國際暨第十三屆全國聲韻學學術研討會論文集 臺灣　國立臺灣師範大學國文系所.中華民國聲韻學學會 主辦　1995 年 5 月
B0050	謝信一	How generative is phonology? The transformational-genrative paradigm　and modern　linguistic theory, ed. by E.K. Koerner, 109-144. Amsterdam: John Benjamins B. V. 1976 年
B0051	謝信一	Lexical　diffusion: evidence from child language acquisition. Glossa 6.1:89-104　1975 年
B0052	鍾榮富	漢語方言的唇音異化研究 國科會獎助論文　1993 年
B0053	集鴉	耍雅疏 台北文物　4 卷 3 期　頁 77-81　1955 年
B0054	丁邦新	李方桂先生著作目錄 臺北　中研院史語所集刊 59 本 4 分　1988 年 12 月
B0055	丁邦新	漢語方言史和方言區域史研究 臺北　中研院史語所學術論文　1989 年 6 月
B0056	丁邦新	漢語方言區分的條件 清華學報　第 14 卷第 1 、 2 期合刊　頁 249-255 1982 年 12 月
B0057	丁邦新	語言調查及語料整理 思與言　第 2 卷 5 期　頁 38 轉 55　1965 年 1 月
B0058	丁拜新	中國的方言

		中央月刊　第 8 卷 4 期　頁 166-169　1976 年 2 月
B0059	王育德	中國五大方言　分列代年　言語年代學的試探
		言語研究 38 號　　日本言語學會　1960 年
B0060	王育德	指　表　　表　　形式中國　言語　文化
		日本　天理大學　　1972 年
B0061	田士林	中國境內有多少種不同的話
		海外學人　第 121 期　頁 22-26　1982 年 8 月
B0062	何大安	方言接觸與語言層次—以達縣長沙話三類去聲爲例
		臺北　中研院史語所集刊 61 本 4 分　1990 年 12 月
B0063	何大安	規律與方向：變遷中的音韻結構
		臺北　中央研究院歷史語言研究所　1988 年
B0064	何欣	中國小說裡的方言
		書評書目　第 57 期　頁 53-67　1978 年 1 月
B0065	吳守禮	漢語學研究簡介
		國語日報「書和人」　第 167 期　1971 年
B0066	吳守禮	
		民俗臺灣　第 4 卷 4 期　1944 年 4 月
B0067	吳鍾林	從五種語言和譯音論重紐的音值
		中國文學研究　第 4 期　頁 43-61　1981 年 5 月
B0068	宋子武	談國音與方言
		丘海季刊　第 29 期　頁 38-45　1990 年 11 月
B0069	李辰冬	論方言與文學的關係
		中國語文　第 6 卷 6 期　頁 7-15　1960 年 09 月
B0070	周法高	談漢字拼音化
		聯合書院學報　第 11 期　頁 167-185　1973 年
B0071	周振鵬	方言與中國文化
	游汝杰	臺北市　南天出版社　1988 年
B0072	周燕語	氣候環境和地理條件對方言詞彙的影響
		中國語文通訊　第 26 期　頁 29-34　1993 年 6 月
B0073	張正男	現代漢語(韻探源
		高雄中山大學　頁 393　1973 年
B0074	姚榮松	方言與考古

國文天地　第 2 卷 4 期　頁 32-35　1986 年 9 月

B0075　張光宇　中國的語言：漢語方言

國文天地　第 3 卷 10 期　頁 80-84　1988 年 3 月

B0076　張光宇　漢語方言的語音系統

國文天地　第 4 卷 4 期　頁 86-90　1988 年 9 月

B0077　張屏生　專訪大陸學者李永明先生－談漢語方言的調查與研究

國文天地　第 9 卷第 3 期　頁 108-117　1993 年 8 月

B0078　張琨　漢語方言

臺灣　學生書局　1993 年 9 月

B0079　張琨　漢語方言的分類

臺北　中研院史語所學術論文　1989 年 6 月

B0080　張琨　漢語方音（英文稿，附中文摘要）

清華學報　第 9 卷第 1 、 2 期合刊　頁 160-191　1971 年 9 月

B0081　張嚴　滬閩方言與六經楚辭古音同源考

中央月刊　第 9 卷 7 期　頁 120-123　1977 年 5 月

B0082　連金發　Typology and diachrony reciprocals in Chinese dialects. In press. Matthew Chen and Ovid Tzeng ed. In honor of Professor William S-Y Wang. Inter-disciplinary studies on language and language change. Taipei:Pyramid Press.　1984 年

B0083　傅一勤　淺談方言研究

中原文獻　第 15 卷 7 期　頁 16-17　1983 年 07 月

B0084　曾金金　Interlanguage phonology and its implications for perception, production, and phonological theory 第一屆台灣語言國際研討會論文選集　台北　文鶴出版有限公司　1992 年

B0085　游汝傑　漢語方言島及其文化背景

中國文化　第 2 期　頁 161-167　1990 年 6 月

B0086　湯志眞　從中國學術傳統論漢語方言研究的過去、現去和未來

臺北　中研院史語所集刊 63 本 4 分　1993 年 9 月

B0087　閔人　論「國語」與「方言」

大學雜誌　第 67 期　頁 17-21　1973 年 8 月

B0088　雲惟利　從圍頭話聲母○說到方言生成的型式

第一屆國際暨第八屆全國聲韻學學術討論會論文

臺灣　輔仁大學　中華民國聲韻學學會主辦　1990 年 3 月

B0089　黃宣範　近五十年台灣語言政策的變遷

台灣近百年史研討會（1895-1995）　台北　1995 年 8 月

B0090　楊秀芳　論漢語方言中全濁聲母的清化

國科會獎助論文　1989 年

B0091　楊時逢　中國語言的分布及方言調查

中國語文　第 24 卷 3 期　頁 4-10　1969 年 3 月

B0092　楊時逢　漢語方言簡介

華文世界　第 12 卷　頁 62-64　1978 年 5 月

B0093　楊喜齡　我國方音之分紛歧現象及其成因

人文學報　第 1 期　頁 153-156　1970 年 9 月

B0094　詹伯慧　四十年來漢語方言研究的回顧

大陸雜誌　第 85 卷 3 期　頁 7-13　1992 年 9 月

B0095　詹伯慧　現代漢語方言

董忠司校訂　臺北　新學識文教出版中心　1991 年

B0096　趙元任　方言記錄中漢字的功用

中央研究院院刊第 1 期　頁 117-128　1954 年 6 月

B0097　鄭良偉　中國語言學會議論集

與湯廷池、李英哲合編　台北　學生書局

1978 年

B0098　鄭縈　移民與方言之演變

臺灣與福建社會文化研究論文集　1994 年 6 月

B0099　鄭錦全　漢語方言親疏關係的計劃研究

中國語文　第 2 期　頁 87-102　1988 年

B0100　鄧臨爾　臺灣的語言學有什麼問題

綜合月刊　第 70 期　頁 88-90　1974 年 9 月

B0101　謝淑娟　Chinese　Dialect Literature.

Journal of the Chinese　Lanugage　Teachers'

Association12：1　55-62. 1989 年

B0102　謝淑娟　　　A Selected Bibliography on the Chinese Dialect
　　　　　　　　　Literature
　　　　　　　　　1977 年

參　多方言研究

一、通論

B0103　何淑貞　　　讀國語與粵語的異同
　　　　　　　　　華文世界　第 2 期　頁 17-20　1974 年 10 月
B0104　史仁仲　　　北平話廣州話音韻系統對比研究
　　　　　　　　　輔仁大學
B0105　江文瑜　　　疑問語助詞、語調、和語調下降三者互動關係之跨語言
　　　　　　　　　研究--以國語、台語、泰雅語為例
　　　　　　　　　發表於第二屆台灣語言國際研討會台北國立台灣大學
　　　　　　　　　1995 年
B0106　何大安　　　國語的「有著」和閩南的「有著」
　　　　　　　　　大陸雜誌　73 卷 4 期　頁 27-35　1986 年 10 月
B0107　沙加爾　　　贛方言與客方言的關係
　　　　　　　　　清華學報　第 18 卷第 1 期　頁 43-69　1988 年 06 月
B0108　林憶秋　　　大台北區民眾對國語與台語及其使用之態度調查
　　　　　　　　　臺北　台灣師範大學國文研究所碩士論文　1986 年
B0109　姚榮松　　　閩南話「有」的特殊用法：國語與閩語比較研究之一
　　　　　　　　　國文學報　15 期　1986 年 06 月
B0120　孫淑惠　　　國音與臺音之比較分析
　　　　　　　　　高雄師範學院學報　第 4 期　頁 467-506　1976 年 01 月
B0121　張光宇　　　閩客方言詞語來源
　　　　　　　　　師範院校鄉土語言教師研討營　新竹　新竹師範學院主
　　　　　　　　　辦　1994 年 8 月
B0122　張裕宏　　　漢語傣語次濁幽聲母闡釋
　　　　　　　　　國科會獎助論文　1991 年
B0123　陳永寶　　　中原古音--閩南話與客家話

　　　　　　　國科會獎助論文　1987 年

B0124　陳永寶　中原古音:閩南話與客家話
　　　　　　　台灣文獻　27 卷 3 期　頁 51-86　1986 年 9 月

B0125　陳永寶　中原古音：閩南話與客家話
　　　　　　　臺灣文獻　第 37 卷 3 期　頁 51-86　1968 年 09 月

B0126　陳永寶　閩南與客家音韻之連音變調及南腔北調
　　　　　　　高雄師範大學國文研究所第一屆所友學術討論會　1989
　　　　　　　年 5 月

B0127　陳永寶　閩南與客家音韻及其功用
　　　　　　　中興大學中文學報　第 2 期　頁 167-203　1989 年 1 月

B0128　陳永寶　閩南語與客家話之來源種類及保存之古語古音
　　　　　　　中台醫專學報　第 3 期　頁 95-118　1985 年 8 月

B0129　陳永寶　閩南語與客家話之會通研究
　　　　　　　台中　瑞成書局　1987 年 4 月

B0130　陳彩娥　客語和國語的語音對比
　　　　　　　清華大學客家語研討會　1994 年

B0131　丁邦新　吳語中的閩語成分
　　　　　　　臺北　中研院史語所集刊　59 本 1 分　1988 年 3 月

B0132　丁邦新　儋州村活在漢語方言分類中的歸屬問題
　　　　　　　國科會獎助論文　1985 年

B0133　陳哲三　閩粵方言之來源及其所保存的古音古語
　　　　　　　幼獅月刊　第 47 卷 2 期　頁 21-23　1978 年 2 月

B0134　趙尺子　從漢（閩粵）蒙滿藏日本七種語文比較看民族問題（上
　　　　　　　、下）
　　　　　　　反攻　第 250 期　1962 年 12 月

B0135　羅肇錦　閩客方言與古籍訓釋
　　　　　　　第一屆國際暨第八屆全國聲韻學學術討論會論文臺灣
　　　　　　　輔仁大學　中華民國聲韻學學會主辦　1990 年 03 月贛音

B0136　余直夫　奉新音系
　　　　　　　台北　藝文出版社　1975 年

B0137　楊時逢　江西方言聲調的調類
　　　　　　　中央研究院歷史語言研究所集刊　第 43 卷 3 期　頁

		403-432　1970 年 11 月
B0138	楊時逢	江西方言聲調的調類
		國科會獎助論文　1964 年
B0139	楊時逢	南昌音系
		中央研究院歷史語言研究所集刊　第 39 卷上　頁
		125-204　1969 年 01 月
B0140	楊時逢	南昌音系
		國科會獎助論文　1964 年
B0141	楊時逢	贛縣音系
		總統文集　頁 1187-1202　1976 年 04 月

二、音標與文字研究

B0142	黃元興	國、台、客語音標法
		台北　台閩研究室　1991 年 7 月
B0143	羅肇錦	閩客方言與古籍訓釋
		聲韻論叢第三輯　臺北市　頁 405　1969 年
B0144	羅肇錦	閩客方言與古籍訓釋
		聲韻論叢第三輯　臺灣.臺灣學生書局　405-434　1990 年 10 月

三、各方言間的關係

B0145	Sagart.Laurent	贛方言與客方言的關係
		清華學報　第 18 卷 1 期　頁 141-160　1988 年 06 月
B0146	林本元	本省人學猜拳與國語的關係
		台北文物　4 卷 1 期　頁 51-52　1955 年
B0147	林長眉	馬來語對檳城華人福建語的影響
		中國學會三十週年紀念刊　頁 70-71　1979 年 10 月
B0148	林雙福	閩南音結構對學習國語的影響
		中國語言學論集　臺灣.幼獅文化事業公司　166-174 1977 年 01 月

B0149　林雙福　　閩南語結構對於學習國語的影響
　　　　　　　　幼獅月刊　43 卷 01 期　頁 35-37　1976 年 01 月
B0150　張光宇　　吳閩方言關係試論
　　　　　　　　第三屆國際閩方言研討會論文　香港中文大學
　　　　　　　　1993 年 1 月
B0151　程榕寧　　閩南語和客家話是同母所生
　　　　　　　　大華晚報　第 4 期　1978 年 08 月 12 日

四、各方言語音研究

B0152　江文瑜　　國語和臺語帶有疑問語助詞之句子的語調研究
　　　　　　　　第四屆國際暨第十三屆全國聲　韻學學術研討會論文集
　　　　　　　　臺灣 .國立臺灣師範大學國文系所.中華民國聲韻學學會
　　　　　　　　主辦　C4-1 ～ 32　1995 年 05 月
B0153　吳淑美　　談--閩南語及其語音與國語之比較
　　　　　　　　東師語文學刊　第 3 期　頁 71-81　1990 年 05 月
B0154　張琨　　　湘鄂贛方言中得一些特殊音韻演變
　　　　　　　　屆萬里先生七秩榮慶論文集　臺北　聯經出版社　35-44
　　　　　　　　1978 年 10 月
B0155　陳忠敏　　論吳語閩語兩種表小稱義的語音形式及來源
　　　　　　　　大陸雜誌　85 卷 05 期　頁 35-39　1992 年 11 月

五、方言間比較研究

B0156　盧淑美　　台灣與國語字音對應規律的研究
　　　　　　　　台北　學生書局　1979 年 10 月
B0157　謝雲飛　　麗水方言與閩南方言的聲韻比較研究
　　　　　　　　國科會獎助論文　1990 年
B0158　謝雲飛　　麗水方言與閩南方言的聲類比較研究
　　　　　　　　聲韻論叢第三輯　臺灣.臺灣學生書局　頁 333-380
　　　　　　　　1991 年 10 月

六、方言間語義關係

B0159　李如龍　　從詞匯看閩南話和客家話的關係
　　　　　　　　第一屆台灣語言國際研討會論文集　台北國立臺灣師範
　　　　　　　　大學　1993 年 3 月

七、各方言語料研究

B0160　丁邦新　　儋州村話----海南島方言調查報告之一
　　　　　　　　台北　中央研究院歷史語言研究所專刊 84 本　1986 年
B0161　丁邦新　　儋州村話調查報告
　　　　　　　　國科會獎助論文　1976 年
B0162　張雙慶　　《清平山堂話本》所見的閩粵方言詞彙
　　　　　　　　中國文化研究所學報　第 1 期　頁 177-195　1992 年
B0163　陳永寶　　臺中縣大肚鄉閩南與客家方言
　　　　　　　　中興大學中文學報　第 5 期　頁 317-335　1992 年 01 月

肆　官話方言研究（含國語）

一、通論

B0164　丁邦新　　與中原音韻相關的幾種方言現象
　　　　　　　　中央研究院歷史語言研究所集刊第 52 本 4 分　頁 619-650
　　　　　　　　1981 年 12 月
B0165　周維傑　　國語學概論
　　　　　　　　撰者印行　1956 年
B0166　張博宇　　村名話語稱說上的研究：河北省順義縣
　　　　　　　　臺中師專學報　第 15 期　頁 139-167　1986 年 10 月
B0167　董同龢　　國語與北平話
　　　　　　　　大陸雜誌　第 1 卷 10 期　頁 12-13　1950 年 11 月
B0168　董同龢　　國語與北平話

　　　　　　　董同龢先生語言學論文選集　食貨出版社　頁 367
　　　　　　　1974 年

B0169　滕紹箴　論通古斯滿語文在北京話形成中的地位-上-
　　　　　　　滿族文化　第 17 期　頁 67-72　1992 年 12 月

B0170　蔡佳君　國語與北平童謠
　　　　　　　中國語文　第 42 卷 5 期　頁 20-28　1978 年 5 月

B0171　盧廣誠　《國語與方言之間》讀後
　　　　　　　書評書目　第 47 期　頁 102-105　1977 年 03 月

B0172　涂翔宇　湖北話漫談
　　　　　　　湖北文獻　第 33 期　頁 93-98　1974 年 10 月

B0173　涂翔宇　漫談湖北話
　　　　　　　湖北文獻　第 34-35 期　1975 年 01 月、04 月

B0174　曹逢甫　國語「給」與閩南語「Ka(p)」「h○」的來源
　　　　鄭縈　第二屆國際暨第十屆全國聲韻學學術研討會論文集
　　　　　　　臺灣　國立中山大學中文系所.中華民國聲韻學學會主
　　　　　　　辦　頁 119-132　1992 年

二、官話與其它方音之比較

B0175　金泰成　中國國語與現代韓國字音語音系統對應關係的研究
　　　　　　　臺北　私立輔仁大學中國文學研究所碩士論文　1986 年

B0176　姚榮松　華語文與方言對比分析 1-5
　　　　　　　華文世界　第 48-54 期　1988 年 07 月-1989 年 12 月

B0177　陳癸淼　蜀語與國語之比較研究
　　　　　　　臺灣風物　第 13 卷 5 期　頁 11-16　1963 年 10 月

B0178　趙元任　國語統一中方言對比的各方面
　　　　　　　民族所集刊　第 29 期　頁 37-42　1970 年

B0179　朱我芯　「給」字在現代國語中受閩南語的影響
　　　　　　　僑光學報　第 11 期　頁左 201-211　1993 年 10 月

B0180　何容　國語跟方言的關係
　　　　　　　中國語文　第 30 卷 6 期　頁 8-11　1972 年 6 月

B0181　鄭良偉　北京話和台灣話輕聲出現的異同,歷史由來,和台灣新生

　　　　　　　　代國語的形成
　　　　　　　　武漢　語言研究　1987 年
B0182　鄭良偉　　北平話和台灣話輕聲出現的異同、歷史由來和台灣新生
　　　　　　　　代國語的形成
　　　　　　　　第十七屆國際漢藏語言學會論文　1984 年
B0183　鄭良偉　　從社會語言學和語言教育的觀點看北平口語和台灣話之
　　　　　　　　間輕重音的異同
　　　　　　　　世界華文教學研討會論文　1984 年 12 月
B0184　鄭良偉　　從國語看台語的發音
　　　　　　　　台北　　學生書局　1987 年

三、官話方言史研究

B0185　方師鐸　　五十年來中國國語運動史
　　　　　　　　臺北　國語日報社　1969 年
B0186　柳明佳　　中國國語運動發展史
　　　　　　　　臺北　國立臺灣師範大學國文研究所碩士論文　1961 年
B0187　張博宇　　台灣地區國語運動史料
　　　　　　　　台灣　商務印書館　1974 年
B0188　張博宇主編　慶祝台灣光復四十週年台灣地區國語推行資料彙編
　　　　　　　　新竹　新竹社教館出版　1987--1989 年

四、音標與文字研究

B0189　王玉川　　注音符號的歷史任務
　　　　　　　　臺北　　台灣省國語推行委員會　1952 年
B0190　林慶勳　　注音符號的回顧--漢字標音方式的發展
　　　　　　　　國文天地　第 5 卷 5 期　頁 21-25　1989 年 10 月
B0191　高明　　　論注音符號、國語羅馬字與國際音標的演進
　　　　　　　　華岡文科學報　第 11 卷　頁 315-345　1978 年 1 月
B0192　莊燦彰　　(新訂)國語羅馬字注音符號及四聲音調符號
　　　　　　　　印尼萬隆　撰者印行　1977 年

B0193　詹惠珍　　國語／◎／在台灣的發展狀況：社會語言學研究
　　　　　　　　臺北　私立輔仁大學碩士論文　1984 年

五、官話方言語音研究

B0194　丁邦新　　如皋方言的音韻
　　　　　　　　中央研究院歷史語言研究所集刊第 36 本下　頁 513-631
　　　　　　　　1966 年 06 月
B0195　丁邦新　　論官話方言研究中幾個問題
　　　　　　　　中央研究院歷史語言研究所集刊第 58 本 4 分　頁 809-841
　　　　　　　　1987 年 12 月
B0196　方師鐸　　輕聲「的」的多種功能
　　　　　　　　東海學報　第 8 卷 1 期 頁 67-82　1967 年 01 月
B0197　王家聲　　原則與參數理論在北平話音韻系統分析上的運用
　　　　　　　　第二屆國際暨第十屆全國聲韻學學術研討會論文集
　　　　　　　　臺灣　國立中山大學中文系所　中華民國聲韻學學會主
　　　　　　　　辦　頁 445-472　1992 年
B0198　朱立堅　　中文音素之分析研究（英文附中文摘要）
　　　　　　　　大同學報　第 5 期　頁 333-363　1976 年 01 月
B0199　西銘律子　中國現代語音之探討
　　　　　　　　臺北　國立臺灣師範大學國文研究所碩士論文　1971 年
B0200　何大安　　雲南漢語方言中與顎化音有關諸聲母的演變
　　　　　　　　國科會獎助論文　1986 年
B0201　何大安　　雲南漢語方言中與顎化音有關諸聲母的演變
　　　　　　　　臺北　中央研究院歷史語言研究所集刊 56 本 2 分
　　　　　　　　頁 261-283　1985 年 6 月
B0202　何國祥　　漢語常用音系之研究(英)
　　　　　　　　中國文化研究所學報　8 卷 1 期　頁 275-352　1976 年
　　　　　　　　12 月
B0203　吳方芝　　汾西音系研究
　　　　　　　　新竹　國立清華大學語言研究所碩士論文　1993 年
B0204　吳春年　　正音會源

達風出版社　1963 年

| B0205 | 吳國賢 | 國語發音在台灣：目前趨勢與一般錯誤之探討 |
| | | 教學與研究　第 7 期　頁 37-72　1985 年 06 月 |

| B0206 | 吳國賢 | 國語發音在台灣目前趨勢與一般錯誤之探討 |
| | | 世界華文教學研討會論文　1984 年 12 月 |

| B0207 | 吳國賢 | 對標準華語發音之看法與探討 |
| | | 華文世界　第 43 期　頁 17-22　1987 年 2 月 |

| B0208 | 李添富 | 從意義的辨識談「輕聲」與「輕音」的區別 |
| | | 國語文教育通訊　第 3、4 期合刊 頁 49-53　1993 年 5 月 |

| B0209 | 邢宗訓 | 國語發音 |
| | | 臺灣　開明書店　1955 年 |

B0230	周世箴	南京方言中照二化精現象
		第四屆國際暨第十三屆全國聲韻學學術研討會論文集
		臺灣　國立臺灣師範大學國文系所　中華民國聲韻學學
		會主辦　1995 年 05 月

| B0231 | 武維揚 | 海屬方言舉隅 |
| | | 江蘇文獻　第 21 期　頁 55-58　1982 年 2 月 |

| B0232 | 竺家寧 | 國語ㄜ韻母的形成與發展 |
| | | 高雄中山大學　頁 357　1973 年 |

| B0233 | 青青 | 重慶方言舉隅 |
| | | 四川文獻　第 161 期　頁 80-82　1976 年 12 月 |

| B0234 | 胡百華 | 普通話的聲問題 |
| | | 中國語文通訊　第 25 期　頁 11-18　1993 年 03 月 |

| B0235 | 胡百華 | 華語的中平調 |
| | | 華文世界　第 47 期　頁 30-37　1988 年 03 月 |

| B0236 | 胡建雄 | 「兒化韻」的音值與分類 |
| | | 臺北師院學報　第 1 期　頁 343-364　1988 年 06 月 |

| B0237 | 胡建雄 | 兒化韻知多少--「兒」詞尾及「兒尾」詞的分類研究 |
| | | 臺北　文豪出版社　1987 年 |

B0238	殷允美	國語的抵輔調
		第九屆全國聲韻學討論會論文　臺灣　東吳大學　中華
		民國聲韻學學會主辦　1991 年 05 月

B0239　殷允美　　　國語的抵輔調
　　　　　　　　　聲韻論叢第四輯　臺灣　臺灣學生書局　頁 335-354
　　　　　　　　　1992 年 5 月

B0240　張文彬　　　國語音系聲母解析
　　　　　　　　　國語文教育學術論文專輯　臺灣　教育部國語推行委員
　　　　　　　　　會印　頁 139-148　1990 年 8 月

B0241　陳重瑜　　　Neutral tone in Mandarn ： Phonotactic description
　　　　　　　　　and the issue of the norm Journal of Chinese
　　　　　　　　　Linguistics 12.299-332. 1995 年

B0242　陳舜政　　　榮成方言音系
　　　　　　　　　臺北　三人行出版社　1974 年

B0243　黃金文　　　國語中○的發音部位
　　　　　　　　　中華民國聲韻學會第十二次年會暨第三屆國際學術研討
　　　　　　　　　會論文集　新竹　清華大學主辦　頁 499-527
　　　　　　　　　1994 年 5 月

B0244　黃美金　　　論國語的音韻結構
　　　　　　　　　師範大學學報　第 37 期　頁 363-383　1992 年 06 月

B0245　黃學堂　　　從中古音及方言看國語的讀音、語音之形成
　　　　　　　　　中國語文　第 65 卷 5 期　頁 59-61　1989 年 11 月

B0246　楊時逢　　　四川方言音韻特點及分區概說
　　　　　　　　　民族所集刊　第 29 期　頁 107-130　1970 年

B0247　楊時逢　　　四川方言聲調分佈
　　　　　　　　　臺北　中央研究院歷史語言研究所集刊外編 4 種下冊
　　　　　　　　　頁 359-188　1960 年 7 月

B0248　楊時逢　　　成都音系略記
　　　　　　　　　中央研究院歷史語言研究所集刊第 23 本上　頁 289-302
　　　　　　　　　1951 年 12 月

B0249　楊時逢　　　昆明音系
　　　　　　　　　國立中央研究院院刊　第 1 輯　頁 337-372　1954 年 6 月

B0250　楊時逢　　　雲南方言中幾個極常用的詞彙
　　　　　　　　　中央研究院歷史語言研究所集刊第 34 本下　頁 589-616
　　　　　　　　　1963 年 12 月

B0251　楊時逢　　雲南方言聲調分佈
　　　　　　　　臺北　中央研究院歷史語言研究所集刊 30 本上冊
　　　　　　　　頁 119-142　1959 年 10 月
B0252　楊時逢　　靈寶方言
　　　　荊允敬　　清華學報　第 9 卷第 1、2 期合刊　頁 96-105　1971 年
　　　　　　　　9 月
B0253　董忠司　　《童話城》用韻研究
　　　　　　　　臺灣省政府教育廳主辦臺灣省立臺東師範學院編印
　　　　　　　　頁 171-200　1989 年 05 月
B0254　董忠司　　童詩用韻研究示例
　　　　　　　　新竹師院(師專)學報　第 3 期　頁 29-57　1990 年 6 月
B0255　樂麗琪　　國語軟顎鼻音在台灣的音變狀況
　　　　　　　　臺北　私立輔仁大學語言所碩士論文　1991 年
B0256　鄭秋豫　　國語字調的聲學語音研究
　　　　　　　　臺北　中央研究院歷史語言研究所
B0257　鄭傑麟　　國語發音及符號表音的幾個問題
　　　　　　　　屏東師院學報　第 7 期　頁 235-263　1994 年 6 月
B0258　鄭錦全　　官話方言的聲調徵性跟連調變化
　　　　　　　　大陸雜誌　第 33 卷 4 期　頁 6-12　1966 年 8 月
B0259　鄭錦全著　國語的共時音韻
　　　　鍾榮富譯　臺北　文鶴出版社　1973 年
B0260　蕭宇超　　中國平遙方言的連續變調
　　　　　　　　第二屆國際聲韻學會暨第十屆全國聲韻學會會前論文集
　　　　　　　　國立中山大學　1992 年
B0261　蕭宇超　　平遙三字組變調的重新分析
　　　　　　　　聲韻論叢　台北　學生書局　1995 年
B0262　薛鳳生　　論平度方言之官話成分
　　　　　　　　清華學報　第 10 卷第 1 期　頁 74-89　1973 年 2 月
B0263　謝秀文　　閒話魯南方音
　　　　　　　　山東文獻　第 2 卷 3 期　頁 120-122　1976 年 12 月
B0264　謝國平　　國語詞尾鼻音[n]與[(]的發音與感知之驗研究
　　　　　　　　華文世界　第 67 期　頁 42-54　1993 年 3 月

B0265　謝雲飛　　國語同音位試析
　　　　　　　　國語文教育學術論文專輯　臺灣　教育部國語推行委員會
　　　　　　　　印　頁 117-138　1990 年 08 月
B0266　顏綠清　　國語語音的研究演進
　　　　　　　　教育學院學報　第 8 期　頁 361-393　1983 年 06 月
B0267　羅肇錦　　文化、方言、ㄅㄆㄇ—從保存方言文化看注音符號
　　　　　　　　國文天地　第 5 卷 5 期　頁 10-13　1989 年 10 月
B0268　芮家智　　ㄣ與ㄥ
　　　　　　　　中國語文　第 329 期　頁 54-55　1984 年 11 月
B0269　芮家智　　字音與詞性

六、國語教學研究

B0270　王紹楨　　山地國語文調查研究報告（與蔡榮貴、蔡阿鶴、李富言
　　　　　　　　合編）
　　　　　　　　嘉義師專學報　第 15 期　頁 41-66　1985 年 5 月
B0271　王德春　　漢語共同語及其變體與對外漢語教學
　　　　　　　　思與言　第 28 卷 4 期　頁 77-88　1990 年 12 月

七、官話語義研究

B0272　方祖燊　　國語複音詞形成與結構的研究
　　　　　　　　師大學報　第 30 期　頁 367-384　1985 年 6 月

八、官話語料研究

B0273　丁邦新　　如皋方言研究
　　　　　　　　臺灣大學中文研究所　1963 年
B0274　于車　　　我也談談四川方言
　　　　　　　　四川文獻　第 37 期　頁 20　1965 年 9 月
B0275　毛一坡　　自貢市的方言

		四川文獻　第32期　頁15-17　1965年4月
B0276	史宗周	杞宋方言釋例
		中州文化論集　頁1-166　1967年11月
B0277	史宗周	杞宋方言釋例
		學粹　第6卷2期-8卷1期　1964年2月
B0278	平子	四川方言舉隅
		四川文獻　第35期　頁18-20　1965年6月
B0279	白衣菴	興山土話的省思
		湖北文獻　第79期　頁68-74　1986年04月
B0280	艾弘毅	東北方言舉要（上篇）
		東北論文集　第5期　頁160-334　1972年9月
B0281	何容	北平話並非胡話
		廣播雜誌　第259期　頁30-37　1970年2月
B0282	吳其昱	漢語官話方言中複數詞「們」的出現時代問題
		第二屆國際漢學會議論文集　中央研究院　頁709
		1989年
B0283	宣建人	讀《鎮江方言舉隅》—答思果先生
		幼獅文藝　第52卷4期　頁179-185　1980年10月
B0284	思果	介紹洪惟溥的《江都方言輯要》
		文訊月刊　第3期　頁134-136　1983年09月
B0285	秋潮	魯東方言考略
		聯合報　1955年05月02日
B0286	胡正華	也談湖北話
		湖北文獻　第45期　頁74-77　1977年10月
B0287	唐棣	河南的特殊方言
		中原文獻　第14卷10期　頁6-8　1982年10月
B0288	張博宇	齊鐵恨先生遺稿：北平方言口語說法-上-
		書和人　第573期　頁1-2　1987年7月18日
B0289	張博宇	齊鐵恨先生遺稿：北平方言口語說法-下-
		書和人　第574期　頁1-2　1987年8月1日
B0290	張燧	再說山東話
		山東文獻　第12卷2期　頁126-136　1986年9月

B0291　陳薰　　　合肥方言
　　　　　　　　臺北　國立臺灣大學中國文學研究所碩士論文　1979 年
B0292　陳熏　　　合肥方言
　　　　　　　　臺灣大學中文研究所　1979 年
B0293　楊時逢　　四川方言分區概況及語彙特點
　　　　　　　　中山學術文化集刊 第十一期 頁 449-456　1973 年 03 月
B0294　楊時逢　　四川方言綜合研究報告
　　　　　　　　國科會獎助論文　1970 年
B0295　楊時逢　　四川方言調查報告－分地報告部分（上）
　　　　　　　　國科會獎助論文　1973 年
B0296　楊時逢　　四川方言調查報告－分地報告部分（中）
　　　　　　　　國科會獎助論文　1974 年
B0297　楊時逢　　四川李莊方言記略
　　　　　　　　中央研究院歷史語言研所集刊　第 28 本上　頁 283-317
　　　　　　　　1956 年 12 月
B0298　楊時逢　　李莊方言記
　　　　　　　　臺北　中央研究院歷史語言研究所　1987 年
B0299　楊時逢　　雲南方言特點及分區概說
　　　　　　　　中央研究院歷史語言研究所集刊第 35 本　頁 87-112
　　　　　　　　1964 年 9 月
B0300　楊時逢　　雲南方言調查報告
　　　　　　　　臺北　中央研究院歷史語言研究所印行　1969 年
B0301　楊逢時　　四川方言調查報告
　　　　　　　　臺北　中央研究院歷史語言研究所　1984 年
B0302　董同龢　　國語與北平話
　　　　　　　　語文叢書第一輯第三冊(語言文字學)　臺灣　大陸雜誌
　　　　　　　　社
B0303　趙元任等　湖北方言調查報告
　　　　　　　　南港　中央研究院歷史語言研究所　1972 年

伍　臺灣閩南語研究

一、通論

B0304　吳守禮　　閩南語研究的近況
　　　　　　　　日本「人生」　第一輯　1967 年 1 月
B0305　丁邦新　　閩南方言研究選目・丁邦新、何大安、楊秀芳、羅肇錦
　　　　　　　　、顧百里合編
　　　　　　　　書目季刊　11 卷 2 期　頁 1-41　1977 年 9 月
B0306　王育德　　「十五音」
　　　　　　　　國際東方學者會議紀要 13　頁 57-69　1968 年
B0307　王育德　　日本　　　　　福建語研究　現況.
　　　　　　　　1955 年
B0308　王育德　　福建　開發　福建語　成立
　　　　　　　　日本中國學會報 21 集　1969 年 12 月
B0309　王育德　　閩音系研究
　　　　　　　　東京大學文學博士論文
　　　　　　　　1968 年
B0310　正巍　　　閩南語・河洛語
　　　　　　　　中原文獻　第 2 卷 8 期　頁 32　1970 年 08 月
B0311　石潮　　　讀連橫「臺灣語典」
　　　　　　　　臺灣新生報　第 10 期　1974 年 11 月 19 日
B0312　吳守禮　　福建話的文獻簡介
　　　　　　　　日本「人生」　第二輯　1968 年 1 月
B0313　吳守禮　　福建語之文獻
　　　　　　　　台南文獻　3 卷 1 期　頁 36-40　1953 年 06 月
B0314　吳守禮　　福建語研究導論---語言與民族
　　　　　　　　台灣人文科學論叢第一輯　1949 年 2 月
B0315　吳守禮　　福建語研究導論--民族與語言
　　　　　　　　人文科學論叢　第 1 期　頁 125-194　1960 年 06 月
B0316　吳守禮　　閩南方言的文獻
　　　　　　　　國語日報　第 43 期　1949 年 9 月
B0317　吳守禮　　閩南方言研究的一般情形介紹
　　　　　　　　現代台灣話研究論文集　台北　文鶴出版有限公司

　　　　　　　　1986 年
B0318　吳守禮　　閩南方言研究的回憶-2-
　　　　　　　　書和人　第 478 期　頁 2　1983 年 10 月 15 日
B0319　吳守禮　　閩南方言研究現況
　　　　　　　　國語日報「書和人」　第 555 期　頁 1-2　1986 年
B0320　吳守禮　　閩南語史研究的回憶-1-
　　　　　　　　書和人　第 477 期　頁 1-2　1983 年 10 月 08 日
B0321　吳守禮　　閩南語研究近況
　　　　　　　　書和人　第 55 期　頁 1-8　1967 年 04 月 08 日
B0322　吳守禮（從宜）　閩南語史研究文獻目錄--吳守禮先生華甲紀念
　　　　　　　　撰者印行　1969 年
B0323　吳逸生　　臺語探究
　　　　　　　　臺北文獻　第 9 卷 10 期　頁 141-144　1970 年 12
B0324　李燕　　　潮州方音與秦晉古音
　　　　　　　　香港珠海書院中文研究所　1973 年
B0325　周法高　　福建語研究導論
　　　　　　　　中國語文論叢　正中書局　頁 374　1970 年
B0326　姚榮松　　閩南語研究的現狀與展望
　　　　　　　　(未發表)　1987 年
B0327　張光宇　　切韻與方言
　　　　　　　　台北　臺灣商務印書館　1990 年 1 月
B0328　張光宇　　從閩方言看切韻、一二聲韻的分合
　　　　　　　　清華學報　第 19 卷第 2 期　頁 95-113　1989 年 12 月
B0329　張光宇　　從閩南語看切韻三四等的對立
　　　　　　　　國文學報　16 期　頁 255-269　1987 年
B0330　張光宇　　福建畬字地名與畬話
　　　　　　　　切韻與方言　臺灣.臺灣商務印書館　頁 50-75　1990 年
　　　　　　　　01 月
B0331　張光宇　　閩方言的存古性質
　　　　　　　　第十一屆全國聲韻學研討會論文集　臺灣.國立中正大學
　　　　　　　　中文系所 .中華民國聲韻學學會主辦　1993 年
B0332　張光宇　　閩方言音韻層次的時代與地域

		清華學報　第19卷第1期　頁51-94　1989年06月
B0333	張光宇	閩南方言的形成
		第四屆國際閩方言研討會（海南省海口）　1995年
B0334	張光宇	閩南方言研究導論
		切韻與方言　臺灣.臺灣商務印書館　頁262-272　1990年01月
B0335	張光宇	閩南方言研究導論
		國文天地　第3卷4期　頁70-74　1987年09月
B0336	張賢豹	近年閩語研究論文選介
		漢學研究通訊　第◎卷第2期　頁88-90　1984年4月
B0337	曹逢甫	台灣閩南語論文集（合編：蔡美慧）
		台北　文鶴出版社　1995年
B0338	畢長樸	論閩南語言與中國傳統文化
		臺灣文獻　第33卷2期　頁95-102　1982年06月
B0339	陳香	源遠流長的福佬話
		福建文獻　第5卷3期　頁12-16　1972年08月
B0340	黃今音	閩南語研究
		中央日報　第9期　1970年05月05日
B0341	楊秀芳	試論萬寧方言的形成
		國立台灣大學文學院毛子水先生九五壽慶論文集　1987年4月
B0342	楊秀芳	閩南語文白系統的研究
		臺北　國立台灣大學中文研究所博士論文　1982年5月
B0343	董忠司	從語音的階層關係試探潮州話和閩南話、台灣話諸次方言的聲韻異同
		潮州學國際學術研討會　香港中文大學主辦　1993年12月
B0344	詹梅伶	廣西平南閩語之存古性質
		新竹　國立清華大學語言研究所碩士論文　1992年
B0345	龍宇純	閩南語與古漢語
		高雄文獻　第16/17期　頁1-19　1983年12月

二、臺語語音研究

B0346　　　　李獻章「福佬話的音韻變化」勘誤表
　　　　　　臺灣風物　第 37 卷 1 期　頁 148-150　1987 年 03 月

B0347　木通口靖　台灣鹿港方言的一些語言特點
　　　　　　現代台灣話研究論文集　台北　文鶴出版公司　1988 年

B0348　王世平　A note on OCP,register and tone sandhi.
　　　　　　Proceedings of IsCLL 2:409-25.　　Academia Sinica
　　　　　　, taipei.　1992 年

B0349　王世平　　The integration of phonetics A case study of
　　　　　　Proceedings of ICSLP 92 (2):1327-30. 1992
　　　　　　International Conference on "gemination"and
　　　　　　syllable atructure.　Spoken Language Processing,
　　　　　　Banff, Canada.　1993 年

B0350　王世平　Tone　segment interaction:Phonetics and
　　　　　　phonological aspects of at NACCL 3　Ithaca.
　　　　　　Cornell University.gemination in Taiwanese.
　　　　　　Paper presented　1991 年

B0351　王旭　　台語分音段的心理實驗研究
　　　　　　國科會專題研究計畫報告（計劃編號 NSC83-0301-H
　　　　　　-007-018 ）　1995 年

B0352　王旭　　台語變調現象的心理特性
　　　　　　清華學報　第 23 卷第 2 期　頁 175-192　1993 年 06 月

B0353　王旭　　台語變調規律心理真實性的實驗研究
　　　　　　國立清華大學語言學研究所論文　1992 年

B0354　王旭　　台語變調規律心理真實性的實驗研究
　　　　　　國科會研究計劃報告（計劃編號 NSC79-0301-H-007-14 ）
　　　　　　1991 年

B0355　王育德　台灣語音　歷史的研究
　　　　　　東京　第一書房 （閩音系研究(1968)再版）　1987 年

B0356　王芸亭　閩南語鹿港方言語音轉變之社會調查
　　　　　　第二屆台灣語言國際研討會　台北　國立台灣大學

1995 年

B0357　台灣省國　國台音系合表
　　　　語推行委　台灣省國語推行委員會　1946 年
　　　　員會訂

B0358　台灣省國　國台字音對照錄
　　　　語推行委　台灣省國語推行委員會　1946 年
　　　　員會編

B0359　吳槐　　　漫談臺北市語音的變遷
　　　　　　　　　第 1 卷 1 期　頁 21-25　1952 年 12 月

B0360　吳槐　　　語言發音有轉變
　　　　　　　　　台灣風物　7 卷 1 期　頁 21　1967 年 2 月

B0361　吳槐　　　談臺灣之語音與字音
　　　　　　　　　華岡學報　第 5 期　頁 79-115　1969 年 03 月

B0362　呂菁菁　　台語失語症病人聲調研究
　　　　　　　　　新竹　國立清華大學語言所碩士論文　1989 年

B0363　李壬癸　　Minnanyu de biyin wenti(The nasality problem in
　　　　　　　　　Minnan). In　H.C.Gong and D-A.Ho(eds.),
　　　　　　　　　Proceedings of the First International Symposium
　　　　　　　　　on Chinese Languages and Linguistics, Part I, pp.
　　　　　　　　　210-21.　Taipei: academia Sinica.　1962 年

B0364　李壬癸　　Tones in Taiwanese,
　　　　　　　　　The Concentric　4:55-59.　1985 年年

B0365　李壬癸　　閩南語的押韻對比
　　　　　　　　　國科會獎助論文　1987 年

B0366　李文治　　台語音韻集
　　　　　　　　　作者自印　1986 年

B0367　李方桂　　臺語系聲母及聲調的關係
　　　　　　　　　中央研究院歷史語言研究所集刊　第 34 期　頁 31-36
　　　　　　　　　1962 年 12 月

B0368　李安和　　台灣天主教傳統（漢語經文）河洛音唸經吟誦調研究
　　　　　　　　　台灣史研究暨史料發掘研討會論文集　第 5 期　頁
　　　　　　　　　303-312　1987 年

B0369　李英哲　　臺灣閩南語的音系問題
　　　　　　　　東海大學學報　第5卷1期　頁95-108　1963年06月

B0370　林本元　　臺灣白話字音淺說
　　　　　　　　中央日報　第6期

B0371　林本元　　聲類統編
　　　　　　　　台灣風物　15卷2期　頁27-47　1965年

B0372　林香薇　　廈門話的成音節舌根鼻音
　　　　　　　　閩南語研討會　清華大學　1994年

B0373　林修旭　　The psychological reality of Taiwanese tone
　　　　　　　　sandhi revisited: an experimental study.　ICCL-3
　　　　　　　　第三屆漢語語言學國際會議　香港城市理工　1995年

B0374　林清標　　台語輕聲音的本性
　　　　　　　　未發表　1995年

B0375　姚榮松　　廈門話文白異讀中鼻化韻母的探討
　　　　　　　　第五屆全國聲韻學研討會論文　台灣師範大學國文學報
　　　　　　　　16　1987年4月

B0376　姚榮松　　彙音妙語的音系及鼻化韻母
　　　　　　　　師大國文學報　17期　頁251-281　1988年

B0377　洪惟仁　　台灣河佬語聲調研究
　　　　　　　　台北　自立晚報社文化出版部　1985年2月

B0378　洪惟仁　　廈門音介音開合反轉(flip-flop)的歷史原因
　　　　　　　　第一屆台灣語言國際研討會論文集　台北師範大學
　　　　　　　　1993年

B0379　洪惟仁　　廈門音與漳州音開合口對調(flip-flop)的歷史原因
　　　　　　　　第一屆台灣語言國際研討會論文選集　台北　文鶴出版
　　　　　　　　有限公司　1995年

B0380　洪惟仁　　臺灣十五音字母
　　　　　　　　自印　1991年5月

B0381　洪惟仁　　聲調研究在語源學上的運用
　　　　　　　　台灣河佬語聲調研究第五章　1985年2月

B0382　胡莫　　　談談聲調問題及其他─答覆兆祥先生
　　　　　　　　台灣文化　4卷1期　1949年3月

B0383　張月琴　　臺灣閩南語二字詞的連調變化
　　　　　　　　國科會獎助論文　1987 年

B0384　張屏生　　湖西方言的語音系統─以東石村的方言爲例
　　　　　　　　第四屆國際閩方言研討會　海南　海口　1995 年 4 月

B0385　張裕宏　　介定台灣福建話的韻類與韻部
　　　　　　　　國科會獎助論文　1992 年

B0386　張裕宏　　介定台灣福建話的韻類與韻部
　　　　　　　　清華學報　第 22 卷第 2 期　頁 1-26　1992 年 06 月

B0387　許成章　　台灣閩南語高雄區語音表
　　　　　　　　高雄文獻(高市文獻)　第 14.15 期合刊　頁 146-138
　　　　　　　　1983 年 06 月

B0388　陳永禹　　閩南語最高層音韻規則試探
　　　　　　　　國科會計畫　1995 年

B0389　陳永寶　　臺灣閩南語押韻之俚諺探究
　　　　　　　　中興大學中文學報　第 9 期　1996 年 1 月

B0390　陳淑娟　　台南歸仁方言的音韻
　　　　　　　　清華大學閩南語研討會　1994 年

B0391　陳淑娟　　關廟方言「出歸時」的研究
　　　　　　　　臺北　國立臺灣大學中國文學研究所碩士論文　1995 年

B0392　陳瑤璣　　台灣閩南聲韻與日本音讀
　　　　　　　　第一屆臺灣本土文化學術研討會　台北　國立師範大學
　　　　　　　　1994 年

B0393　陳麗雪　　台灣話讀書音的變調與文法的關係─以（愛蓮說）爲例
　　　　　　　　清華大學閩南語研討會　1994 年 6 月

B0394　曾進興　　說話速度與語音對比對臺灣話音段長度的影響--初步的
　　　　　　　　分析報告
　　　　　　　　國立中正大學學報　第 3 卷 1 期　頁 47-82　1992 年 10 月

B0395　曾進興　　臺灣話塞音清濁度的聲學觀測─ VOT 的初步分析報告
　　　　　黃國祐　聽語會刊　第 8 期　頁 2-12　1992 年 12 月

B0396　黃忠天　　從聲母文白對應看臺灣閩南方言的文白異讀現象
　　　　　　　　高雄工商專校學報　第 23 期　頁 585-599　1993 年 12 月

B0397　黃省堂　　帶聲調記號的臺灣教會羅馬字製造法與使用法

　　　　　　　臺灣風物　第 38 卷 2 期　1988 年 06 月

B0398　楊秀芳　台灣閩南語音韻研究
　　　　　　　國科會計畫　1995 年

B0399　董忠司　七十餘年前的台北市方言
　　　　　　　中華民國聲韻學會第十二次年會暨第三屆國際學術研討
　　　　　　　會論文　新竹　清華大學主辦　306-318　1994 年 05 月

B0400　董忠司　臺南臺北鹿港宜蘭等四個方言音系的整理比較
　　　　　　　國科會獎助論文　1992 年

B0401　董忠司　臺南市方音中的「er」與元音系統的重組
　　　　　　　中華學院　第 43 期　頁 23-46　1993 年 03 月

B0402　董忠司　台南市方言中的「　」1990 年
　　　　　　　第二屆國際閩方言學術研討會　汕頭大學主辦　廣東
　　　　　　　汕頭　1990 年

B0403　董忠司　台南市方言中的「er」元音與元音系統的重組
　　　　　　　中華學苑第 43 期　台北　國立政治大學　頁 23-46
　　　　　　　1991 年 6 月

B0404　董忠司編　台灣語言音標方案手冊(TLPA)
　　　　　　　臺北　台灣語言學會發行　1995 年 5 月

B0405　董昭輝　Phonology of Taiwanese as Spoken in the Kaohsiung
　　　　　　　Area,　Bulletin of Taiwan Normal University.
　　　　　　　9:1-10.　1968 年

B0406　董昭輝　Taiwanese　Tones and Taiwanized Japanese in
　　　　　　　Papers in Linguistics in Honor of A. A. Hill,
　　　　　　　eds. Charles T. C. Tang, Jeffrey C. Tung,
　　　　　　　Anthony Y. T. Wu. Taipei: Rainbow-Bridge Book Co.
　　　　　　　.179-213.　1973 年

B0407　董昭輝　The Phonological System of Gaoxiong, a Min Dialect
　　　　　　　of Chinese,　POLA(2nd series) No.5: c1 -c71.
　　　　　　　Berkeley: University of California.　1972 年

B0408　董昭輝　高雄地區台語語音系統綱要
　　　　　　　國立師範大學學報第 9 期　1964 年

B0409　董昭輝　從閩南語人稱代詞之調型談起

		台北　文鶴出版公司　1995 年
B0410	董昭輝	閩南語的兩條次要變調規律
		國立師範大學學報第 18 期　頁 259-271　1973 年 06 月
B0411	歐淑珍	從「韻律音韻學」看臺灣閩南語的輕聲現象
	蕭宇超	第四屆國際暨第十三屆全國聲韻學學術研討會論文集
		臺灣　國立臺灣師範大學國文系所、中華民國聲韻學
		學會主辦　C5-1 ～ 28　1995 年 05 月
B0412	蔡懋棠	臺語變聲法
		臺灣風物　第 14 卷 1 期　頁 14　1954 年 06 月
B0413	鄭良偉	Tone Sandhi in Taiwanese, Linguistics, 41 (1968),
		19-42. 6:1 (1970), 152-154.　1971 年
B0414	鄭良偉	Memorizing the Pronunciation of the Cognates in
		the Target Language,　Proceedings of the Pacific
		Conference on Contrastive Linguistics and Language
		Universals, University of Hawaii, 3:4 (1971)　,
		35-56.　1972 年
B0415	鄭良偉	「華臺日古今字音對照表」的編寫與用途
		臺灣風物・第 43 卷 2 期　1993 年 06 月
B0416	鄭良偉	台灣福建話的發音結構及標音法鄭良偉、謝淑娟合著
		台北　學生書局　1977 年
B0417	鄭良偉	教學參考用的台語輕聲規律
		閩南語研討會　清華大學　1994 年
B0418	鄭良偉	精速台語羅馬字練習與規律
		臺北　旺文出版社　1993 年 4 月
B0419	鄭良偉	台灣福建話的語音結構及標音法
	鄭謝淑娟	台北　學生書局　1977 年
B0420	盧淑美	台灣閩南語音韻研究
		台北　文史哲出版社　1977 年 6 月
B0421	蕭宇超	A Prosodic-Syntactic Approach to Metricality:
		Evidence from the Rhythm of Taiwanese Folk Songs
		.　Paper for the 16th Annual Minnesota
		Conference on Language and Linguistics.

University of Minnesota.　1991 年

B0422　蕭宇超　Parameterizing adverbial tonal operations in
Southern Min:A semantic-discourse account
第二屆台灣語言國際研討會　台北　台灣大學 1995 年

B0423　蕭宇超　Precompiled Phrasal Phonology and Tonal Phrasing
in Taiwanese." Paper for the 67th Annual Meeting
of Linguistic Society of America (LSA). Los
Angeles.　1993 年

B0424　蕭宇超　Precompiled phrasal phonology and tonal phrasing
in Taiwanese ".　Paper Meeting, Los Angeles.
presented nnual
1　Taiwanese Tone Group Revisited: A Theory of
Residue."　Paper for the Second International
Conference on Chinese Linguistics. Paris, France.
1993 年

B0425　蕭宇超　Taiwanese Tone Sandhi: Postsyntactic and
Presyntactic." Proceedings of the First
International Symposium on Languages in Taiwan.
National Taiwan Normal University.　1993 年

B0426　蕭宇超　Taiwanese tone sandhi: Postsyntactic and
presyntactic.　Proceedings of the First
International Symposium on Languages in Taiwan,
C19-01-24.　Taipei: National Taiwan Normal
University.　1993 年

B0427　蕭宇超　Taiwnaese Tone Sandhi: Postsyntactic and
presyntactic
第一屆台灣語言國際研討會論文選集　台北　文鶴出版
公司　1972 年

B0428　蕭宇超　The Syntax-Phonology Interface as the Key to
Metricality: Evidence from Taiwanese Folk Songs.
Kansas Working Papers in Linguistics Vol. 16.
University of Kansa.　1993 年

B0429　蕭宇超　　　台灣福佬民謠中的襯字功能：音律與節奏
　　　　　　　　　第一屆臺灣本土文化學術研討會　台北　國立師範大學
　　　　　　　　　1994 年

B0430　蕭宇超　　　句法音韻介面學與現代台語變調理論
　　　　　　　　　台北　文鶴出版有限公司　1994 年

B0431　蕭宇超　　　句法與音韻之間：臺灣閩南語的連續變調
　　　　　　　　　國科會專題研究計畫（編號 No82-0301-H-004--010）
　　　　　　　　　1993 年

B0432　蕭宇超　　　從各個語言部門的介面看韻律結構的功能與重組
　　　　　　　　　國科會研究計劃　1995 年

B0433　蕭宇超　　　閩南語重疊副詞的變調分析：從「儉儉仔」談起
　　　　陳雅玫　　　第四屆國際聲韻學會暨第十三屆全國聲韻學會論文集
　　　　　　　　　國立臺灣師範大學　1995 年

B0434　蕭宇超　　　從韻律音韻學看閩南語的輕聲現象
　　　　歐淑珍　　　第四屆國際聲韻學會暨第十三屆全國聲韻學會論文集
　　　　　　　　　國立臺灣師範大學　1995 年

B0435　蕭宇超　　　從語法結構看台語變調的疑難雜症
　　　　潘科元　　　臺灣閩南語母語學術研討會　新竹　國立清華大學
　　　　　　　　　1994 年

B0436　謝信一　　　In search of a grammati cal foundation for
　　　　　　　　　dialect　subgrouping ". Proceedings of the First
　　　　　　　　　International Symposium on Chinese Language and
　　　　　　　　　Linguistics, 146-67.　Taipei, Taiwan: Academic
　　　　　　　　　Press.　1976 年

B0437　謝信一　　　On the unreality of some phonological rules ",
　　　　　　　　　Lingua 42:91-109.　197?年

B0438　謝信一　　　The　psychological　reality　of　Taiwanese　tone
　　　　　　　　　sandhi rules ". Papers　from　the　sixth
　　　　　　　　　regional　meeting　of　the　Chicago Linguistic
　　　　　　　　　Society, 489-503.　1990 年

B0439　謝淑娟　　　台灣福建話的發音結構及標音法
　　　　鄭良偉　　　台北　學生書局　1977 年

B0440 鍾榮富 閩南語的唇音變化
第十屆聲韻學研討會 高雄 國立中山大學 頁 12-14
1992 年 5 月

B0441 丁邦新 台灣的語言文字:中國的台灣
台北 中央文物供應社 頁 337-386 1980 年

B0442 董忠司 有關台灣語 tsa1、po1、tsa1、bo1 的探源問題
—試論可能是閩越語殘留的一個痕跡
第三屆國際閩方言討論會 香港 香港中文大學主辦
1993 年 1 月

B0443 董忠司 台灣早期台灣語裡非漢語成分初
新竹師院學報 第 7 期 頁 383-404 1993 年 3 月

B0444 董忠司 古代東南亞洲一個語言交融的痕跡—閩南語詞頭和苗傜
語詞頭的關係
第二屆漢語語言學國際會議 國際漢語語言學會
巴黎大學 法國 巴黎 1993 年 6 月

B0445 姚榮松 小小台灣,語言爆炸—談國語和閩南語在台灣的融合
國文天地 3 卷 1 期 頁 31-38 1987 年

B0446 施玉惠 Code-mixing of Taiwanese in Mandarin newsapaper
headlines
第二屆台灣語言國際研討會 台北 國立台灣大學 1992 年

B0447 董忠司 台南市／ ／音與國語ㄜ韻母的比較
第三屆世界華語文教學研討會 台北 世界華文教育協進
會主辦 1991 年

三、閩語語料研究

B0448 梅祖麟譯 閩語詞彙的時代層次
大陸雜誌 第 88 卷 2 期 頁 45-48 1994 年 02 月

B0449 丁南川 廈門方言調查
屏女學校 第 1 期 頁 21-38 1975 年

B0450 Bodman 中山縣的一個閩東方言:南朗話—兼論粵語對其音韻和
詞彙的影響

　　　　　　　　清華學報　第 14 卷第 1、2 期合刊　頁 221-234
　　　　　　　　1982 年 12 月
B0451　本刊　　　鍾露昇先生「福建惠安言」
　　　　　　　　中國語文　第 15 卷 2 期　頁 34-36　1964 年 08 月
B0452　吳守禮　　海南土戲戲本目錄
　　　　　　　　書目季刊　8 卷 3 期　1974 年
B0453　吳守禮　　現存最早的閩南語文獻－《荔鏡記》戲文研究序說
　　　　　　　　神田博士還曆記念書誌學論集　1957 年 11 月
B0454　李如龍　　閩南方言和印尼語的相互借詞
　　　　　　　　中國語文研究　第 10 期　頁 129-151　1992 年 05 月
B0455　李獻璋　　福佬語語彙（未定稿）1-4
　　　　　　　　台灣風物　第 6 卷 2-8 期　1956 年 2 月-08 月
B0456　林衡道　　福州方言及其他
　　　　　　　　臺灣風物　第 20 卷 4 期　頁 21-22　1970 年 11 月
B0457　林衡道　　福州方言解說
　　　　　　　　臺北文獻　第 97 期　頁 125-132　1991 年 09 月
B0458　洪乾祐著　閩南語考釋－附金門話考釋
　　　　　　　　臺北　文史哲出版社　1992 年 2 月
B0459　張光宇　　說邵武方言
　　　　　　　　切韻與方言　臺北　臺灣商務印書館　頁 201-208
　　　　　　　　1990 年 01 月
B0460　張裕宏　　The Hinghwa Dialects of Fukien: A Descriptive
　　　　　　　　Linguistic study, Cornell University Ph. D.
　　　　　　　　dissertation.　1972 年
B0461　張賢豹　　海口方言
　　　　　　　　臺北　國立臺灣大學中國文學研究所碩士論文　1976 年
B0462　張賢豹　　說邵武方言
　　　　　　　　漢學研究　第 2 卷第 1 期　頁 109-116　1984 年 6 月
B0463　陳漢光　　金門語研究
　　　　　　　　福建文獻　第 3 期　頁 58-66　1968 年
B0464　陳曉六　　福州話裏的疊詞
　　　　　　　　清華學報　第 6 期(1967)　頁 200-214　1967 年

B0465　陸嘉美　　溫州平陽閩南語研究
　　　　　　　　臺北　國立臺灣大學中國文學研究所碩士論文　1983年

B0466　董同龢　　四個閩南方言
　　　　　　　　台北　中央研究院歷史語言研究所集刊30本下　頁
　　　　　　　　729-1042　1959年10月

B0467　董同龢　　記台灣的一種閩南語（合著者：趙榮琅、藍亞秀）
　　　　　　　　台北　中央研究院歷史語言研究所單刊甲種24　1967年4
　　　　　　　　月

B0468　董同龢　　廈門方言的音韻
　　　　　　　　董同龢先生語言學論文選集　臺灣.食貨出版社
　　　　　　　　275-298　1974年11月

B0469　鍾露昇　　「福建惠安方言」自序
　　　　　　　　中國語文　第15卷2期　頁29-31　1964年08月

B0470　鍾露昇　　福建惠安方言
　　　　　　　　油印本　1964年6月

B0471　羅杰瑞　　永安方言
　　　　　　　　書目季刊　第14卷2期　頁113-166　1980年9月

四、音標與文字研究

B0472　王育德　　台灣話講座
　　　　　　　　黃國彥譯　台北　自立晚報文化出版社　1993年5月

B0473　王育德　　台灣語　記述的研究　　　　　　進
　　　　　　　　明治大學教養論集　通卷184號　人文科學　1985年

B0474　王俊明　　台語呼音法
　　　　　　　　自印　自立報系圖書中心經銷　1990年10月

B0475　台灣省國　台灣方音符號全表
　　　　　語推行委　台灣省國語推行委員會調查研究組油印　1974年
　　　　　員會

B0476　台灣省國　標準台語方音符號課本
　　　　　語推行委　台北　台灣省國語推行委員會　1955年
　　　　　員會

B0477　朱兆祥　　　台語方音符號
　　　　　　　　　台北　台灣省國語推行委員會　1952 年 8 月
B0478　朱兆祥　　　廈門方言羅馬字草案
　　　　　　　　　台灣文化　第 3 卷 7 期　頁 10-18　1948 年 9 月
B0479　朱兆祥　　　廈門方音符號傳習小冊
　　　　　　　　　台北　台灣省國語推行委員會　1948 年
B0480　朱鋒　　　　「查埔」與「查畝」－語源與假借字
　　　　　　　　　台灣風物　第 1 卷 1 期　頁 18-19　1951 年 12 月
B0481　朱鋒　　　　都督魚與麻薩末－語源與假借字
　　　　　　　　　臺灣風物　第 2 卷 1 期　頁 8　1952 年 1 月
B0482　朱鋒　　　　臺灣方言之語法與語源
　　　　　　　　　臺北文物　第 7 卷 7 期　頁 1-24　1958 年 10 月
B0483　吳本立　　　十五音與注音符號
　　　　　　　　　台灣文獻　第 17 卷 3 期　頁 75-85　1966 年 9 月
B0484　吳守禮　　　「事情」（tai-chi）本字考－閩南方言研究札記
　　　　　　　　　台北文物　第 6 卷 4 期　1958 年 6 月
B0485　吳守禮　　　從「讀書音」「語音」談到「教」字的破音應用
　　　　　　　　　國語日報語文週刊　1930-1931 期　1975 年 11 月
B0486　吳守禮　　　閩南方言的「呾」字及其周邊
　　　　　　　　　大陸雜誌　第 18 卷 7 期　頁 4-10　1959 年 4 月
B0487　吳守禮　　　釋「翁、公、ㄙ」－閩南方言研究札記
　　　　　　　　　大陸雜誌　第 18 卷 1 期　頁 17-23　1959 年 1 月
B0488　吳槐　　　　廣雅中河洛語釋詁
　　　　　　　　　臺灣風物　第 17 卷 5 期-19 卷 2 期
　　　　　　　　　1967 年 10 月-1969 年 6 月
B0489　甫三　　　　「辱」
　　　　　　　　　台灣新民報 1931,1 月 1 日 345 期
　　　　　　　　　台北　東方文化書局　1973 年
B0490　阮德中　　　台灣話入門
　　　　　　　　　台北　自立晚報文化出版部　1990 年 6 月
B0491　周法高　　　從「查晡」「查某」說到探究語源的方法
　　　　　　　　　中國語文論叢　正中書局　頁 161　1970 年

B0492　林本元　　臺灣白話字的商榷
　　　　　　　　臺北文物　第6卷4期　頁17-28　1958年6月
B0493　林金鈔　　閩南語有關「振」的研究
　　　　　　　　漢學研究　第6卷2期　頁105-108　1988年12月
B0494　林金鈔　　閩南語探源
　　　　　　　　國科會獎助論文　1980年
B0495　林金鈔　　閩南語探源
　　　　　　　　　新竹　竹一出版社　1980年3月
B0496　林清標　　（仔）字的功用，心適的音化
　　　　　　　　未發表　1995年
B0497　林淑芳　　閩南語中「好額」與「散赤」的探源
　　　　　　　　學生論文集刊《語文論叢》第一輯　國立新竹師範學院
　　　　　　　　語文教育學系　頁1　1966年
B0498　林繼雄　　台灣話語文
　　　　　　　　臺北　大夏出版社　1990年
B0499　社論一　　漢字羅馬化運動及拼音化運動必然失敗
　　　　　　　　學粹　第4卷第1期　頁87-106　1961年12月
B0500　邱立　　　閩南方言考
　　　　　　　　南洋東方學報　第1卷2期　頁51-68
　　　　　　　　1958年12月
B0501　姚榮松　　台語造字的一個個案分析—以楊直矗《國台雙語辭典》
　　　　　　　　爲例
　　　　　　　　第二屆台灣語言國際研討會　台北　國立台灣大學
　　　　　　　　1995年
B0502　姚榮松　　閩南語書面語使用漢字的類型分析—兼論漢語方言文
　　　　　　　　字學
　　　　　　　　第一屆臺灣本土文化學術研討會　台北　國立師範大學
　　　　　　　　1994年
B0503　施炳華　　閩南語注音符號式音標之商榷
　　　　　　　　臺灣閩南語研討會論文集　清華大學　頁1-8
　　　　　　　　1994年12月
B0504　洪惟仁　　台灣文學與台語文字

		台北　前衛出版社　1992 年 2 月
B0505	洪惟仁	談鶴佬語的正字與語源
		臺灣風物　第 38 卷 1 期　頁 1-49　1988 年 3 月
B0506	洪麒	臺語「烏魯木齊」考
		臺灣風物　第 18 卷 1 期　頁 83　1968 年 2 月
B0507	秋水	查晡查某考
		臺灣風物　第 2 卷 3 期　頁 9　1952 年 5 月
B0508	胡鑫麟	民間的臺語寫法－其基本想法和原則
		臺灣風物　第 44 卷 2 期　頁 13-47　1994 年 6 月
B0509	孫洵候	古音古語台灣話考
		中國一周　第 600 期　頁 9-10　1961 年
B0510	孫洵候	台灣（閩南）話考證
		台北　台灣商務印書館　1964 年 5 月
B0511	張光宇	閩南方言的「 si 」字
		第一屆台灣語言國際研討會論文集　台北師範大學
		1993 年
B0512	梁炯輝	閩南語語文鬥合剼義
		閩南語研討會　清華大學　台中市　人光出版社
		1994 年
B0513	許成章	台灣漢語辭典《音字篇》(一)
		高雄文獻(高市文獻)　第 2 卷第 2 期　頁 159-164
		1989 年 12 月
B0514	許成章	台灣漢語辭典《音字篇》(二)
		高雄文獻(高市文獻)　第 2 卷第 4 期　頁 270-202
		1990 年 7 月
B0515	許成章	與友人論台灣閩南語用字書
		南杏　4 卷 2 期　頁 24-25　1967 年 7 月
B0516	許成章	閩南語的音與字問題
		臺灣風物　第 19 卷 1、2 期　1969 年 6 月
B0517	許極燉	台語的表記制度與標準書寫法的研究
		現代台灣化研究論文集　1988 年
B0518	許極燉	從台灣語文的問題談國語羅馬字的源流

		中國語文　第 56 卷 2 期 232　頁 17-33　1985 年 2 月
B0519	許極燉	從台灣語文的問題談國語羅馬字的源流
		中國語文　第 56 卷 03 期 333　頁 9-20　1985 年 3 月
B0520	許極燉	對「漢語拼音方案」與「國語注音符號第二式」的若干考察
		台灣學術研究會誌　第 1 期　頁 25-52　1986 年
B0521	陳素月	台語文字化研究
		私立輔大語言學研究所碩士論文　1988 年
B0522	陳萬在	從雙語教學談河洛語之標音、標調符號及變調規則
		清華大學閩南語研討會　1994 年
B0523	陳璩卿	台語注音符號
		油印本　1960 年
B0524	琪樹	「將的享的」語原考
		台北文物　第 3 卷 1 期　頁 72-74　1954 年 5 月
B0525	黃元興	台語的電腦簡拼法
		台北　台閩研究室　1995 年 5 月
B0526	黃敬安	閩南方音證經舉例
		台北　文史哲出版社　1973 年
B0527	黃敬安	閩南話考證
		台北　文史哲出版社　1977 年 5 月
B0528	楊允言	臺灣文字化的過去和現在
		臺灣史料研究　第 1 期　頁 57-75　1983 年 3 月
B0529	董育儒	標記台語鼻塞音的矛盾：九零年代台語標音法的混亂
		臺北　私立輔仁大學語言學研究所碩士論文　1992 年
B0530	董忠司	試論「台灣語言音標方案(TLPA)的優劣及其在台灣閩南語各次方言的適用性」
		清華大學閩南語研討會　1994 年 6 月
B0531	廖漢臣	台灣文字改革運動史略（上）
		台北文物　第 3 卷 3 期　1955 年
B0532	廖漢臣	台灣文字改革運動史略（下）
		台北文物　第 4 卷 1 期　1955 年
B0533	臧汀生	台語文學用字商榷

第一屆台灣語言國際研討會論文集　台北　國立臺灣師範大學　1993 年

B0534　劉建仁　臺語考釋

臺灣風物　第 20 卷 1-3 期　1970 年 2 月-1962 年 9 月

B0535　劉寄國　台灣俗語考

台北文物　8 卷 4 期　頁 49-51　1960 年

B0536　劉篁林　台灣古字據集

台北文物　7 卷 4 期　1958 年

B0537　潘培藩　台語訓詁

學粹　2 卷 1 期　頁 26　1959 年 12 月

B0538　鄭良偉　台語書面語用字參考資料研究計劃報告

行政院文建會委託研究　1993 年

B0539　鄭良偉　台語能以漢字書寫嗎（上）

台灣風物　34 卷 4 期　1984 年

B0540　鄭良偉　台語能以漢字書寫嗎（下）

台灣風物　35 卷 1 期　1985 年

B0541　鄭良偉　談台語裡的訓用字

台灣風物　34 卷 3 期　1983 年

B0542　盧淑美　台灣閩南語考釋 1

台中師專學報　第 9 期　1981 年

B0543　盧淑美　台灣閩南語考釋 2

台中師專學報　第 10 期　1981 年

B0544　謝美齡　台灣閩南方言字淺探

五、臺灣閩南語與其它方音之比較

B0545　吳史民　本縣語音系統及平埔族系統

南瀛文獻　3 卷 1、2 期合刊　頁 28-30　1955 年 12 月

B0546　李英哲　Aspects of comparative syntax between Mandarin
and Taiwanese: Yse of negatives in questions
Proceedings of the first international symposium
on Chinese language and linguistics(taipei).

1994 年

B0547　李英哲　　Aspects of historical and comparative　syntax
　　　　　　　　between Mandarin and Taiwanese.
　　　　　　　　Proceedings of the Second International
　　　　　　　　Conference on Sinology
　　　　　　　　Academia Sinica(Taipei) ,719-754. 1992 年

B0548　洪惟仁　　台灣音與廈門音異讀與中古音的對應關係
　　　　　　　　台語文摘　新 4（總 27 ）　頁 40-44　1992 年 11 月

B0549　陳允洛　　臺灣話與國語
　　　　　　　　福建文獻　第 4 卷 2 期　頁 3-6　1971 年 6 月

B0550　傅一勤　　台語和英語音位系統的比較
　　　　　　　　師大學報　第 4 期　頁 147-154　1985 年

B0551　鄭良偉　　華台日古今字音對照表的編寫與用途
　　　　　　　　台灣風物　第 43 卷 2 期　頁 168-90
　　　　　　　　曾提交第二屆國際聲韻學學術研討會　高雄　中山大學
　　　　　　　　1993 年 3 月

B0552　鄭良偉　　台語與國語字音對應規律的研究
　　　　　　　　台北　學生書局　1979 年 10 月

B0553　鍾露昇　　台語國語音韻比較研究
　　　　　　　　油印本　1960 年

六、臺語語料研究

B0554　蔡培火　　國語閩南語對照常用詞典
　　　　　　　　台北　正中書局　1969 年

B0555　丁邦新　　澎湖語彙
　　　　　　　　書目季刊　14 卷 2 期　頁 167-240　1980 年

B0556　丁邦新　　《台北市志(社會志(語言篇》
　　　　　楊秀芳　台北市　台北市文獻委員會　1991 年

B0557　王育德　　台灣語常用語彙
　　　　　　　　東京　永和語學社　1957 年 12 月

B0558　池田敏雄　台灣省人婚姻習俗語彙

		台灣風物　2卷8-11期連載　1952年
B0559	宋孟韶	方言中遺留的日語語詞
		中國語文　第48卷6期　頁38-44　1981年06月
B0560	巫永福	河洛人談臺灣話
		臺灣文藝　第83期　頁183-189　1983年07月
B0561	李春霖	台灣話－台灣常用二千單語及簡句
		台南　經緯書局　1949年10月
B0562	林本元	正臺北人語
		臺北文物　第6卷1期　頁51-59　1957年09月
B0563	林本元	光復後臺灣的新名詞
		臺灣風物　第12卷6期　頁3-15　1962年12月
B0564	林本元	臺北人講臺北話
		臺北文物　第5卷4期　頁78-82　1957年06月
B0565	姚榮松	當代臺灣小說中的閩南語詞彙
		華文世界　第55期　頁13-31　1990年03月
B0566	姚榮松	當代臺灣小說中的方言詞彙--兼談閩南語的書面語
		國文學報　第19期　頁223-264　1990年06月
B0567	張振興	臺灣閩南方言記略
		臺北市　文史哲出版社　1987年
B0568	許成章	拍(p'a？／path)雅
		大陸雜誌　第80卷2期　頁3-17　1990年02月
B0569	黃元興	國台2500較難句對照
		台北　台閩研究室　1992年
B0570	楊秀芳	《台南市志·人民志·語言篇》
		台南　台南市政府　1981年
B0571	藍清漢	中國語宜蘭方言語彙集
		東京　東京外國語大學亞非語的計數研究單刊之4
		1980年
B0572	顧百里	澎湖群島方言調查
		臺北　國立臺灣大學中國文學研究所碩士論文　1978年
B0573	龔煌城	臺灣地區漢語方言調查研究計劃第一年調查報告（龔煌城、丁邦新、李壬癸、洪惟仁等合編）

		中央研究院歷史語言研究所未發表　1990 年 3 月臺論
B0574		從古音看台灣話
		中國語文　48 卷 2 期　1981 年
B0575		從古音看台灣話
		中國語文　48 卷 3 期　1981 年
B0576	丁邦新	台灣語言源流
		南投　台灣省政府新聞處　又:學生書局 1979 版　1969 年 12 月
B0577	卜溫仁	台灣語言學圖集 94 年計畫案(LAT94) 國科會計畫 NSC83-0501-H032-001　1995 年
B0578	方豪	台灣語言與文化傳統
		方豪六十自定稿上冊　1969 年
B0579	方豪	臺灣方言文獻的價值
		文星　第 4 卷 4 期　頁 5-6　1959 年 08 月
B0580	王文濤	臺灣方言與古音
		民生報　第 20 卷 10 期　頁 32　1970 年 10
B0581	王育德	台灣語講座
		台灣青年　1-38 號 (1960.4-1964.1)連載　1960 年
B0582	台灣語文學會編	第一屆台灣語言國際研討會會前論文集
		台灣語言學會印　1993 年 3 月
B0583	台灣語文學會編	第二屆台灣語言國際研討會會前論文集
		台灣語言學會印　1995 年 6 月
B0584	石美玲	閩南方言在光復前台灣文學作品中的運用
		臺北　國立臺灣師範大學國文研究所碩士論文　1992 年 06 月
B0585	吳中撰	臺灣漢語摭談
		南瀛文獻　第 38 期　頁 7-63　1994 年 06 月
B0586	吳本立	河洛話
		台灣文獻　16 卷 2 期　頁 132-140　1965 年
B0587	吳守禮	台灣省通志稿
		人民志卷二語言篇　1954 年 12 月
B0588	吳守禮	近五十年來台語研究之總成績

		油印本　大立出版社翻印　1955 年 6 月
B0589	吳守禮	福客方言綜志目錄
		《五十年來台語研究之總成績》附錄 1955 年 6 月
B0590	吳守禮	福建語之文獻補遺
		台南文獻　3 卷 2 期　頁 28　1953 年 09 月
B0591	吳守禮	臺灣方言文獻目錄
		臺灣省通志第四章第二節　1970 年
B0592	吳守禮	臺灣方言研究文獻目錄
		台北文獻　第 6 期　頁 67-89　1963 年 12 月
B0593	吳守禮	臺灣方言研究文獻目錄續編
		吳守禮華甲紀念　1969 年
B0594	吳守禮	閩台方言研究集（一）
		臺北　南天書局　1995 年 3 月
B0595	吳守禮	臺灣語言與大陸
		臺灣風物　第 10 卷 2-3 期　頁 3-4　1960 年 03 月
B0596	吳槐	河洛話叢談
		台北文物　第 7 卷 4 期-10 卷 2 期　1958 年 12 月-1961 年 09 月
B0597	呂麗蓉	台灣地區語言態度、語言使用及族類認同之調查研究
		臺北　私立輔仁大學語言學研究所碩士論文　1987 年
B0598	李壬癸	Taiwanese difficulties in learning English sounds
		,The Concentric,English　Language Training Center ,English Dept. Taiwan　Normal University 2:46-55. 1966 年
B0599	李壬癸	臺灣閩南語的秘密語
		國科會獎助論文　1984 年
B0600	李壬癸	閩南語的口語傳統
		大陸雜誌　71 卷 2 期　頁 16-23　1985 年
B0601	李騰嶽	台灣方言的問題
		台灣風物　17 卷 1 期　頁 16-21　1967 年 2 月
B0602	李騰嶽	連雅堂先生的台灣語研究
		台灣風物　1 卷 1 期　頁 16-17　1951 年 12 月

B0603　杜文靖　　追本溯源說臺語
　　　　　　　　自立晚報　第3期　1978年01月29日

B0604　林本元　　元曲中的臺語
　　　　　　　　臺灣風物　第11卷8期　頁8-24　1961年09月

B0605　林本元　　台灣方言論
　　　　　　　　台北文物　7卷1期　頁89-96　1954年

B0606　林本元　　台灣的語學
　　　　　　　　現代國民基本知識叢書第二輯台灣文化論集　第3期
　　　　　　　　頁353-370　1954年8月

B0607　林本元　　福佬人乎河洛人乎
　　　　　　　　台北文物　7卷3期　（成文出版社翻印）　1958年10月

B0608　林本元　　臺灣方言論
　　　　　　　　臺北文物　第7卷1期　頁89-96　1958年06月

B0609　林本元　　臺灣的語學
　　　　　　　　臺灣文化論叢　第3期　頁353-370　1954年10月

B0610　林再復　　閩南人
　　　　　　　　台北　知音出版社　1984年10月

B0611　林再復　　閩南人（增訂版）
　　　　　　　　台北　三民書局經銷　1989年4月

B0612　林君照　　台語說書的語言特色
　　　　　　　　臺北　私立輔仁大學語言所碩士論文　1989年

B0613　林金鈔　　閩南語研究
　　　　　　　　新竹　竹一出版社　1975年11月

B0614　林珠彩　　臺灣閩南語三代間語音詞彙的初步調查與比較－以高
　　　　　　　　雄市小港區林家為例
　　　　　　　　臺北　國立師範大學國文研究所碩士論文　1995年6月

B0615　林進輝　　台灣語言問題論集
　　　　　　　　編者自印　1983年

B0616　南樓　　　臺語中的古音古語
　　　　　　　　中央日報　第3期　1961年02月14日

B0617　姚榮松　　方言與考古
　　　　　　　　國文天地　6卷　頁32-35　1986年9月

B0618　姚榮松　　國語與方言問題的兩極化
　　　　　　　　（未發表）　1987 年

B0619　姚榮松　　論音轉學在閩南語本字考訂上的應用及限度
　　　　　　　　第一屆台灣語言國際研討會論文集　台北　國立臺灣師
　　　　　　　　範大學　台北　文鶴出版公司　1993 年 3 月

B0620　洋洋　　　走樣的台灣話
　　　　　　　　台灣風物　8 卷 5 期　1958 年

B0621　洋洋　　　「走樣的台灣話」補
　　　　　　　　台灣風物　10 卷 2-3 期　頁 28-30　1960 年

B0622　洪惟仁　　方言調查字表
　　　　　　　　手稿　1994 年 12 月

B0623　洪惟仁　　王育德與臺語文字化
　　　　　　　　臺語文摘　第五期　頁 7-11　1992 年 11 月

B0624　洪惟仁　　台灣地名的由來－語言學在台灣史考證上的應用
　　　　　　　　歷史月刊　第 10 期　頁 313-315　1988 年 11 月

B0625　洪惟仁　　台灣河佬話聲調研究（一）：漢語聲調研究方法論
　　　　　　　　台灣風物　34 卷 3 期　1983 年

B0626　洪惟仁　　台灣的語言戰爭及戰略分析
　　　　　　　　第一屆臺灣本土文化學術研討會　台北　國立臺灣師
　　　　　　　　範大學　1994 年

B0627　洪惟仁　　台灣話概說
　　　　　　　　台灣風物　34 卷 1 期；《台灣河佬話語聲調研究》附錄
　　　　　　　　1984 年 3 月

B0628　洪惟仁　　外來語的台灣化
　　　　　　　　台灣河佬語聲調研究第六章　1985 年

B0629　洪惟仁　　田野調查與理論假設的辯證發展
　　　　　　　　中央研究院田野研究室「台灣史田野研究通訊」第 18 期
　　　　　　　　頁 45-47；《臺灣方言之旅》　頁 57-63　1991 年

B0630　洪惟仁　　回歸鄉土、回歸傳統
　　　　　　　　台北　自立晚報社　1986 年 11 月

B0631　洪惟仁　　臺灣閩南語方言調查的一些發現
　　　　　　　　臺灣史田野研究通訊　第 27 期　頁 10-25　1993 年 06 月

B0632　洪惟仁　　鶴佬話過去現在佮將來
　　　　　　　　「回歸鄉土、回歸傳統」　1984 年 4 月

B0633　洪惟仁講　臺灣各種方言與語言社會學的互動關係
　　　　周夢嬅　　臺灣風物　第 42 卷 4 期　頁 89-103　1992 年 12 月
　　　　邱斯嘉記錄

B0634　張振興　　台灣閩南語方言記略
　　　　　　　　台北　文史哲出版社　1983 年 5 月

B0635　張素貞　　臺語源遠流長
　　　　　　　　中華文化復興月刊　第 12 卷 2 期　頁 45-49　1979 年
　　　　　　　　02 月

B0636　曹逢甫　　第一屆台灣語言國際研討會論文選集
　　　　蔡美慧　　台北　文鶴出版有限公司　1995 年 4 月

B0637　許成章　　台灣閩南語的研究
　　　　　　　　南瀛文獻　11 卷　頁 97-112　1965 年

B0638　許成章　　台灣閩南語的研究
　　　　　　　　南瀛文獻　12 卷　1967 年 1 月

B0639　許成章　　台灣閩南語辭典音彙篇之編輯
　　　　　　　　高雄文獻(高市文獻)　第 8 期　頁 31-50　1981 年 09 月

B0640　許成章　　研究臺灣閩南語的心路歷程
　　　　　　　　臺灣風物　第 28 卷 1 期　頁 40-63　1978 年 03 月

B0641　許極墩　　台語形成的歷史的考察
　　　　　　　　紐約　台灣文化　第 2 期　1985 年

B0642　許極墩　　台灣的文學與語言的問題
　　　　　　　　台北　台灣文藝　第 90 期　1984 年

B0643　許極墩　　台灣話流浪記
　　　　　　　　台北　台灣語文研究發展基金會　1988 年 2 月

B0644　許極墩　　關於研習台語的若干管見
　　　　　　　　東京　台灣學術研究會誌　創刊號　1986 年

B0645　許極燉　　王育德先生研究台灣話的貢獻
　　　　　　　　台灣文化季刊革新版　1 期（總第 5 期）　1987 年

B0646　許極燉　　台灣話的源流甲成流的軌跡淡薄仔考察
　　　　　　　　台灣學誌研究會誌　第 2 期　1987 年

B0647　許極燉　　　台灣話流浪記－台灣話形成過程的若干考察
　　　　　　　　　台灣文化季刊　第 4 期　1987 年 3 月
B0648　許極燉　　　臺語文字化的方向
　　　　　　　　　台北　自立晚報社　自立晚報社　1992 年 9 月
B0649　許極燉　　　臺灣語概論
　　　　　　　　　台北　台灣語文研究發展基金會　1990 年 1 月
B0650　連金發　　　Language adaptation in Taoist liturgical texts.
　　　　　　　　　（道教禮儀典籍中的語言適應）in press. David
　　　　　　　　　Johnson ed. Rituals and Scriptures of Chinese
　　　　　　　　　Popular Religion.　Univ. of Califonia at
　　　　　　　　　Berkeley.　1995 年
B0651　郭一舟　　　福建話古語研究
　　　　　　　　　南瀛文獻　1 卷 2 期　頁 19-26　1953 年
B0652　郭溪　　　　台灣 HoLo 話
　　　　　　　　　著者手寫影印本　1983 年
B0653　野間晃　　　《渡江書十五音》與《彙音寶鑑》的音系
　　　　　　　　　第一屆台灣語言國際研討會論文集　台北　國立臺灣師
　　　　　　　　　範大學　1993 年 3 月
B0654　野間晃　　　《渡江書十五音》與《彙音寶鑑》的音系
　　　　　　　　　第一屆台灣語言國際研討會論文選集　台北　文鶴出版
　　　　　　　　　公司　1995 年
B0655　陳子博　　　台灣閩南語之研究－日本漢學研究的展開
　　　　　　　　　華學月刊　第 112 期　頁 35-52　1981 年 4 月
B0656　陳文彬　　　臺灣的漢語方言
　　　　　　　　　中國語文　第 10 期(1954)　頁 43-44　1954 年
B0657　陳伯鴻　　　閩南語與臺灣話－臺灣話，是閩南語，也就是中古語
　　　　　　　　　福建月刊　第 3 卷 3 期　頁 44-45　1972 年 06 月
B0658　陳冠學　　　台語之古老與古典
　　　　　　　　　1981 手寫影印　高雄　第一書局　1984 年再版
B0659　陳冠學　　　台語的古老與古典
　　　　　　　　　撰者印行　1981 年 9 月
B0660　陳述經等　　關於「福佬話」問題

		福建文獻　第5卷1、2期　頁16-19　1972年06月
B0661	陳飛龍	台語漫談
		文海　2卷18期　1963年
B0662	陳修	臺灣話雜記
		臺灣風物　第20卷1期　頁58-62　1970年02月
B0663	陳瑤璣	關於台灣閩南語之特質
		國文學報　23期　頁273-312　1994年06月
B0664	陳恒嘉	日治時代臺語著作目錄
		臺灣文摘　第25期　頁36-39　1991年11月
B0665	集鴉	「福佬人乎河洛乎」讀後書感
		台北文物　1958年12月
B0666	黃有仁	關於台灣話
		台灣青年　第53期　1965年
B0667	黃宣範	從知識社會學看臺灣語言學的本土化
		臺灣史料研究　第1期　頁7-22　1993年02月
B0668	黃清涼	臺灣語初探
		高雄工商專校學報　第23期　頁513-565　1993年12月
B0669	楊森富	河洛話、閩南語和臺灣話之關聯性
		臺南文化　第34期　頁31-41　1992年12月
B0670	葉芝生	臺灣話
		暢流　第2卷2-4期　共4頁　1950年09月-10月
B0671	葉芝生	臺灣話證明了古無舌上音
		暢流　第8卷4期　頁8-9　1953年10月
B0672	葉芸生	古音佐證與台灣話
		台北　浙江松陽同鄉會　1980年
B0673	葉夢麟	台灣話是晉宋以前中國人的語言
		中國語文　48卷02期284　頁13-18　1981年1月
B0674	葉夢麟	從古音看臺灣話
		中國語文　第48卷2-3期　頁15-18　1981年02月-03月
B0675	葉夢麟	臺灣話是晉宋以前中國人的語言
		中國語文　第48卷1期　頁13-18　1981年01月
B0676	董忠司	早期臺灣話裏的非漢語成分初探

		新竹師院學報　第 7 期　頁 383-404　1993 年 12 月
B0677	董忠司	漢台灣地區的閩南方言簡介《現代漢語方言》附錄
		台北　新學識文教出版中心頁 215-236　1991 年 10 月
B0678	董昭輝	Three ways of treating nasality in South Min.　In
		H. C. Gong and D-A. Ho (eds.), Proceedings of the
		First International Symposium on Chinese
		Languages and Linguistics, Academia Sinica.Part I
		, pp. 210-21.　Taipei:　1980 年
B0679	臺灣風俗	民俗台灣第一至第五卷總目錄
	雜誌社	台灣風物　12 卷 2 期　1962 年
B0680	劉光	台灣的語言文化發展
		幼獅月刊　41 卷 06 期 270　頁 66-69　1975 年 06 月
B0681	劉寄園	談台灣之語言
		台北文物　5 卷 2 期　頁 63-65　1957 年 01 月
B0682	潘培藩	臺語與古音
		學粹　第 2 卷 5 期　頁 26-27　1960 年 08 月
B0683	蔡茂棠	走樣的台灣話
		反攻　第 235 期　頁 16-18　1960 年 10 月
B0684	蔡毓齋	河洛話舉例
		臺北文物　第 6 卷 4 期　頁 11-16　1958 年 06 月
B0685	蔡懋棠	古音探索
		反攻　第 310-312 期　共 13 頁　1968 年 1 月-3 月
B0686	蔡懋棠	古音探索
		台灣風物　30 卷 1 期　頁 41-69　1980 年
B0687	蔡懋棠	關於台語研究的幾個問題
		台灣風物　13 卷 5 期　頁 3-10　1963 年 11 月
B0688	鄭再發	評「台灣話考證」
	丁邦新	思與言　3 卷 6 期　頁 39-46　1966 年
B0689	鄭良偉	走向標準化的臺灣語文
		台北　自立晚報　1989 年 2 月
B0690	鄭良偉	現代台灣話研究論文集鄭良偉
	黃宣範	台北　文鶴出版有限公司　1988 年

B0691　鄭良偉　　　演變中的臺灣社會語文
　　　　　　　　　台北　自立晚報　1990 年 1 月
B0692　鄭良偉　　　現代台灣話研究論文集
　　　　黃宣範　　　台北　文鶴出版有限公司　1988 年
B0693　鄭良偉　　　現代台灣話研究論文集
　　　　黃宣範合編　台北　文鶴出版有限公司　1988 年
B0694　鄭穗影　　　台灣語言的思想基礎
　　　　　　　　　台北　台原出版社　1991 年 2 月
B0695　羅肇錦　　　臺灣語言的過去、現在、未來
　　　　　　　　　國文天地　第 5 卷 11 期　頁 101-105　1990 年 04 月
B0696　董忠司　　　早期台灣話的非漢語成分初探
　　　　　　　　　第一屆台灣語言國際研討會論文集
　　　　　　　　　台北國立師範大學　1993 年 3 月

七、臺灣閩南語方言史研究

B0697　吳守禮　　　台灣方言的來龍去脈
　　　　　　　　　中原文化與臺灣　頁 381-399　1971 年
B0798　林本元　　　光復念多年來的台灣話大演變
　　　　　　　　　台北文獻　第 13、14 期合刊　頁 84-97　1970 年
B0699　洪惟仁　　　《彙音妙悟》的音讀—二百年前的泉州音系
　　　　　　　　　第二屆閩方言研討會論文（大陸汕頭）　1990 年
B0700　洪惟仁　　　漳州三種十五音之源流及其音系
　　　　　　　　　台灣風物　第 40 卷第 3 期　頁 55-79　1990 年
B0701　洪惟仁　　　臺灣諸語言之分布與融合消長之競爭力分析
　　　　　　　　　臺灣風物　第 39 卷 2 期　頁 43-80　1989 年
B0702　洪惟仁　　　鶴佬語的源流與歷史,「台灣禮俗語典」前言
　　　　　　　　　回歸鄉土、回歸傳統　1986 年 6 月

八、臺語方音地理研究

B0703　洪惟仁　　　台灣方言之旅

		台北　前衛出版社　1992 年 2 月
B0704	洪惟仁	台灣的新移民區－東部方言調查紀行
		台灣文化季刊　第 3 期　1986 年
B0705	洪惟仁	台灣的新移民區－東部方言調查紀行
		回歸鄉土、回歸傳統　1986 年
B0706	洪惟仁	台灣鶴佬語方言分布
		台灣史田野研究通訊　第 5 期　頁 10-13　1987 年 12 月
B0707	洪惟仁	枝仔冰冷冷定定－中部方言調查紀行
		回歸鄉土、回歸傳統　1986 年 7 月
B0708	洪惟仁	唐山過台灣的跳版－澎湖方言調查紀行
		台灣新文化　第 3 期　1986 年
B0709	洪惟仁	唐山過台灣的跳版－澎湖方言調查紀行
		回歸鄉土、回歸傳統　1986 年
B0710	董忠司	臺北市、臺南市、鹿港、宜蘭等四個方言音系的整理與比較
		新竹師院學報　第 5 期　頁 31-64　1991 年 12 月
B0711	董忠司	臺南市、臺北市、鹿港、宜蘭等四個方言音系的整理與比較
		漢語言學國際學術研討會　武漢　華中理工大學 1991 年 12 月
B0712	鍾露昇	臺北、臺中、嘉義的閩南語
		國科會報告　1967 年
B0713	鍾露昇	閩南語在臺灣的分佈
		國科會報告　1966 年
B0714	董忠司	台灣兒歌與南北異腔
		七十八學年度兒童文學學術研討會　臺灣省教育廳主辦　1990 年 5 月

九、臺語語法研究

B0715	李佳純	論閩南語比較式－類型及歷時的探討
		閩南語研討會　國立清華大學　1994 年

B0716　洪惟仁　　閩南語輕聲及語法功能
　　　　　　　　第二屆台灣語言國際研討會　台北　台灣大學　1995 年

B0717　連金發　　Shape classifiers in Mandarin and Taiwanese: a
　　　　　　　　psycholinguistic perspective.(Co-authored with
　　　　　　　　Penying Wang)Conference program of the
　　　　　　　　International conference on the Biological
　　　　　　　　Basis Language.　235-259.　Dec. 1993 Grand Hotel
　　　　　　　　Taipei.　1994 年

B0718　連金發　　Taiwanese sentence-final particle. The
　　　　　　　　structure of Taiwanese: A modern synthesis. ed.
　　　　　　　　by Cheng , R.L. & Huang, Shuan-fan.209-34.
　　　　　　　　Taipei: The Crane Book Co.,Ltd.　1993 年

B0719　連金發　　The order of verb-complement constructions in
　　　　　　　　Taiwan　Southern Min.　Presented at the 3rd
　　　　　　　　International Conference on Chinese linguistics.
　　　　　　　　July 1994.　Hong Kong.　1995 年

B0720　連金發　　台灣閩南語的完結時相詞試論
　　　　　　　　閩南語研討會　清華大學　1994 年

B0721　連金發　　台灣閩南語的趨向詞－方言類型和歷史的研究
　　　　　　　　第四屆中國境內語言暨語言學國際討論會　台北　中央
　　　　　　　　研究院　1994 年

B0722　連金發　　台灣閩南語疑問詞的歷史和方言變異
　　　　　　　　第一屆台灣語言國際研討會論文集　台北　國立臺灣師
　　　　　　　　範大學　頁 1-16　1993 年

B0723　陳秋梅　　台語的句尾語助詞
　　　　　　　　台北　國立師範大學碩士論文　1989 年

B0724　馮愛珍　　論台灣閩南的「敢」
　　　　　　　　第一屆台灣語言國際研討會論文集　台北　國立臺灣師
　　　　　　　　範大學　1993 年

B0725　黃宣範　　Remarks on Taiwanese morphology .　The structure
　　　　　　　　of Taiwanese: A modern synthesis, ed. by Robert
　　　　　　　　L. Cheng and Shuanfan Huang, 121-44. The Crane Co.

		1964 年
B0726	楊秀芳	台灣閩南語語法稿
		台北　大安出版社　1991 年 4 月
B0727	鄭良偉	Sub-syllabic Morphemes in Taiwanese,　Journal of
		Chinese Linguistics, 13:1(1985b), 12-42.　　1990 年
B0728	鄭縈	國語「給」與閩南語「kap」和「h?」的來源
		第二屆國際聲韻學會暨第十屆全國聲韻學會會前論文集
		國立中山大學　1992 年
B0729	鄭謝淑娟	臺灣福建話形容詞的研究
		臺北市　臺灣學生書局　1981 年

十、臺語社會研究

B0730	黃宣範	台灣語言社會學的幾個議題
		第一屆台灣語言國際研討會論文集　台北　國立臺灣師
		範大學　頁 1-20　1993 年
B0731	黃宣範	語言、社會與族群意識
		台北　文鶴出版公司　1993 年

十一、臺語方言辭書

B0732	王康旼	國音閩南音對照字典
		作者手稿未刊　1986 年
B0733	王華南	實用台語詞彙
		台北　台原出版社　1992 年 7 月
B0734	台灣省國語推行委員會	國台通用語彙
		台北　國語日報社　1952 年 6 月
B0735	吳守禮	朱藏古抄南管曲詞記
		五十年來的中國俗文學　1963 年 8 月
B0736	吳守禮	從宜先生編著年表

		吳守禮華甲紀念　1968 年
B0737	李木杞	國台音通用字典
		台中　瑞成書局　1963 年 1 月
B0738	沈富進	**彙音寶鑑**
		嘉義　文藝學社　1954 年
B0739	沈富進	**增補彙音寶鑑**
		嘉義　文藝學社　1970 年
B0740	林央敏	新編《簡明臺語字典》介紹
		臺灣文藝　第 6 期　頁 168　1991 年 08 月
B0741	林信堅	台灣教會史料館蒐集品 23 廈門音的字典
		台南　台灣教會公報　1976 年 08 月 29 日
B0742	林清標	台語實用字典
		自印　1987 年 10 月
B0743	林登魁	烏字十五音
		台中　瑞成書房　1960 年
B0744	林繼雄	台灣現代語音辭典
		台南　育德資訊公司　1987 年
B0745	姚榮松	台灣語典導讀
		台北　金楓出版有限公司　1987 年
B0746	姚榮松	評介〈綜合閩南方言基本字典初稿〉
		臺灣文摘　第 5 卷 2 期　頁 57-58　1992 年 04 月
B0747	洪惟仁	台灣話研究現況
		台灣河佬語聲調研究附錄　1985 年 2 月
B0748	洪惟仁	台灣禮俗語典
		台北　自立晚報社　1986 年 9 月
B0749	洪惟仁	麥都思《福建方言字典》的價值
		台灣文獻　42 卷 2 期　頁 96-116　1991 年
B0750	洪惟仁	臺語辭典知多少？－歷來閩南語辭書簡介-上-
		國文天地　第 7 卷 7 期　頁 37-43　1991 年 12 月
B0751	洪惟仁	臺語辭典知多少？－歷來閩南語辭書評介-中-
		國文天地　第 7 卷 8 期　頁 66-68　1992 年 01 月
B0752	洪惟仁	臺語辭典知多少？－歷來閩南語辭書簡介-下-

		國文天地　第 7 卷 9 期　頁 64-67　1992 年 03 月
B0753	胡鑫麟	分類臺語小詞典
		自立晚報社　1994 年
B0754	胡鑫麟	實用臺語小字典
		自立晚報社　1994 年
B0755	徐金松	中國閩南廈門音字典（五種注音）
		編者自印　1980 年
B0756	徐金松	台語字典（中國閩南廈門音字典增訂本）
		台北　南天書局　1991 年 10 月
B0757	徐運德	客話辭典
		苗栗　中原週刊社　1992 年
B0758	張枝正	三十六字台音簡化字典
		台北　慶芳書店　1954 年
B0759	許成章	台灣漢語辭典
		台北　自立晚報社　1992 年 10 月
B0760	許成章	台灣閩南語之辭典著作動機與目的（外一篇）
		南瀛文獻　10 卷　頁 1-16　1965 年 6 月
B0761	許成章	台灣閩南語辭典（初稿）
		南瀛文獻　2 卷　1967 年
B0762	許成章	答客問－關於台灣閩南語辭典音彙篇之編輯
		台灣風物　26 卷 4 期　頁 127-149　1976 年 12 月
B0763	許成章	臺灣閩南語辭典
		臺灣風物　第 20 卷 3 期-21 卷 2 期　共 219 頁　1970 年 08 月-1971 年 05 月
B0764	許成章	臺灣閩南語辭典音彙篇
		臺灣風物　第 21 卷 3 期　頁 72-166　1971 年 08 月
B0765	許成章	閩南語辭典音彙篇編輯
		書和人　第 155 期　頁 1-8　1971 年 02 月 20 日
B0766	許金用	國語音標台語常用字典
B0767	許極燉	常用漢字臺語詞典
		台北　自立晚報社　1992 年 6 月
B0768	連橫	台灣語典

中華叢書委員會印　1957 年

B0769　連橫　　　雅言
台灣銀行經濟研究室重刊　1963 年

B0770　連橫　　　雅言
海東山房　1958 年 8 月

B0771　陳成福　　國台音彙音寶典
台南　西北出版社　1986 年

B0772　陳修　　　台灣話大辭典
台北　遠流出版社　1991 年 11 月

B0773　陳修主編　臺灣話大詞典：閩南話漳泉二腔系部份
臺北市　遠流出版社　1991 年

B0774　黃士洋　　士洋國台語字典
自印　1994 年 5 月修訂版　1973 年 3 月

B0775　黃士洋　　貼切而實用的台語十五音注音法
台南師院八十二學年度論文發表會　1994 年 5 月

B0776　黃有實　　台灣十五音辭典
台北　南山堂出版社　1972 年

B0777　黃有實　　臺灣十五音辭典
臺北市　武陵出版社　1993 年

B0778　楊青矗　　國臺雙語大辭典
高雄　敦理　1992 年 7 月

B0779　詹鎮卿　　國台音萬字典
蘭記書局　1946 年

B0780　劉建仁　　光復後的台語韻書
台灣風物　7 卷 6 期　頁 73-89　1967 年 12 月

B0781　劉建仁　　連氏臺灣語典音讀索引
臺北文獻　第 10/12 期　頁 315-347　1965 年 12 月

B0782　蔡文徽　　彙音兼字典
台中　中美雜誌社　1972 年

B0783　蔡文徽　　辭語韻文：國、閩南語注音
台中　名山事業行　1972 年

B0784　鄭良偉　　從社會背景看兩本福佬話辭典一台日大辭典與普閩辭典

　　　　　　　台灣風物　37卷3期　頁99-119　1987年9月

B0785　薛文郎　簡明台音字典
　　　　　　　高雄　慶芳書局　1964年

B0786　魏南安　台語大字典
　　　　　　　台北　自立晚報社　1992年

十二、臺語教學研究

B0787　方南強　大家來說台灣母語
　　　　　　　台北　時報文化出版公司　1993年12月

B0788　王米薇　閩南語教學課本（一）至（四）
　　　　　　　台北　中國廣播公司廣播雜誌社　1965年

B0789　何德華　從加拿大魁北克經驗談台灣閩南語母語政策
　　　　　　　客家語研討會　清華大學　1994年

B0790　吳守禮　論語有聲講義（閩南話講解）
　　　　　　　鳴鳳唱片有限公司　1960年9月

B0791　李壬癸　母語教學的基本觀念和教材大綱
　　　　　　　台灣地區本土語文之研究與推廣座談會會議紀錄　台北
　　　　　　　縣政府頁58-80　1994年

B0792　李壬癸　當前國語、方言政策的檢討
　　　　　　　當代語文問題學術研討會　國立台灣大學　1994年

B0793　李春霖　台灣話：國語對照
　　　　　　　台北　文光圖書公司　1963年

B0794　李英哲　Problems in the Phonology the Southern Min
　　　　　　　Dialect of taiwan　(co-auther:Thomas Roberts)，
　　　　　　　Tunghai Journal 5.1:96-108,Taichung.　1986年

B0795　李英哲　二十世紀台灣語言的本土化
　　　　　　　閩南語研討會　國立清華大學　1994年

B0796　李豐明　台灣話的研究與教學
　　　　　　　海外台灣基督徒聯合通訊（紐約）　第2期　頁36-46.
　　　　　　　1974年

B0797　李豐明　母親節談母語

　　　　　　　　海外台灣基督徒聯合通訊（紐約）　第28期　頁7-10
　　　　　　　　1975年

B0798　李豐明　　在海外推廣台灣語言的種種問題及解決辦法
　　　　　　　　海外台灣基督徒聯合通訊（紐約）　第34期　頁33-38
　　　　　　　　1975年

B0799　林本元　　台灣白話三字文
　　　　　　　　慈善圖書部　1953年

B0800　林本元　　台灣白話三字文第二輯
　　　　　　　　油印本　1954年

B0801　林存矩　　台語講義
　　　　　　　　台北　台灣省警察學校　1953年

B0802　林清標　　從台語教育看未來文字注音規範及音表符號
　　　　　　　　日本東京大學　1987年10月

B0803　林紹賢　　實用台語會話
　　　　　　　　增訂本　台北　正中書局　1950年11月

B0804　邵平男　　台語觀光會話
　　　　方清滿　　文翔圖書股分有限公司　1979年

B0805　姚榮松　　鄉土語言
　　　　　　　　教師天地　第67期　頁11-15　1993年12月

B0806　洪惟仁　　台灣語言危機
　　　　　　　　台北　前衛出版社　1992年2月

B0807　洪惟仁　　本土語言教育的問題
　　　　　　　　現代學術研究　第3期　頁183-192　1990年07月

B0808　洪惟仁　　論閩南語教材的文字問題
　　　　　　　　閩南語研討會　清華大學　頁1-12.　1994年3月

B0809　洪舜廷　　台語聲律啓蒙
　　　　　　　　南瀛文獻　第1卷2期　頁54-63　1955年12月

B0810　胡文池　　羅馬字新讀本
　　　　　　　　宜蘭　1937年

B0811　胡鑫麟　　台文初步
　　　　　　　　臺北　自立晚報社文化出版部　1994年5月

B0812　徐運德　　客家話詞彙

苗栗　中原週刊社　1989 年

B0813　徐運德　客家話會話篇
苗栗　中原週刊社　1989 年

B0814　徐運德　客家話語音篇
苗栗　中原週刊社　1991 年

B0815　徐運德　客家話讀本 1-4 冊
苗栗　中原週刊社　1991 年

B0816　徐輝浩　實用台語會話
台中　中台書局，又華星書局　1958 年

B0817　馬利諾教　初步台語會話及文法
　　　 會語言服　台中　馬利諾教會語言服務中心出版　1985 年
　　　 務中心

B0818　高積煥　初步台語會話及文法
　　　 陳邦鎮　台中　馬利諾語文學校　1960 年增訂　1955 年

B0819　梁炯輝　唐詩三百首（漢文、白話字對照、TLPA 台語音標）
台北　文史哲出版社　1995 年

B0820　梁炯輝　唐詩三百首（漢文、閩南語之調譜、羅馬字注音）
1992 年

B0821　莊達特　閩南語的教學問題
學生論文集刊《語文論叢》第一輯　國立新竹師範學院
語文教育學系　頁 199　1966 年

B0822　許慧娟　台語的音韻習得：一個長期的個案研究
新竹　國立清華大學語言所碩士論文　1988 年

B0823　陳璉環　注音台語會話（大字本）
台北　國語日報社　1955 年 4 月

B0824　陳璉環　臺語會話
台北　國語日報社　1950 年

B0825　董芳苑　台灣話韻語
彰化　台灣基督長老教會，蘭大衛紀念教會小會
1991 年

B0826　臧汀生　臺灣閩南歌謠研究
台北　臺灣商務印書館　1980 年

B0827　蔡培火　　國語閩南語對照初步會話
　　　　　　　　台北　正中書局　1976 年 6 月
B0828　鄭良偉　　Second-Language Learner's Classification of
　　　　　　　　Chinese Dialects and Related Language,　Gengo
　　　　　　　　Kenkyu , Tokyo , 63 (1973c), 27-42.　1978 年
B0829　鄭良偉　　Teaching in Chinese Outside China, in Case
　　　　　　　　Studies in Bilingual Education, ed. Bernal
　　　　　　　　Spolsky (Rowley , MA: Newbury House Publishers,
　　　　　　　　1978e), .362-403.　1985 年
B0830　杜建坊　　台灣泉廈漳三腔三字經讀本
　　　　　　　　台北　自立晚報出版部　1993 年臺教比
B0831　趙元任原著、朱兆祥譯編　台語對照國語會話課本
　　　　　　　　台灣省國語推行委員會　1955 年

十三、臺語語義研究

B0832　林本元　　「三八」和「百八」的意義
　　　　　　　　台灣風物　13 卷 4 期　頁 12-13　1963 年
B0833　姚榮松　　迤迌、相喝，(方言溯源)
　　　　　　　　國文天地　2 卷 6 期　頁 41-43　1987 年
B0834　姚榮松　　方言溯源：好額、散赤、讀冊、捌字
　　　　　　　　國文天地　2 卷 9 期　頁 58-60　1987 年 1 月
B0835　姚榮松　　方言溯源：芭樂、龍眼、檨仔
　　　　　　　　國文天地　2 卷 5 期　頁 50-52　1986 年 10 月
B0836　姚榮松　　方言溯源：翕相、舉箸、捧碗
　　　　　　　　國文天地　2 卷　頁 73-75　1987 年 1 月
B0837　姚榮松　　方言溯源：飼囝、搖囝仔歌—談「囝」的讀音
　　　　　　　　國文天地　2 卷 7 期　頁 66-69　1986 年 12 月
B0838　姚榮松　　食、糜、潘、底　(方言溯源)
　　　　　　　　國文天地　12 期　頁 60-62　1987 年
B0839　徐輝浩　　國台語彙
　　　　　　　　著者出版　1952 年

B0840　張裕宏　　台灣福建話外來語概觀
　　　　張光裕　　第一屆台灣語言國際研討會論文選集　台北
　　　　　　　　文鶴出版有限公司　1995 年
B0841　連金發　　Synaesthetic words in the Southern Min dialects:
　　　　　　　　their　structure and change （閩南方言中的聯覺詞
　　　　　　　　：語義結構和演變）
　　　　　　　　中央研究院歷史語言研究所論文集　第二集　1994 年
B0842　陳冠學　　台語慣用詞彙編
　　　　　　　　台灣文化季刊　第一期起連載　1986 年 6 月

陸　閩語研究

一、閩語語音研究

B0843　　　　　　閩南語與客家話之來源種類及保存古語古音
　　　　　　　　台中醫專學報　第 3 期　1985 年 8 月
B0844　丁邦新　　潮州方言中聲調演變的問題
　　　　　　　　台北　中央研究院歷史語言研究所集刊 50 本　1985 年
B0845　丁麗萍　　音韻與構詞的交集－閩南海口腔的/a/前變調
　　　　　　　　第二屆台灣語言國際研討會　台北　國立台灣大學
　　　　　　　　1995 年
B0846　王三慶　　第一部中國西譯書「明心寶鑑」中載存的閩南語譯音研究
　　　　　　　　華岡文科學報　第 18 期　頁 193-227　1991 年 11 月
B0847　王天昌　　福州話字音話音的分析
　　　　　　　　東海學報　7 卷 01 期　頁 101-121　1965 年 06 月
B0848　王天昌　　福州話裏介音的混淆現象
　　　　　　　　東海學報　第 9 卷 1 期　頁 45-51　1968 年 01 月
B0849　王天昌　　福州語音研究
　　　　　　　　台北　世界書局　1969 年
B0850　王天昌　　福州語音研究
　　　　　　　　臺北　中華民國中山學術文化基金董事會補助出版
　　　　　　　　1969 年

B0851　王育德　　泉州方言　音韻体系
　　　　　　　　明治人文科學研究所紀要八、九合併號　明治人文科學
　　　　　　　　研究所　1970 年

B0852　王福堂　　閩北方言中弱化聲母和第九調的我見
　　　　　　　　中華民國聲韻學會第十二次年會暨第三屆國際學術研討
　　　　　　　　會論文集　新竹　清華大學主辦　頁 436-439　1994 年
　　　　　　　　05 月

B0853　朱兆祥　　廈門音韻的檢討
　　　　　　　　南洋大學中文學報　第 2 期　頁 63-77　1963 年 12 月

B0854　朱兆祥　　漳泉廈語語音的定位描述
　　　　　　　　南洋大學學報（人文科學）　第 7 期 頁 127-142　1973 年

B0855　何大安　　海南島樂會方言音韻研究
　　　　　　　　國科會獎助論文　1978 年

B0856　何大安　　澄邁方言的文白異讀
　　　　　　　　台北　中央研究院歷史語言研究所集刊 52 本 1 分
　　　　　　　　頁 101-152　1981 年 03 月

B0857　何大安　　澄邁方言的文白異讀
　　　　　　　　國科會獎助論文　1980 年

B0858　何大安　　邁澄方言調查報告同音字表
　　　　　　　　未刊稿　1981 年

B0859　何大安　　變讀現象的兩種貫時意義—兼論泉州方言的古調值
　　　　　　　　台北　中央研究院歷史語言研究所集刊 55 本　1985 年

B0860　何大安　　變讀現象的兩種貫時意義：兼論晉江方言的古調值
　　　　　　　　中央研究院歷史語言研究所集刊　第 55 本 1 分
　　　　　　　　頁 115-132　1984 年 03 月

B0861　吳中　　　閩南語聲調變化研究
　　　　　　　　南瀛文獻　第 28 期　頁 23-60　1983 年 06 月

B0862　吳守禮　　《八音定訣》與《手抄十五音》
　　　　　　　　臺南　文史薈刊第二輯　1960 年 12 月

B0863　吳守禮　　「日本語」　「閩南語」漢語日本讀音　閩南字音
　　　　　　　　中心
　　　　　　　　神岡喜一郎博士國學論集　頁 625-643　1986 年

B0864　吳守禮　閩南方言的「讀音」和「語音」雜談一兼釋音字脫節現象
　　　　　　　　文史哲雜志　3卷3-4期　共39頁　1987年1-4月
B0865　吳登神　談閩南音
　　　　　　　　南瀛文獻　第23期　頁85-108　1978年06月
B0866　吳槐　閩南語古音考
　　　　　　　　台灣風物　第24卷4期　頁25-63　1974年12月
B0867　吳槐　閩南語語音之研究
　　　　　　　　臺灣文獻　第26卷4期-27卷1期　頁126-147
　　　　　　　　1976年03月
B0868　李三榮　閩南語十五音之研究
　　　　　　　　臺北　政治大學中國文學研究所碩士論文　1969年
B0869　李壬癸　Rhyming and phonemic contrast in Southern Min.
　　　　　　　　BIHP,Academia Sinica.　57.3:439-463　1990年
B0870　李壬癸　閩南語的押韻與音韻對比
　　　　　　　　中央研究院歷史語言研究所集刊　第57本3分
　　　　　　　　頁439-463　1986年09月
B0871　李壬癸　閩南語的鼻音問題
　　　　　　　　中國境內語言暨語言學第一輯(漢語方言　中央研究院
　　　　　　　　頁423-435　1992年6月
B0872　李壬癸　閩南語喉塞音尾性質的檢討
　　　　　　　　臺北　中央研究院歷史語言研究所集刊　第60本3分頁
　　　　　　　　487-492　1989年09月
B0873　李永明　閩南方言潮州話加襯音的動詞和動詞的襯音
　　　　　　　　第一屆台灣語言國際研討會論文集　台北　國立臺灣師
　　　　　　　　範大學　1993年3月
B0874　李獻章　福佬話的音韻變化
　　　　　　　　台灣風物　第36卷3期　頁3-24　1986年09月
B0875　林香薇　閩南語自成音節鼻音研究
　　　　　　　　高雄　國立高雄師範大學國文研究所碩士論文
　　　　　　　　1995年06月
B0876　姚榮松　廈門話文白異讀中鼻化韻母的探討

		國文學報　第16期　頁271-288　1987年06月
B0877	姚榮松	廈門話文白異讀中鼻化韻母的探討
		國文學報　第十六期　頁271-288　1987年
B0878	姚榮松	廈門話文白異讀中鼻化韻母的探討
		國科會獎助論文　1987年
B0879	姚榮松	廈門話文白異讀中鼻化韻母的探討
		聲韻論叢第二輯　臺北　臺灣學生書局　頁315-336 1994年05月
B0880	徐芳敏	閩南廈漳泉次方言白話層韻母系統與上古音韻部關係之 研究
		臺北　國立台灣大學中國文學研究所博士論文 1991年5月
B0881	張文漢	以自主音段學探討閩方言的音變
		臺北　國立政治大學西洋語文研究所碩士論文　1989年
B0882	張文漢	以自主音段學探討閩方言的音變
		臺北市　政治大學西洋語文研究所
B0883	張光宇	從閩方言看切韻一二等韻的分合
		清華學報　第19卷2期　頁165-193　1989年12月
B0884	張光宇	海口方言的聲母
		國科會獎助論文　1989年
B0885	張光宇	海口方言聲母的由來
		切韻與方言　臺北　臺灣商務印書館　頁32-49 1990年01月
B0886	張光宇	閩方言古次濁聲母的白讀h-和s-
		中國語文　第4期　頁300-307　1989年
B0887	張光宇	閩方言古次濁聲母的白讀h-和s-
		切韻與方言　臺北　臺灣商務印書館　頁17-31 1990年01月
B0888	張光宇	閩方言古次濁聲母的白讀h-和s-
		國科會獎助論文　1991年
B0889	張光宇	閩方言音韻層次的時代與地域
		切韻與方言　臺北　臺灣商務印書館　頁175-200

		1990 年 01 月
B0890	張光宇	閩南方言的特殊韻母-i ○
		切韻與方言　臺北　臺灣商務印書館　頁 136-145
		1990 年 01 月
B0891	張光宇	閩南方言的特殊韻母─ iy
		大陸雜誌社　第 79 卷 2 期　頁 16-21　1989 年 8 月
B0892	張光宇	論閩南語陽聲韻之等第與時代層次
		第十六屆漢藏語言學會論文　1983 年
B0893	張屏生	金城方言的語音系統
		中華民國聲韻學會第十二次年會暨第三屆國際學術研討
		會論文集　新竹　清華大學主辦　頁 262-282
		1994 年 05 月
B0894	張屏生	從音節結構的分析看潮陽話的語音特質
		第十一屆全國聲韻學研討會　嘉義　國立中正大學主辦
		1993 年
B0895	張屏生	潮正兩音字集音系初探
		第一屆潮州學國際研討會發表　香港中文大學主辦
		1993 年 12 月
B0896	張琨	海南閩南語言的聲調
		中央研究院歷史語言研究所集刊　第 62 本 1 分
		頁 65-82　1993 年 3 月
B0897	張琨	閩方言中蟹攝韻的讀音
		中央研究院歷史語言研究所集刊　第 64 本
		1993 年 12 月
B0898	張裕宏	Tone System in Shangfeng dialect: A Southern
		MIN Dialec　Unicorn 9,　41-54　1988 年
B0899	張雙慶	〈潮州方言詞匯〉序
		中國語文通訊　第 17 卷　頁 7-12　1991 年 11 月
B0900	張雙慶	董同龢「四個閩南方言」晉江部分修訂
		聯合書院學報　第 10 期　頁 167-185　1972 年
B0901	梅祖麟	試論幾個閩北方言中的來母 s-聲字
	羅杰瑞	清華學報　第 9 卷　第 1 、 2 期合刊　頁 96-105

1971 年

B0902 畢長樸　閩南語疑問詞研究續議：「何」字語音演變之專題研究
台灣文獻　36 卷 1 期　頁 85-122　1985 年

B0903 許蕙麗　方言混合－建陽聲母的演變
新竹市　清華大學語言研究所

B0904 連金發　建甌方言中的互競韻母系統
國科會獎助論文　1990 年

B0905 連金發　建甌方言中的互競韻母系統
清華學報　第 20 卷第 1 期　頁 1-53　1990 年 06 月

B0906 連金發　論閩方言的開合口
國科會獎助論文　1991 年

B0907 連金發　論閩方言的開合口
中國境內語言暨語言學第一輯(漢語方言　中央研究院
頁 449-483　1992 年 6 月

B0908 陳忠敏　邵武方言入聲化字的實質
臺北　中央研究院歷史語言研究所集刊　63 本 4 分頁
815-830　1993 年 9 月

B0909 陳雅玫　閩南語重疊副詞的變調分析：從「儉儉仔」談起
蕭宇超　第四屆國際暨第十三屆全國聲韻學學術研討會論文集
臺北　國立臺灣師範大學國文系所、中華民國聲韻學
學會主辦　1995 年 05 月

B0910 楊秀芳　閩南語文白系統的研究
國科會獎助論文　1983 年

B0911 溫端政　浙南閩語的音韻特徵
中華民國聲韻學會第十二次年會暨第三屆國際學術研討
會論文集　新竹　清華大學主辦　頁 459-467　1994 年
05 月

B0912 董同龢　廈門方言的音韻
中央研究院歷史語言研究所集刊　第 29 本下
頁 231-253　1957 年 11 月

B0913 董同龢　廈門方言的音韻
董同龢先生語言學論文選集　臺北　食貨出版社　頁 275

1974 年

B0914　董忠司　試論潮州話 ou 韻的形成

第四屆國際閩方言研討會　海南　海口　1995 年 4 月

B0915　董昭輝　閩南語人稱代詞之調型條件

第一屆台灣語言國際研討會論文集　台北　國立師範大學

頁 1-14　1993 年 3 月

B0916　董昭輝　閩南語的變遷與日語的變調

第一屆臺灣本土文化學術研討會　台北　國立師範大學

1994 年

B0917　詹梅伶　廣西平南閩語之聲母保存上古音之痕跡

第十一屆全國聲韻學研討會　嘉義　國立中正大學

1993 年

B0918　劉建仁　閩南語部分 h-聲母字的探討

台灣風物　34 卷 4 期　1984 年 12 月

B0919　鄭再發　Tonal features of Proto-South-Min.

(Cheng, Tsai-fa).　1968 年

B0920　鄭再發　閩南話古聲調的音韻徵性

語言研究　第 2 期(1983)　頁 94-107　1983 年

B0921　鄭縈　永安方言/m/尾的來源

第三屆國際聲韻學會暨第十一屆全國聲韻學會論文集

新竹　國立清華大學　1993 年

B0922　鄭錦全　福建話的成段音位

臺北　國立臺灣大學中國文學研究所碩士論文　1963 年

B0923　蕭宇超　Tone Stability of the Personal Pronouns in

Southern Min. Proceedings of the 26th

International Conference on Sino-Tibetin

Languages and Linuistics. Osaka, Japan.(co-autho

r:Huiting Huang and Meihsiu Chen)　1995 年

B0924　蕭藤村　中古音與廈門音在聲紐上的對應關係

嘉女學報　第 1 期　頁 59-116　1992 年 12 月

B0925　謝雲飛　閩南語輕唇音音值商榷

第三屆聲韻學研討會論文　1984 年 12 月

B0926　謝雲飛　　閩南語輕脣音音值商榷
　　　　　　　　聲韻論叢第二輯　臺北　臺灣學生書局　頁 293-314
　　　　　　　　1994 年 05 月

B0927　鍾榮富　　閩南語的脣音異化現象
　　　　　　　　第二屆國際暨第十屆全國聲韻學學術研討會論文集
　　　　　　　　臺北　國立中山大學中文系所、中華民國聲韻學學
　　　　　　　　會主辦　頁 683-696　1992 年

B0928　藍亞秀　　福州音系
　　　　　　　　文史哲學報　第 6 期(1953)　頁 241-331　1953 年 12 月

B0929　羅常培　　廈門音系及其音韻聲調之構造與性質
　　　　周辨明　　臺北　古亭書屋　1975 年 3 月

B0930　嚴棉　　　廈門音系的進一步研究
　　　　　　　　國科會報告　1966 年

B0931　李獻璋　　福佬語方言中之沒有聲母的詞彙
　　　　　　　　南瀛文獻　3 卷 4 期-4 卷 1 期　1956 年

B0932　吳湛露　　「古音佐證與臺灣話」前言
　　　　　　　　中國語文　第 47 卷 6 期　頁 18-19　1980 年 12 月

B0933　張清鍾　　淺談閩南語與國語聲調之關係
　　　　　　　　教師之友　第 19 卷 3 期　頁 6-7　1978 年 04 月

B0934　董昭輝　　Two Lower-Level Tone Sandhi Rules in One
　　　　　　　　Variety of South Min,　Bulletin of Taiwan Normal
　　　　　　　　University 18:259-266.　1983 年

二、閩語與其它方音之比較

B0935　邢志群　　Word order flexibility in Chinese: A typological
　　　　　　　　study of Mandarin, Min, and Yue dialects.
　　　　　　　　第四屆中國境內語言暨語言學國際討論會　台北　中央
　　　　　　　　研究院　1994 年

B0936　朱兆祥　　漳泉廈語比較究緒論
　　　　　　　　臺灣新生報　第 6 期

B0937　金亨冀　　閩南語文言音與現代韓國漢字音對應關係研究

		臺北　私立輔仁大學中國文學研究所碩士論文　1991 年
B0938	張光宇	臺灣所見上海話詞語例釋
		第二屆國際暨第十屆全國聲韻學學術研討會論文集
		高雄　國立中山大學中文系所、中華民國聲韻學學
		會主辦　頁 319-324　1992 年
B0939	張光宇	臺灣所見上海話詞語釋例
		中國書目季刊　第 26 卷 2 期　頁 53-55　1992 年 09 月
B0940	張屏生	潮陽話和潮州部份次方言的語言比較
		第一屆台灣語言國際研討會論文選集　台北　文鶴出版
		公司　1995 年 4 月
B0941	張屏生	潮陽話和潮洲部分次方言的語音比較
		中國學術年刊　第 15 期　師大國研所編　1994 年 3 月
B0942	張屏生	潮陽話和潮洲部分次方言的語音比較
		第一屆台灣語言國際研討會論文集　台北　國立臺灣師
		範大學　1993 年 3 月
B0943	張屏生	潮陽話與閩南地區部分次方言的語音比較
		中國學術年刊　第 15 期　頁 311-374　1994 年 03 月
B0944	張琨	論比較閩方言
		中央研究院歷史語言研究所集刊　55 本　頁 415-458
		1984 年 9 月
B0945	張屏生	潮陽話和其他閩南話的比較
		臺北　私立中國文化大學中國文學研究所碩士論文
		1992 年 6 月

三、閩語方言史研究

B0946	吳守禮	閩南語史研究的回憶
		國語日報「書和人」　第 477 期　1983 年 10 月
B0947	李英哲	Historical Significance of Certain Distinct
		Grammatical Features in Taiwanese Contributions
		to Sino-Tibetan Studies, Cornell Linguistics
		Contributions,　E.J.Brill, 393-415,Leiden.　1989 年

B0948　張琨　　　再論比較閩方言
　　　　　　　　臺北　中央研究院歷史語言研究所集刊　60本4分　頁
　　　　　　　　829-875　1989年12月
B0949　楊秀芳　　試論萬寧方言的形成
　　　　　　　　國科會獎助論文　1987年

四、閩語地理研究

B0950　Bodman　　簡介廣東中山縣的兩個閩方言
　　　　　　　　清華學報　第14期　頁1-2　72年8月

五、音標與文字研究

B0951　江文種　　閩南語小考
　　　　　　　　東京大東文化大學紀要文學編　　第13期　頁133-146
　　　　　　　　1975年
B0952　江澄祥　　閩南方言的字與義問題
　　　　　　　　東風　12　頁22-33　1960年12月
B0953　吳守禮　　釋「彳亍一得桃」－閩南方言探原之一
　　　　　　　　大陸雜誌　第19卷10-11期　1959年11-12月
B0954　吳守禮　　釋「娘簡」－閩南方言研究札記
　　　　　　　　大陸雜誌　第21卷3期　頁21-24　1960年8月
B0955　吳守禮　　釋「掞」－閩南方言研究札記之一
　　　　　　　　大陸雜誌　第16卷4期　頁2-4　1958年02月
B0956　呂伯友　　閩南語所存本音義考
　　　　　　　　文史學報　第5期　頁97-102
B0957　李茂祥　　閩南語音羅馬字拼音學習法
　　　　　　　　台灣風物　第21卷3期　頁44-54　1971年8月
B0958　杜文靖　　「閩南語」注音符號的研究
　　　　　　　　自立晚報　第3期　1979年02月04日
B0959　林本元　　閩南白話字的分析
　　　　　　　　臺北文獻　第1-4期　頁269-284　1968年07月

B0960　姚榮松　　兩岸閩南語詞典對方言本字認定的差異
　　　　　　　　國文學報　22 期　頁 311-326　1993 年 06 月
B0961　胡莫　　　廈門方言之羅馬字拼音法
　　　　　　　　臺灣文化　第 3 卷 5 期　頁 8-12　1948 年 06 月
B0962　黃敬安　　閩南方音證經舉例
　　　　　　　　臺北　國立臺灣師範大學國文研究所碩士論文
　　　　　　　　1973 年 06 月
B0963　黃敬安　　閩南話考證－史記例證
　　　　　　　　台北　文史哲出版　1984 年 1 月
B0964　黃敬安　　閩南語考證
　　　　　　　　臺北　文史哲出版社　1973 年　月
B0965　雷一鳴　　在台完成音字之元祖盧贛章先生
　　　　　　　　台灣文獻　6 卷 2 期　1955 年 6 月

六、閩語與官話之關係

B0966　林衡道　　漫談福州的方言
　　　　　　　　臺北文獻　第 24 卷 3、4 期　頁 1-3　1991 年 12 月

七、閩語語法研究

B0967　王育德　　福建語　於　　著　語法
　　　　　　　　中國語學　第 7 期(1969)　頁 1-5　1969 年
B0968　李獻璋　　福建語法序說
　　　　　　　　東京　南風書局　1950 年
B0969　周長楫　　閩話「會」、「勿會」及其相關句型
　　　　　　　　第一屆台灣語言國際研討會論文集　台北國立臺灣師範
　　　　　　　　大學　1993 年 3 月
B0970　畢長樸　　閩南語疑問詞研究
　　　　　　　　台灣文獻　34 卷 1 期　頁 47-88　1983 年
B0971　湯廷池　　閩南話否定詞的語音內涵與句法表現
　　　　　　　　第一屆台灣語言國際研討會論文集　台北國立師範大學

　　　　　　　　頁 1-32　　1993 年 3 月

B0972　黃居仁　　Adjectival reduplication in Southern Min: a study
　　　　　　　　of morpholexical rules with syntactic effects.
　　　　　　　　Chinese Languages and Linguistics. Vol.1.
　　　　　　　　Chinese Dialects.407-22. Taipei: Academia Sinica.
　　　　　　　　1988 年

B0973　楊秀芳　　從歷史語法的觀點論閩南語[了]及完成貌
　　　　　　　　台灣大學中文學報　　1991 年

B0974　楊秀芳　　從歷史語法的觀點論閩南語[著]及持續貌
　　　　　　　　未發表　　1991 年

B0975　溫端政　　從浙南閩南話形容詞程度表示方式的演變看優勢方言對
　　　　　　　　劣勢方言的影響
　　　　　　　　第一屆台灣語言國際研討會論文集　　台北　　國立師範大
　　　　　　　　學　頁 1-8　　1993 年 3 月

B0976　潘家懿　　海豐話形容詞的生動形式
　　　　　　　　第一屆台灣語言國際研討會論文集　　台北　　國立師範大
　　　　　　　　學　　1993 年

B0977　潘家懿　　海豐話形容詞的重疊與加強形式
　　　　　　　　第一屆台灣語言國際研討會論文選集　　1995 年

B0978　張雙慶　　菲律賓閩南話中的借詞
　　　　　　　　第一屆台灣語言國際研討會論文集　　台北　　國立臺灣師
　　　　　　　　範大學　　1993 年

B0979　董忠司　　畬語和閩南語的關係（初稿）
　　　　　　　　第 27 屆國際漢藏語言和語言學會議　　1994 年 10 月

八、閩語辭書研究

B0980　王天昌　　釋「十五音」「福建方音
　　　　　　　　書和人　第 555 期　頁 2　　1986 年 10 月 25 日

B0981　吳守禮　　《什音全書》(日本內閣文庫藏本)中的閩南語資料研究
　　　　　　　　撰者自印　　1977 年 10 月

B0982　吳守禮　　《荔鏡記》戲文之刊刻地點

		台灣風物　16 卷 3 期　頁 23-26　1966 年 6 月
B0983	吳守禮	《荔鏡記》戲文研究－韻字篇
		國科會甲種補助報告（油印本）　1962 年 6 月
B0984	吳守禮	《荔鏡記》戲文研究－校勘篇(標點版)，附：專題論文十二篇
		臺北　東方文化供應社　1970 年 7 月
B0985	吳守禮	《荔鏡記》戲文研究序說
		台灣風物　10 卷 2-3 期　1960 年 5 月
B0986	吳守禮	明嘉請刊《荔鏡記》戲文研究－校勘篇
		國科會甲種補助報告（油印本）　1961 年 6 月
B0987	吳守禮	重補摘錦潮調《金花女》《蘇六娘》戲文校理並標點
		臺北　東方文化書局　1972 年
B0988	吳守禮	清光緒間刊《荔枝記》校理
		定靜堂叢書之一　1978 年 1 月
B0989	吳守禮	清乾隆間刊《同窗琴書記》校理
		定靜堂叢書之一　1975 年 5 月
B0990	吳守禮	清順治刊本《荔枝記》研究－校勘篇，附：方言辭彙
		油印本　1968 年 12 月
B0991	吳守禮	順治本《荔枝記》校研
		台灣風物　16 卷 2 期　頁 17-62　1966 年 4 月
B0992	吳守禮	新刻增補全像鄉談《荔枝記》研究－校勘篇
		國科會甲種補助報告（油印本）　1967 年 6 月
B0993	吳守禮	綜合閩南方言基本字典（上、下冊）
		台北　文史哲出版社　1987 年 1 月
B0994	吳守禮	綜合閩南方言基本字典（上、下冊）
		自印本　1986 年 3 月
B0995	吳守禮	釋「◎」以及「◎」擦、娶、引、惹－《荔鏡記》戲文研究札記
		大陸雜誌　第 23 卷 3 期　頁 13-16　1961 年 8 月
B0996	吳守禮	釋「覓」－《荔鏡記》戲文研究札記
		大陸雜誌　25 卷 3 期　1962 年 8 月
B0997	林倖一	蔡培火「國語閩語對照常用辭典」評介

		自立晚報　第 8 期　1970 年 11 月 17 日
B0998	姚榮松	渡江書十五音初探
		聲韻論叢第二輯　臺北市　頁 337　1970 年
B0999	洪惟仁	杜嘉德「廈音大辭典」及麥都思以來基督新教的閩南語研究
		臺灣風物　第 41 卷 2 期　頁 206-190　1991 年 06 月
B1000	洪惟仁	泉州方言韻三種
		臺北市　武陵出版社　1993 年
B1001	洪惟仁	漳州方言韻書三種
		台北　武陵出版有限公司　1993 年
B1002	洪惟仁	閩南語經典辭書彙編
		台北　武陵出版有限公司　1993 年 2 月
B1003	張廷錦	《戚林八音》合訂
	張瑞虎合輯	台北　羅星塔月刊社　1983 年
B1004	張琨	讀《戚林八音》
		中央研究院歷史語言研究所集刊　第 60 卷 4 期
		頁 877-887　1989 年 12 月
B1005	陳永寶	閩南語韻書—十五音字典
		中台醫專期刊　第 31 期　1987 年 6 月
B1006	董育儒	彙音寶鑑—台語字典的秘密
		台文月刊　第 7 期　1995 年 12 月
B1007	蔡俊明	潮語辭典
		台北　三民書局　1976 年
B1008	蔡俊明	潮語詞典補編、國潮語彙
		台北　學生書局　1979 年

九、閩語教學研究

B1009	王育德	福建語研修
		通信　17 號　1972 年
B1010	吳秀麗	實用漢字台語讀音
		台北　自立出版社　1992 年

B1011　施炳華　用閩南語吟誦古詩
　　　　　　　　國立成功大學中文學報　第 3 期　1995 年 2 月

十、閩語語義研究

B1012　湯廷池　閩南語「連、含、參」的意義與用法：兼談閩南語的詞
　　　　　　　　彙與語法教學
　　　　　　　　清大本土語言研討會　1994 年

柒　客家語研究

一、通論

B1013　王育德　客家語　言語年代學的考察
　　　　　　　　現代言語學　東京：三省堂　1972 年
B1014　林瑞徵　台灣客家（四縣）語文集
　　　　　　　　1994 年
B1015　張奮前　客家民系之演化
　　　　　　　　台灣文獻　第 13 卷　頁 9-87　1962 年
B1016　曹逢甫　台灣客家語論文集
　　　　蔡美慧　台北　文鶴出版有限公司　1995 年
B1017　曹逢甫　客家話研討會論文集
　　　　蔡美慧　新竹　清華大學　1994 年
B1018　郭壽華　客家源流新志
　　　　　　　　著者印行　1964 年
B1019　黃今音　談方言－客家話
　　　　　　　　臺灣新聞報　第 12 期　1978 年 4 月 8 日
B1020　董忠司　台灣地區的客家語簡述
　　　　　　　　《現代漢語方言》附錄　台北　新學識文教出版中心
　　　　　　　　頁 237-247　1991 年 10 月
B1021　謝樹新　中原文化叢書（第一集）
　　　　　　　　苗栗　中原文化雜誌社　1965 年

B1022　羅肇錦　　　台灣的客家話
　　　　　　　　　臺北　台原出版社　1990 年 6 月
B1023　羅肇錦　　　客家話與客家特性
　　　　　　　　　文訊月刊　第 12 期　頁 18-20　1990 年 01 月
B1024　羅肇錦　　　誰是姊妹語
　　　　　　　　　客家風雲　第 4 期　頁 55　1988 年
B1025　羅肇錦　　　講客話
　　　　　　　　　臺北　自立晚報　1990 年
B1026　羅翽雲　　　客方言
　　　　　　　　　臺北　古亭書屋　1992 年
B1027　羅翽雲　　　客家話
　　　　　　　　　臺北　聯台出版社　1984 年
B1028　羅翽雲　　　客家話
　　　　　　　　　臺北　臺灣文藝出版社

二、客家語音研究

B1029　余秀敏　　　苗栗客家話音韻研究
　　　　　　　　　臺北　輔仁中文研究所碩士論文　1984 年
B1030　呂嵩雁　　　台灣客家方言語音探究
　　　　　　　　　苗栗市八十三年度文藝季客家文化研討會　客家研討會
　　　　　　　　　論文集　客家雜誌社　1994 年
B1031　呂嵩雁　　　桃園永定客家話語音的特點
　　　　　　　　　客家語研討會論文集　清華大學　台北　文鶴出版有限
　　　　　　　　　公司　1995 年 2 月
B1032　呂嵩雁　　　桃園詔安客家話語音系統
　　　　　　　　　中壢　第一屆客家學術研討會論文集　客家雜誌社主辦
　　　　　　　　　1995 年 1 月
B1033　呂嵩雁　　　海陸客家話的連續變調
　　　　　　　　　中華民國聲韻學會第十二次年會暨第三屆國際學術研討
　　　　　　　　　會論文集　新竹　清華大學主辦　頁 283-305
　　　　　　　　　1994 年 5 月

B1034　李存智　　四縣客家話通霄方言的濁聲母「g」
　　　　　　　　中國文學研究　第 8 期　頁 23-38　1994 年 05 月

B1035　林英津　　論《客法大辭典》之客語音系
　　　　　　　　聲韻論叢第二輯　臺北　臺灣學生書局　頁 383-422
　　　　　　　　1994 年 5 月

B1036　徐桂平　　從句法結構看苗栗四縣客家話的陰平變調
　　　　　　　　中華民國聲韻學會第十二次年會暨第三屆國際學術研討
　　　　　　　　會論文集　新竹　清華大學主辦　頁 319-333
　　　　　　　　1994 年 5 月

B1037　張月琴　　從聲學角度來看苗栗客家方言的連調變化
　　　　　　　　客家語研討會　清華大學　1994 年

B1038　董忠司　　東勢客家語音系統略述及其音標方案
　　　　　　　　清華大學客家語研討會　1994 年

B1039　鄧曉華　　客家方言的音韻特點
　　　　　　　　中華民國聲韻學會第十二次年會暨第三屆國際學術研討
　　　　　　　　會論文集　新竹 清華大學主辦　頁 468-497　1994 年 5 月

B1040　蕭宇超　　從句法觀點看苗栗四縣客家話的陰平變調
　　　　　徐桂平　第三屆國際聲韻學會暨第十二屆全國聲韻學會會前論文
　　　　　　　　集　國立清華大學　1994 年

B1041　鍾榮富　　On the representation of Kejia diphthongs Studies
　　　　　　　　in the Linguistic Science 19:1, 63-80 （ rising
　　　　　　　　diphthong, falling diphthong, dissimilatory
　　　　　　　　constraint, assimilatory constraint ） 1992 年

B1042　鍾榮富　　On Hakka syllabification.
　　　　　　　　國科會計劃 NSC80-0301-H017-01

B1043　鍾榮富　　Aspects of Kejia phonology.
　　　　　　　　Ph. D. dissertation, University of Illinois.
　　　　　　　　1989 年

B1044　鍾榮富　　客家話韻母的結構
　　　　　　　　漢學研究　第 8 卷第 2 期　1990 年

B1045　鍾榮富　　客語的構詞和音韻的關係
　　　　　　　　第一屆台灣語言國際研討會論文集

		台北　國立師範大學　1993 年 3 月
B1046	鍾榮富	客語的構詞和音韻的關係
		第一屆台灣語言國際研討會論文選集
		台北　文鶴出版有限公司　1995 年
B1047	鍾榮富	美濃地區各客家次方言音韻現象
		客家語研討會　國立清華大學　1994 年
B1048	鍾榮富	論客家話介音的歸屬
		文訊月刊　第 12 期　頁 25-28　1990 年 1 月
B1049	鍾榮富	論客家話的[V]聲母
		第一屆國際暨第八屆全國聲韻學學術討論會論文
		臺灣　輔仁大學　中華民國聲韻學學會主辦　1990 年 3 月
B1050	鍾榮富	論客家話的[V]聲母
		聲韻論叢第三輯　臺灣 臺灣學生書局　頁 435-456
		1990 年 10 月
B1051	鍾榮富	論客家語介音的歸屬
		台灣風物　第 40 卷第 4 期　頁 189-198　1990 年
B1052	羅肇錦	台灣客語次方言間的語音現象
		國科會獎助論文　1987 年
B1053	羅肇錦	台灣客語次方言間的語音現象
		第五屆聲韻學研討會論文
		國立台灣師範大學國文學報 16　頁 289-326　1987 年 6 月
B1054	羅肇錦	客語異讀音的來源
		臺北師院學報　第 7 期　頁 305-325　1994 年 6 月
B1055	羅肇錦	客語異讀音的來源
		聲韻論叢第二輯　臺灣　臺灣學生書局　頁 355-382
		1994 年 5 月
B1056	羅肇錦	瑞金方言的音韻
		新竹師院學報　第 11 期　頁 285-317　1985 年
B1057	羅肇錦	臺灣客語次方言間的語音現象
		第五屆全國聲韻學討論會論文
		臺灣　國立臺灣師範大學國文系所主辦　1987 年 4 月
B1058	羅肇錦	臺灣客語次方言間的語音現象

國文學報　第 16 期　頁 289-326　1987 年 6 月

三、客語語料研究

B1059　江俊龍　臺中東勢客家言中的外來語
第二屆臺灣語言國際研討會會前論文集　頁 488
1995 年 06 月 3、4 日

B1060　呂嵩雁　台灣饒平方言
臺北　私立東吳大學中文研究所碩士論文 1983 年

B1061　菅向榮　標準廣東語典（附台灣俚諺集）
台北　警察協會　1953 年

B1062　楊時逢　台灣美濃客家方言
中央研究歷史語言研究所集刊第 43 本 3 分　頁 405-465
1971 年 06 月

B1063　楊時逢　台灣桃園客家方言
臺北　中央研究院歷史語言研究所單刊甲種之 22
1957 年

B1064　楊時逢　臺灣美濃客家方言
國科會獎助論文　1965 年

B1065　董同龢　華陽涼水井客家話記音
中央研究院歷史語言研究所集刊第 19 本　頁 81-201
1948 年 10 月

B1066　董同龢　華陽涼水井客家話記音
董同龢先生語言學論文選集　臺灣　食貨出版社
頁 153-274　1974 年 11 月

B1067　羅肇錦　瑞金方言
臺北　國立台灣師範大學國文研究所碩士論文 1977 年

B1068　羅肇錦　瑞金方言
臺北　學生書局 1989 年

四、客語與其它方音之比較

B1069　鍾榮富　The domain of Hakka tone sandhi. Studies in
　　　　　　　　linguistics, literature, and language teaching.

B1070　俞敏　　客家人學國語的錯誤傾向
　　　　　　　　台北　國語通訊　1947 年

B1071　徐家光　姐妹語─國語與客語的音韻比較
　　　　　　　　客家風雲　第 3 期　頁 22-24　1987 年 12 月

B1072　徐清明　漢語方言概要中梅縣音系詞彙語法特點與苗栗四縣話比
　　　　　　　　較研究　清大本土語言研討會　1994 年

B1073　羅肇錦　客家與畬族是兄弟族？
　　　　　　　　客家風雲　第 4 期　頁 56-59　1988 年 2 月

五、客家方音地理研究

B1074　洪惟仁　您聽過常樂、詔安客家話？─記五個衰亡的客家方言點
　　　　　　　　客家風雲　第 5 期　1988 年 3 月

六、客家音標與文字研究

B1075　彭德修　用漢字寫客家話的問題
　　　　　　　　客家風雲　第 8 期　頁 64-65　1988 年 6 月

B1076　楊政男　客話漢字書寫研究
　　　　　　　　客家語研討會　清華大學　1994 年

B1077　賴惠玲　客語「到」字初探
　　　　　　　　國立政治大學西洋語文研究所碩士論文　1988 年

B1078　羅肇錦　每日一字─客家話探源
　　　　　　　　客家風雲　第 3 期　頁 18-21　1987 年 12 月

七、客家語法研究

B1079　林英津　客語上聲「到」的語法功能
　　　　　　　　中央研究院歷史語言研究所集刊　第 63 本 4 分
　　　　　　　　頁 831-866　1993 年 09 月

B1080　柯理思　　客話《新約聖書》以及《客家社會生活對話》兩書所見
　　　　　　　　的動詞後置成份「倒」字(上聲)
　　　　　　　　第一屆台灣語言國際研討會論文集　台北　師範大學
　　　　　　　　台北　文鶴出版有限公司　1993 年 3 月
B1081　羅肇錦　　客語語法
　　　　　　　　台北　學生書局　1984 年

八、客家語之社會研究

B1083　楊名暖　　彰化、雲林地區客家人的語言轉換
　　　　　　　　私立輔仁大學語言學研究所碩士論文　1988 年
B1084　楊名暖　　彰化、雲林地區客家人的語言轉換
　　　　　　　　客家語研討會　清華大學　1994 年

九、客語辭書

B1085　中原週刊社　客話辭典
　　　　　　　　中原週刊社　1992 年
B1086　劉添珍　　常用客話字典　1992 年

十、客語教學研究

B1087　古國順　　客家歌謠的本質與語言藝術
　　　　　　　　清華大學客家語研討會論文集　1994 年
B1088　范文芳　　客語教學的現況與展望
　　　　　　　　清華大學客家語研討會　台北　東方文化書局　1994 年
B1089　徐家光　　新竹客家文化研究系列：漢語教學第一冊
　　　　　　　　1994 年
B1090　馮輝岳　　客家童謠中的啓蒙教育
　　　　　　　　苗栗市八十三年度文藝季客家文化研討會　客家研討會
　　　　　　　　論文集　客家雜誌社　1994 年 10 月
B1091　馮輝岳　　客家歌謠探討與賞析　1994 年

捌　吳語研究

一、通論

B1092　村上之伸　咸攝一等在吳語裏的演變
中華民國聲韻學會第十二次年會暨第三屆國際學術研討
會論文集　新竹　清華大學　頁 371 1994 年 5 月
28 、29 日

B1093　馬積祚　最古雅的言語─寧波話
寧波同鄉　第 58 期　頁 19　1971 年 10 月

B1094　張顯昌　水滸傳中的國語與寧波方言
寧波同鄉　第 122 期　頁 23　1978 年 09 月

B1095　陳寅恪　東晉南朝之吳語
臺北　中研院史語所集刊 7 本 1 分　1936 年

B1096　潘悟云　吳語的主體層次
中華民國聲韻學會第十二次年會暨第三屆國際學術研討
會論文集　新竹　清華大學主辦　頁 392-396
1994 年 5 月

二、吳語與其它方音之比較

B1097　謝雲飛　麗水方言與閩南方言的聲韻比較研究
第一屆國際暨第八屆全國聲韻學學術討論會論文
臺灣　輔仁大學　中華民國聲韻學學會主辦　1990 年 3 月
聲論論叢第三輯　臺北市　頁 333　1990 年

三、吳語語音研究

B1098　李田意譯　塘棲話裏的濁喉音（浙江省）
大陸雜誌　第 7 卷 4 期　頁 6-11　1953 年 08 月

B1099　丁邦新　　　吳語聲調之研究
　　　　　　　　　臺北　中央研究院歷史語言研究所集刊 55 本 4 分
　　　　　　　　　頁 755-788　1984 年 12 月
　　　　　　　　　國科會獎助論文　1984 年

B1100　陳之譯　　　關於古代中國的吳語吳音
　　　　　　　　　和平日報　1947 年 05 月 10 日

B1101　木津祐子　　《日本寄語》所反映的明代吳語聲調
　　　　　　　　　中國境內語言暨語言學第二輯‧中央研究院歷史語言研
　　　　　　　　　究所會議論文集之二　臺北　頁 139

B1102　林英津　　　論吳方言的連續變調
　　　　　　　　　第五屆全國聲韻學討論會論文　臺灣　國立臺灣師範大
　　　　　　　　　學國文系所主辦　1987 年 04 月
　　　　　　　　　國文學報　第 16 期　頁 223-254　1987 年 06 月

B1103　尉遲治平　　明末吳語聲母系統
　　　　　　　　　中華民國聲韻學會第十二次年會暨第三屆國際學術研討
　　　　　　　　　會論文集　新竹清華大學　頁 368　1994 年 05 月
　　　　　　　　　28、29 日

B1104　張琨　　　　溫州方言的音韻歷史
　　　　　　　　　民族所集刊　第 32 期　頁 13-73　1971 年

B1105　游汝杰　　　吳語的音韻特徵
　　　　　　　　　中華民國聲韻學會第十二次年會暨第三屆國際學術研討
　　　　　　　　　會論文集　新竹　清華大學主辦　頁 376-391 1994 年 5 月

B1106　謝雲飛　　　松陽方言的音位
　　　　　　　　　第二屆國際暨第十屆全國聲韻學學術研討會論文集
　　　　　　　　　臺灣　國立中山大學中文系所　中華民國聲韻學學會主
　　　　　　　　　辦　頁 279-318　1992 年
　　　　　　　　　國科會獎助論文　1992 年
　　　　　　　　　國立政治大學學報　第 68 期　頁 1-11　1994 年 03 月

B1107　謝雲飛　　　麗水西都方言的音位
　　　　　　　　　中華學苑　第 38 期　頁 1-68　1989 年 04 月

B1108　謝雲飛　　　麗水西鄉方言的音位
　　　　　　　　　國科會獎助論文　1988 年

B1109　謝雲飛　　　麗水西鄉方言的音位
　　　　　　　　　第六屆全國聲韻學討論會論文　臺灣　國立高雄師範學
　　　　　　　　　院主辦　1988 年 04 月

四、吳語語料研究

B1110　李田意譯　　塘棲話裏的濁喉音
　　　　　　　　　語文叢書　第 1 輯第 3 冊　頁 82

B1111　江蘇文獻　　上海的方言
　　　　　　　　　江蘇文獻　第 15、16 期　1980 年 8 月、11 月

B1112　舛半生　　　寧波的方言
　　　　　　　　　寧波同鄉　第 81-87 卷　1975 年 2 月

B1113　李田意譯　　塘棲話裏的濁喉音
　　　　　　　　　語文叢書第一輯第三冊(語言文字學)
　　　　　　　　　臺灣　大陸雜誌社　不注出版年月

B1114　周均源　　　嘉善方言中的文語與古典
　　　　　　　　　浙江月刊　第 10 卷 5 期　頁 27-28　1978 年 05 月

B1115　周均源　　　嘉善方言志
　　　　　　　　　浙江月刊　第 5 卷 6 期　頁 27-29　1973 年 06 月

B1116　周均源　　　嘉善方言志補遺
　　　　　　　　　浙江月刊　第 5 卷 11 期　頁 14　1973 年 11 月

B1117　凌成國　　　論寧波話
　　　　　　　　　寧波同鄉　第 69 期　頁 16-17　1973 年 06 月

B1118　張琨　　　　論吳語方言
　　　　　　　　　中央研究院歷史語言研究所集刊第 56 本 2 分　頁 215-260
　　　　　　　　　1985 年 06 月

B1119　湯強　　　　難寫難像的寧波方言
　　　　　　　　　寧波同鄉　第 70-105 卷　1973 年 08 月-1977 年 04 月

B1120　葉夢麟　　　松陽方言考
　　　　　　　　　台灣　中華書局　1984 年

B1121　趙元任　　　常州話裡兩種變調的方言性
　　　　　　　　　清華學報　第 14 卷第 1、2 期　頁 21-31　1982 年 12 月

B1122　謝雲飛　　麗水西鄉方言的詞匯
　　　　　　　　國科會獎助論文　1989 年

玖　粵語研究

一、通論

B1123　雲惟利　　從圍頭話聲母☆說到方言生成的形式
　　　　　　　　聲韻論叢第三輯　臺北　臺灣學生書局　頁 381-404
　　　　　　　　1969 年
B1124　祝秀俠　　粵語略論
　　　　　　　　民族與華僑論文集刊　第 2 期　頁 32-42　1976 年 4 月
B1125　黃光聯　　粵語源流概說
　　　　　　　　文史學報　第 11 期　頁 45-53　1975 年 5 月

二、粵語語音研究

B1126　朱國藩　　《粵音正讀字彙》簡介
　　　　　　　　中國語文通訊　第 31 期　頁 37-43　1994 年 9 月
B1127　何文華　　廣州話之聲調
　　　　　　　　國文學報　第 16 期　頁 205-221　1987 年 6 月
B1128　何文華　　廣州話之聲調
　　　　　　　　第五屆全國聲韻學討論會論文　臺灣　國立臺灣師範大
　　　　　　　　學國文系所主辦　1987 年 4 月
B1129　何文華　　廣州話之聲調
　　　　　　　　聲韻論叢第二輯　臺灣　臺灣學生書局　頁 423-442
　　　　　　　　1994 年 5 月
B1130　何文匯　　粵音基本知識教學紀事
　　　　　　　　中國語文通訊　第 31 期　頁 1-29　1994 年 9 月
B1131　余靄芹　　遂溪方言裡的文白異讀
　　　　　　　　臺北　中央研究院歷史語言研究所集刊 53 本 2 分

　　　　　　　　頁 353-366　1982 年 6 月
B1132　李新魁　　廣州話語音的內部差異
　　　　　　　　中國語文通訊　第 16 期　頁 22-28　1991 年 9 月
B1133　周國正　　論粵音之規範及其量化
　　　　　　　　中國語文通訊　第 30 期　頁 1-12　1994 年 6 月

三、粵語語料研究

B1134　崔維孝譯　澳門語—歷史與現狀
　　　　　　　　文化雜誌　第 20 期　頁 97-117　1994 年
B1135　祝秀俠　　粵語　廣東文獻
　　　　　　　　第 4 卷 2 期　頁 73-75　1973 年 6 月
B1136　趙元任　　中山方言
　　　　　　　　中央研究院歷史語言研究所集刊第 20 本上　頁 49-73
B1137　趙元任　　臺山語料
　　　　　　　　中央研究院歷史語言研究所集刊第 23 本上　頁 25-76
　　　　　　　　1951 年 12 月
B1138　趙元任　　臺山語料序論
　　　　　　　　中央研究院歷史語言研究所傅所長紀念特刊　頁 61-74
　　　　　　　　1951 年 3 月

四、粵語與其它方音之比較

B1139　張雙慶　　粵方言處理國語詞彙的音韻問題
　　　　　　　　第九屆全國聲韻學討論會論文　臺灣　東吳大學　中華
　　　　　　　　民國聲韻學學會主辦　1991 年 5 月
B1140　張雙慶　　粵方言處理國語詞彙的音韻問題
　　　　　　　　聲韻論叢第四輯　臺灣　臺灣學生書局　頁 355-376
　　　　　　　　1992 年 5 月
B1141　張雙慶　　粵方言處理國語詞彙的音韻問題
　　　　　　　　聲韻論叢第四輯　臺北市　頁 355　1968 年

五、粵語語音史研究

B1142　千島英一　　廣州方言形成的研究
　　　　　　　　　臺北　國立師範大學國文研究所碩士論文　1983 年 7 月

六、音標與文字研究

B1143　區靜寰　　　粵語本音義考
　　　　　　　　　文史學報　頁 12　1966 年-1969 年

拾　湘語研究

一、通論

B1144　王本瑛　　　婁底方言音韻系統研究
　　　　　　　　　新竹　清華大學語言研究所　1991 年
B1145　何大安　　　論達縣長沙話三類去聲的語言層次
　　　　　　　　　第一屆國際暨第八屆全國聲韻學學術討論會論文
　　　　　　　　　臺灣　輔仁大學　中華民國聲韻學學會主辦　1990 年 3 月
B1146　何大安　　　論達縣長沙話三類去聲的語言層次
　　　　　　　　　聲韻論叢第三輯　臺灣　臺灣學生書局　頁 307-332
　　　　　　　　　1991 年 10 月
B1147　楊時逢　　　長沙音系
　　　　　　　　　中央研究院歷史語言研究所集刊第 27 本　頁 135-173
　　　　　　　　　1956 年 4 月
B1148　楊時逢　　　湖南方言聲調分佈
　　　　　　　　　臺北　中央研究院歷史語言研究所集刊 29 本上冊
　　　　　　　　　頁 31-57　1957 年 11 月

二、湘語語料研究

B1150　吳賢彬　　湖南省攸縣話語根探源
　　　　　　　　臺北縣樹林鎮　著者　1989 年
B1151　張光宇　　湖南方言專輯簡介
　　　　　　　　書目季刊　第 20 卷 04 期　頁 A3-A6　1987 年 3 月
B1152　楊時逢　　湖南方言分區概況
　　　　　　　　中山學術文化集刊　第 9 期　頁 283-290　1972 年 3 月
B1153　楊時逢　　湖南方言極常用的語彙
　　　　　　　　李濟七十文集　頁 831-888　1967 年 1 月
B1154　楊時逢　　湖南方言調查報告
　　　　　　　　臺北　中央研究院歷史語言研究所　1974 年
B1155　楊時逢　　湖南方言調查報告－分地報告部分（上）
　　　　　　　　國科會獎助論文　1971 年
B1156　趙烈安　　邵陽方言研究史略
　　　　　　　　湖南文獻　第 18 卷 3 期　頁 21-25　1990 年 7 月
B1157　蕭繼宗　　湘鄉方言
　　　　　　　　臺北　正中書局　1982 年

拾壹　贛語

B1158　何大安　　論贛方言
　　　　　　　　國科會獎助論文　1987 年
B1159　何大安　　論贛方言
　　　　　　　　漢學研究　第 5 卷第 1 期　頁 1-28　1987 年 06 月
B1160　楊時逢　　江西方言的內部分歧現象
　　　　　　　　清華學報　第 14 卷 1/2 期　頁 307-326　1982 年 12 月

拾貳　徽語研究

B1161　馬希寧　　婺源音系
　　　　　　　　新竹　清華大學語言研究所碩士論文　1992 年
B1162　張琨　　　談徽州方言的語音現象

中央研究院歷史語言研究所集刊　第 57 卷 1 期　頁 1-36
1986 年 03 月

B1163　趙元任　　續溪嶺北音系
中央研究院歷史語言研究所集刊　第 34 卷上 頁 27-30
1962 年 12 月

B1164　趙元任　　續溪嶺北方言
　　　　楊時逢　中央研究院歷史語言研究所集刊　第 36 卷上　頁 11-113
1965 年 12 月

作者索引

王玉川	B0189
王旭	B0354 B0353 B0352 B0351
王米薇	B0788
王育德	B0355 B0309 B0308 B0307 B0306 B0581 B0557 B0060 B0059
	B0473 B0472 B0851 B0967 B1013 B1009
王芸亭	B0356
王俊明	B0474
王洪君	B0025
王家聲	B0197
王康旼	B0732
王紹楨	B0270
王華南	B0733
王福堂	B0852
王德春	B0271
王潔宇	B0001
包擬古	B0450 B0950
古國順	B1087
史仁仲	B0104
史宗周	B0277 B0276
台灣省國 語推行委 員會	B0734 B0476 B0475 B0357 B0358
台灣語文 學會編	B0583 B0582
平子	B0278
本刊	B0451
正巍	B0310
田士林	B0061
白一平	B0004
白衣菴	B0279
石美玲	B0584
石潮	B0311

朱立堅	B0198
朱兆祥	B0479 B0478 B0477 B0854 B0853 B0936
朱我芯	B0179
朱國藩	B1126
朱鋒	B0482 B0481 B0480
江文瑜	B0152 B0105
江文種	B0951
江俊龍	B1059
江澄祥	B0952
江蘇文獻	B1111
池田敏雄	B0558
舛半生	B1112
艾弘毅	B0280
西銘律子	B0199
何大安	B0860 B0063 B0062 B0106 B0026 B0201 B0859 B0858 B0857 B0856 B0855 B0200 B1159 B1158 B1146 B1145
何文華	B1129 B1128 B1127
何文匯	B1130
何欣	B0064
何容	B0180 B0281
何國祥	B0202
何淑貞	B0103
何德華	B0789
余秀敏	B1029
余直夫	B0136
余靄芹	B1131
吳中	B0861 B0585
吳方芝	B0203
吳史民	B0545
吳本立	B0586 B0483
吳守禮	B0790 B0736 B0735 B0697 B0322 B0321 B0320 B0319 B0318 B0317 B0316 B0315 B0314 B0313 B0312 B0304 B0595 B0594

	B0593 B0592 B0591 B0590 B0589 B0588 B0587 B0066 B0065
	B0487 B0486 B0485 B0484 B0453 B0452 B0864 B0863 B0862
	B0996 B0995 B0994 B0993 B0992 B0991 B0990 B0989 B0988
	B0987 B0986 B0985 B0984 B0983 B0982 B0946 B0981 B0955
	B0954 B0953
吳秀麗	B1010
吳其昱	B0282
吳春年	B0204
吳國賢	B0206 B0207 B0205
吳淑美	B0153
吳湛露	B0932
吳登神	B0865
吳逸生	B0323
吳槐	B0361 B0360 B0359 B0596 B0488 B0867 B0866
吳質彬	B1150
吳鍾林	B0067
呂伯友	B0956
呂菁菁	B0362
呂嵩雁	B1060 B1033 B1032 B1031 B1030
呂麗蓉	B0597
宋子武	B0068
宋孟韶	B0559
巫永福	B0560
李三榮	B0868
李壬癸	B0792 B0791 B0365 B0364 B0363 B0019 B0600 B0599 B0598
	B0015 B0027 B0872 B0871 B0870 B0869
李文治	B0366
李方桂	B0367
李木杞	B0737
李永明	B0873
李田意	B1113 B1110 B1098
李如龍	B0159 B0454

李存智	B0028 B1034
李安和	B0368
李辰冬	B0069
李佳純	B0715
李春霖	B0793 B0561
李茂祥	B0957
李英哲	B0795 B0794 B0369 B0016 B0547 B0546 B0947
李添富	B0208
李新魁	B1132
李裕民	B0011
李燕	B0324
李豐明	B0798 B0797 B0796
李獻章	B0874 B0455 B0931 B0968
李騰嶽	B0602 B0601
村上之伸	B1092
杜文靖	B0603 B0958
杜建坊	B0830
沙加爾	B0107
沈富進	B0739 B0738
甫三	B0489
邢志群	B0935
那宗訓	B0209
阮德中	B0490
周世箴	B0230
周均源	B1116 B1115 B1114
周法高	B0325 B0070 B0491
周長楫	B0969
周振鵬	B0071
周國正	B1133
周維傑	B0165
周燕語	B0072
周辨明	B0929

岩田禮	B0029
林央敏	B0740
林本元	B0832 B0800 B0799 B0371 B0370 B0798 B0609 B0608 B0607
	B0606 B0605 B0604 B0146 B0564 B0563 B0562 B0492 B0959
林再復	B0611 B0610
林存矩	B0801
林君照	B0612
林金鈔	B0613 B0495 B0494 B0493
林長眉	B0147
林信堅	B0741
林英津	B1079 B1035 B1102
林香薇	B0372 B0875
林倖一	B0997
林修旭	B0373
林珠彩	B0614
林清標	B0802 B0742 B0374 B0496
林淑芳	B0497
林紹賢	B0803
林登魁	B0743
林進輝	B0615
林瑞徵	B1014
林慶勳	B0190
林憶秋	B0108
林衡道	B0457 B0456 B0966
林雙福	B0149 B0148
林麗芩	B0030
林繼雄	B0744 B0498
武維揚	B0231
社論一	B0499
竺家寧	B0232
邵平男	B0804
邱立	B0500

金亨冀	B0937
金泰成	B0175
青青	B0233
俞敏	B1070
南棲	B0616
姚榮松	B0838 B0837 B0836 B0835 B0834 B0833 B0805 B0746 B0745
	B0176 B0376 B0375 B0326 B0619 B0618 B0617 B0074 B0566
	B0565 B0502 B0501 B0109 B0445 B0879 B0878 B0877 B0876
	B0998 B0960
宣建人	B0283
思果	B0284
施玉惠	B0446
施炳華	B0503 B1011
柯理思	B1080
柳明佳	B0186
洋洋	B0621 B0620
洪乾祐	B0458
洪惟仁	B0808 B0807 B0806 B0381 B0752 B0380 B0751 B0750 B0749
	B0379 B0748 B0747 B0378 B0377 B0716 B0709 B0708 B0707
	B0706 B0705 B0704 B0703 B0702 B0701 B0700 B0699 B0632
	B0631 B0630 B0629 B0628 B0627 B0626 B0625 B0624 B0623
	B0622 B0548 B0505 B0504 B1074 B1002 B1001 B1000 B0999
	B0633
周夢曄	B0633
邱斯嘉	B0633
洪舜廷	B0809
洪麒	B0506
秋水	B0507
秋潮	B0285
胡文池	B0810
胡正華	B0286
胡百華	B0235 B0234

胡建雄	B0237 B0236
胡莫	B0382 B0961
胡鑫麟	B0811 B0754 B0753 B0508
范文芳	B1088
范登堡	B0031
凌成國	B1117
唐棣	B0287
孫洵候	B0510 B0509
孫淑惠	B0120
徐芳敏	B0880
徐金松	B0756 B0755
徐家光	B1071 B1089
徐桂平	B1040 B1036
徐清明	B1072
徐運德	B0815 B0814 B0813 B0812 B0757
徐輝浩	B0839 B0816
殷允美	B0239 B0238
祝秀俠	B1135 B1124
荊允敬	B0252
馬利諾教會語言服務中心	B0817
馬希寧	B0032 B1161
馬積祚	B1093
高明	B0191
高積煥	B0818
區靜寰	B1143
尉遲治平	B1103
崔維孝	B1134
張文彬	B0240
張文漢	B0882 B0881
張月琴	B0383 B1037

張正男	B0002 B0073
張光宇	B0335 B0334 B0333 B0332 B0331 B0330 B0329 B0328 B0327
	B0076 B0075 B0017 B0034 B0150 B0033 B0511 B0459 B0121
	B0892 B0891 B0890 B0889 B0888 B0887 B0886 B0885 B0884
	B0883 B1151 B0939 B0938 B0336 B0462 B0461
張光裕	B0840
張廷錦	B1003
張枝正	B0758
張屏生	B0384 B0077 B0895 B0894 B0893 B0945 B0943 B0942 B0941
	B0940
張美智	B0018
張振興	B0634 B0567
張素貞	B0635
張清鍾	B0933
張博宇	B0187 B0166 B0289 B0288 B0188
張琨	B0039 B0038 B0080 B0079 B0037 B0078 B0036 B0154 B0035
	B0897 B0896 B0948 B1162 B0944 B1118 B1104 B1004
張瑞虎	B1003
張裕宏	B0840 B0386 B0385 B0122 B0460 B0898
張奮前	B1015
張燧	B0290
張雙慶	B0162 B0900 B0899 B0978 B1141 B1140 B1139
張嚴	B0081
張顯昌	B1094
曹逢甫	B0174 B0337 B0636 B1017 B1016
梁炯輝	B0820 B0819 B0512
梅祖麟	B0901 B0448
畢長樸	B0338 B0902 B0970
莊達特	B0821
莊燦彰	B0192
許成章	B0765 B0387 B0764 B0763 B0762 B0761 B0760 B0759 B0640
	B0639 B0638 B0637 B0568 B0516 B0515 B0514 B0513

許金用	B0766
許極墩	B0644 B0643 B0642 B0641 B0767 B0649 B0648 B0647 B0646
	B0645 B0520 B0519 B0518 B0517
許慧娟	B0822
許蕙麗	B0903
連金發	B0841 B0722 B0721 B0720 B0719 B0718 B0717 B0040 B0082
	B0650 B0907 B0906 B0905 B0904
連橫	B0770 B0769 B0768
郭一舟	B0651
郭溪	B0652
郭壽華	B1018
野間晃	B0654 B0653
陳子博	B0655
陳之	B1100
陳允洛	B0549
陳文彬	B0656
陳永禹	B0388
陳永寶	B0389 B0163 B0129 B0128 B0127 B0126 B0125 B0124 B0123
	B1005
陳成福	B0771
陳伯鴻	B0657
陳邦鎮	B0818
陳忠敏	B0155 B0908
陳冠學	B0842 B0659 B0658
陳癸淼	B0177
陳秋梅	B0723
陳述經	B0660
陳重瑜	B0241
陳飛龍	B0661
陳香	B0339
陳修	B0772 B0662 B0773
陳哲三	B0133

陳素月	B0521
陳寅恪	B1095
陳彩娥	B0130
陳淑娟	B0391 B0390
陳舜政	B0242
陳雅玫	B0909 B0433
陳萬在	B0522
陳漢光	B0463
陳瑤璣	B0392 B0663
陳曉六	B0464
陳璩卿	B0523
陳薰	B0291B0292
陳麗桂	B0021
陳麗雪	B0393
陳璉環	B0824 B0823
陳恒嘉	B0664
陸嘉美	B0465
傅一勤	B0083 B0550
彭德修	B1075
曾金金	B0046 B0084
曾進興	B0395 B0394
游汝杰	B0071 B1105 B0085
湯廷池	B0971 B1012
湯志眞	B0086
湯強	B1119
琪樹	B0524
程榕寧	B0151
菅向榮	B1061
開人	B0087
集鴉	B0665 B0053
雲惟利	B0088 B1123
馮愛珍	B0724

馮輝岳	B1091 B1090
黃士洋	B0775 B0774
黃今音	B0340 B1019
黃元興	B0569 B0142 B0525
黃光聯	B1125
黃有仁	B0666
黃有實	B0777 B0776
黃居仁	B0972
黃忠天	B0396
黃金文	B0243
黃宣範	B0089 B0731 B0730 B0725 B0692 B0690 B0667 B0693
黃省堂	B0397
黃美金	B0244
黃國祐	B0395
黃清涼	B0668
黃敬安	B0527 B0526 B0964 B0963 B0962
黃學堂	B0245
楊允言	B0528
楊名暖	B1083
楊名暖	B1084
楊秀芳	B0398 B0090 B0726 B0041 B0342 B0341 B0570 B0556 B0949 B0974 B0973 B0910
楊青矗	B0778
楊政男	B1076
楊時逢	B0092 B0091 B0300 B0299 B0298 B0297 B0296 B0295 B0294 B0293 B0141 B0140 B0139 B0138 B0137 B0252 B0251 B0250 B0249 B0248 B0247 B0246 B1064 B1063 B1062 B1160 B1155 B1154 B1153 B1152 B1148 B1147 B0301
楊喜齡	B0093
楊森富	B0669
溫端政	B0911 B0975
葉芝生	B0671 B0670

葉芸生	B0008 B0672
葉夢麟	B0675 B0674 B0673 B0009 B1120
董同龢	B0168 B0167 B0302 B0468 B0467 B0466 B1066 B1065 B0913
	B0912
董育儒	B0529 B1006
董忠司	B0401 B0400 B0399 B0006 B0714 B0711 B0710 B0696 B0676
	B0530 B0254 B0253 B0443 B0979 B1038 B0447 B1020 B0343
	B0914 B0677 B0403 B0402 B0444 B0442 B0095 B0404
董芳苑	B0825
董昭輝	B0410 B0409 B0408 B0407 B0406 B0405 B0043 B0042 B0020
	B0678 B0916 B0915 B0934
詹伯慧	B0095 B0094
詹梅伶	B0344 B0917
詹惠珍	B0193
詹鎮卿	B0779
雷一鳴	B0965
廖恭鳳	B0022
廖漢臣	B0532 B0531
臧汀生	B0826 B0533
臺灣風俗 雜誌社	B0679
趙元任	B0831 B0096 B0044 B0178 B1164 B1163 B1138 B1137 B1136
	B1121 B0303 B0134
趙烈安	B1156
劉光	B0680
劉建仁	B0781 B0780 B0534 B0918
劉寄國	B0535 B0681
劉添珍	B1086
劉篁林	B0536
樂麗琪	B0255
歐淑珍	B0411 B0434

潘科元	
潘家懿	B0977 B0976
潘悟云	B1096
潘培藩	B0682 B0537
滕紹箴	B0169
蔡文徽	B0783 B0782
蔡佳君	B0170
蔡俊明	B1008 B1007
蔡美慧	B0636 B1017 B1016
蔡茂棠	B0683
蔡培火	B0827 B0554
蔡毓齋	B0684
蔡懋棠	B0412 B0687 B0686 B0685 B0008
鄭再發	B0688 B0920 B0919
鄭良偉	B0419 B0418 B0417 B0416 B0415 B0829 B0828 B0414 B0413
	B0046 B0045 B0097 B0784 B0184 B0183 B0182 B0181 B0727
	B0693 B0692 B0691 B0690 B0689 B0552 B0551 B0541 B0540
	B0539 B0538 B0439
鄭秋豫	B0256
鄭傑麟	B0257
鄭縈	B0098 B0174 B0728 B0921
鄭錦全	B0099 B0258 B0922 B0259
鄭穗影	B0694
鄭謝淑娟	B0419 B0729 B0102 B0101 B0439
鄧曉華	B1039
鄧臨爾	B0100
盧淑美	B0420 B0156 B0543 B0542
盧廣誠	B0171
蕭宇超	B0424 B0423 B0422 B0421 B0047 B0411 B0261 B0260 B0435
	B0434 B0433 B0432 B0431 B0430 B0429 B0049 B0428 B0427
	B0426 B0425 B0048 B0909 B1040 B0923
蕭藤村	B0924

蕭繼宗　　　　B1157
賴惠玲　　　　B1077
駱嘉鵬　　　　B0005
龍宇純　　　　B0345
薛文郎　　　　B0785
薛鳳生　　　　B0262
謝秀文　　　　B0263
謝信一　　　　B0051 B0050 B0438 B0437 B0436
謝美齡　　　　B0544
謝國平　　　　B0264
謝雲飛　　　　B0158 B0157 B0265 B0926 B0925 B1122 B1109 B1108 B1107
　　　　　　　B1106 B1097
謝樹新　　　　B1021
鍾榮富　　　　B0052 B0440 B1069 B1051 B1050 B1049 B0927 B1048 B1047
　　　　　　　B1046 B1045 B1044 B1043 B1042 B1041 B0259
鍾露昇　　　　B0713 B0712 B0553 B0470 B0469
藍亞秀　　　　B0928
藍清漢　　　　B0571
顏綠清　　　　B0266
魏南安　　　　B0786
羅杰瑞　　　　B0471 B0901
羅常培　　　　B0929
羅肇錦　　　　B0695 B0144 B0143 B0267 B0135 B1081 B1078 B1073 B1068
　　　　　　　B1067 B1058 B1057 B1056 B1055 B1054 B1053 B1052 B1025
　　　　　　　B1024 B1023 B1022
羅藹雲　　　　B1028 B1027 B1026
嚴棉　　　　　B0930
顧百里　　　　B0572
龔煌城　　　　B0573 B0007
芮家智　　　　B0269 B0268
涂翔宇　　　　B0173 B0172

附　　　錄

收錄期刊一覽表

二畫

九州學刊　1986 年秋季創刊　香港中華文化促進中心出版　自 1991 年春季第 4
　　卷起改由臺北九州學刊雜誌社出版
二十一世紀　1979 年 12 月創刊　臺北　二十一世紀雜誌社
人文及社會科學集刊　1988 年 11 月創刊　臺北　中央研究院三民主義研究所
人文及社會學科教學通訊　1990 年 6 月創刊　臺北　教育部人文及社會學科教
　　育指導委員會
人文世界　1971 年 5 月創刊　原爲月刊　1973 年 5 月改爲雙月刊　1975 年 1 月
　　改爲季刊
人文科學論叢　1949 年 2 月創刊
人文學報　1970 年 9 月創刊　1979 改名爲輔仁學誌－文學院之部
人文學報　1975 年 7 月創刊　臺北　中華民國人文科學研究會
人文學報　1992 年 4 月創刊　臺北縣　空中大學
人生　1951 年 2 月復刊
人事月刊　1985 年 9 月創刊　臺北　人事月刊雜誌社
人物　1980 年創刊　生活、讀書、新知三聯書店編輯兼出版
人類與文化　1972 年 10 月創刊　國立臺灣大學考古人類學會

三畫

三軍聯合月刊　1963 年 3 月創刊　臺北　三軍聯合月刊社
大同學報　1966 年 11 月創刊　臺北大同工學院
大陸雜誌　1950 年 7 月創刊　臺北　大陸雜誌社　原爲半月刊　自 1971 年 7
　　月第 43 卷起改爲月刊
大陸雜誌特刊第一輯　1952 年 7 月

大學雜誌
大華晚報
山東文獻

四畫

中山社會科學季刊　高雄　中山大學中山學術研究所　原名「中山社會科學譯
　　粹」　1985 年 12 月創刊　自 1989 年 3 月第 4 卷第 1 期起改爲本名
中山學術文化集刊　1968 年 3 月創刊　臺北
中外文學　1972 年 6 月創刊　臺北　中外文學月刊社出版發行
中外雜誌　1967 年 3 月創刊　臺北　中外雜誌社
中央月刊　1968 年 11 月創刊　臺北　中央月刊社
中央日報
中央研究院民族學研究所集刊　1956 年 3 月創刊　臺北　中央研究院民族學研
　　究所
中央研究院近代史研究所集刊　1969 年 8 月創刊　臺北　中央研究院近代史研
　　究所
中央研究院歷史語言研究所集刊　1928 年 11 月創刊　臺北　中央研究院 歷史
　　語言研究所　創刊於廣州　1930 年 6 月遷至北平出版　1950 年 7 月遷至臺
　　北出版
中正嶺學術研究集刊　1982 年 6 月創刊　桃園　中正理工學院出版
中州學報　1971 年 12 月創刊　私立中州工業專科學校
中原文獻　1969 年 3 月創刊　臺北　中原文獻社
中原學報　1971 年 6 月
中國一週
中國工商學報　原名「中國市專學報」　1980 年 5 月創刊　臺北　中國市政專
　　科學校　1984 年該校改名爲「中國工商專科學校」　學報亦改爲本名
中國文化　1953 年 3 月　中國文化學會
中國文化　1989 年 12 月創刊　北京　三聯書店、香港　中華書局、臺北　風雲
　　時代出版公司
中國文化月刊　1979 年 11 月創刊　臺中　東海大學哲學系
中國文化研究所集刊　1992 年創刊　香港　香港中文大學中國文化研究所

中國文哲研究通訊　1991 年 3 月創刊　臺北　中央研究院中國文哲研究所籌備處

中國文哲研究集刊　1991 年 3 月創刊　臺北　中央研究院中國文哲研究所籌備處

中國文學研究　1987 年 5 月創刊　臺北　臺灣大學中國文學系編輯兼發行

中國佛教　1954 年 6 月創刊　臺北　中國佛教社

中國書目季刊　原名「書目季刊」　1966 年 9 月創刊　臺北　書目季刊社　自 1972 年 12 月第 7 卷第 2 期起改名爲「中國書目季刊」

中國國學　1972 年 12 月創刊　臺南　臺灣省中國國學研究會編輯兼發行

中國圖書館學會會報　1954 年 3 月　臺北

中國語文　1952 年 4 月創刊　臺北　中國語文月刊社　原以卷期並附註總號標示　自 1990 年 9 月第 399 期起取消卷號僅以總號標示

中國語文研究　1980 年 4 月創刊　香港　香港中文大學中國文化研究所吳多泰中國語文研究中心

中國語文通訊　1980 年 4 月創刊　香港　香港中文大學中國文化研究所吳多泰中國語文研究中心

中國論壇　1975 年 10 月創刊　臺北　中國論壇社出版發行

中國學人　1970 年 3 月　香港中文大學　新亞書院研究所

中國學術年刊　1976 年 12 月創刊　臺北　臺灣師範大學國文研究所及畢業同學會

中國學報　1944 年 3 月

中國歷史學會史學集刊　1969 年 3 月創刊　臺北　中國歷史學會

中華文化復興月刊　1968 年 3 月　臺北　中華文化復興運動推行委員會

中華易學　1980 年 3 月創刊　臺北　中華易學月刊社

中華學苑　1968 年 1 月創刊　臺北　政治大學中國文學研究所

中華學報　1974 年 1 月　臺北

中臺醫專學報　1984 年 4 月創刊　臺中　中臺醫事技術專科學校

內明　1972 年 4 月創刊　香港　內明雜誌社

內湖高工學報　1988 年 4 月創刊　臺北　內湖高級工業學校

反攻　1949 年 11 月創刊　臺北　反攻出版社　原爲半月刊　186 期起改爲月刊 419 期起改爲季刊

孔孟月刊　1962 年 9 月創刊　臺北　中華民國孔孟學報

孔孟學報　1961 年 4 月創刊　臺北　中華民國孔孟學會

文化大學中文學報　1993 年 2 月創刊　臺北　中國文化大學

文史哲學報　1950 年 6 月創刊　臺北　臺灣大學文史哲學報編輯會編輯　臺灣
　　大學出版

文史哲雜誌　1984 年 7 月創刊　臺北　文史哲雜誌編輯委員會編　文史哲雜誌
　　社出版

文史學報　1964 年 7 月創刊　香港　珠海學院

文史學報　1971 年 5 月創刊　臺中　中興大學文學院

文星　1957 年 11 月創刊　臺北　文星雜誌社　至第 98 期停刊　復刊後卷期接
　　續

文訊　1983 年 7 月 1 日創刊　臺北　文訊月刊雜誌社出版　文藝資料研究及服
　　務中心發行　自 1989 年 2 月改為革心 1 號起　附註總期號

文藝月刊　1969 年 7 月創刊　臺北　文藝月刊社

木鐸　1972 年 9 月創刊　臺北　中國文化大學

五畫

世界華學季刊　1980 年 3 月創刊　臺北　1984 年 9 月第 5 卷第 3 期起　改名為
　　「華學季刊」

丘海季刊　1981 年 3 月創刊　臺北　中華民國丘海學會

出版月刊　1965 年 6 月創刊　臺北

出版與研究　1977 年 7 月創刊　臺北

北市師專學報　臺北

古今藝文　1972 年 12 月　彰化　古今藝文雜誌社編輯兼出版

史苑　1963 年創刊　臺北縣　輔仁大學歷史學會

史原　1960 年創刊　臺北　臺灣大學歷史研究所

史學評論　1979 年 7 月創刊　臺北　史學評論社編輯委員會編

史學彙刊　1968 年 8 月創刊

幼獅月刊　1953 年 1 月創刊　臺北

幼獅學報　1958 年 10 月創刊　臺北

幼獅學誌　1962 年 1 月創刊　臺北　幼獅文化事業公司　至 1989 年 10 月第 20
　　卷第 4 期停刊

民主評論　1949 年 6 月創刊　香港　民主評論社
民間史學　1990 年 12 月創刊　臺北　民間史學社
四川文獻
民生報

六畫

光武學報　1976 年 6 月創刊　臺北　光武工業專科學校
光復大陸　1967 年 1 月創刊　臺北　光復大陸月刊社
成功大學學報　1961 年 10 月創刊　臺南　成功大學　自第 7 卷起分「人文篇」
　　及「科技篇」分別刊行　第 21 卷起則分為「人文‧社會篇」及「科技‧醫
　　學篇」
江西文獻　1966 年 5 月創刊　臺北　江西文獻社　原為月刊　1972 年 1 月起改
　　為季刊
江蘇文獻
自由青年　1950 年 5 月創刊　臺北
自立晚報

七畫

抖擻　香港　抖擻雜誌社
社會科學論叢　1950 年 4 月　臺北　臺灣大學法學院
社會教育年刊　臺北　中國社會教育社
初等教育學報　1988 年 6 月創刊　臺南　臺南師範學院初等教育學系

八畫

亞東工業專科學校學報　臺北縣　亞東工業專科學校
宗空大學訊　1987 年 3 月創刊　臺北　空中大學
宗教世界　1979 年 10 月創刊　臺北　宗教世界雜誌社
明報月刊　1966 年 1 月創刊　香港　明報月刊編輯委員會
明新學報　1979 哖 11 月創刊　新竹　明新工業專科學校

東方文化　1954 年 1 月創刊　香港　香港大學出版社
東方學報　1977 年 5 月創刊　政治大學東方語文學系
東方雜誌　1967 年 7 月復刊　臺北
東吳大學中國文學系系刊　1975 年 5 月創刊　臺北　東吳大學中文系
東吳文史學報　1976 年 3 月創刊　臺北　東吳大學
東吳政治社會學報　1977 年 10 月創刊　臺北　東吳大學
東吳哲學傳習錄　1992 年 3 月創刊　臺北　東吳大學哲學系　前身爲「傳習錄」
東吳學報　1971 年 9 月創刊　臺北
東師語文學刊　1988 年 6 月創刊　臺東　臺東師範學院語文敎育系
東海大學歷史學報　1977 年 4 月創刊　臺中
東海中文學報　1979 年 11 月創刊　臺中　東海大學中國文學系所
東海社會科學學報　1972 年 11 月創刊　臺中　東海大學
東海哲學研究集刊　1991 年 10 月創刊　臺中　東海大學哲學研究所
東海學報　1959 年 6 月創刊　臺中　東海大學
法商學報　1961 年 1 月創刊　臺北　中興大學法商學院
空中學術月刊　1955 年 1 月創刊　臺北　空軍參謀大學空軍學術月刊社
花蓮師院學報　1987 年 10 月創刊　花蓮
花蓮師專學報　1970 年 4 月創刊　花蓮
近代中國　1977 年 3 月創刊　臺北　近代中國雜誌社
近代中國史研究通訊　1986 年 4 月創刊　臺北　中央研究院近代史研究所
和平日報

九畫

南洋大學中國語文學報　1968 年創刊　新加坡
南洋大學學報　1967 年創刊　新加坡南洋大學
南洋學報　新加坡
南港工職學報　1981 年 5 月創刊　臺北　南港高級工業職業學校
南瀛文獻　1954 年創刊　臺南　臺南文獻會
南臺工專學報　1979 年創刊　臺南　南臺工業專科學校
屏女學報　1975 年 10 月創刊　屏東
屏東師院學報　1988 年 5 月創刊　屏東　屏東師範學院

屏東師專學報　1971 年 10 月創刊　創刊後即停刊　1984 年 4 月復刊　1988 年
　　改稱「屏東師院學報」
建國學報　1982 年 5 月創刊　彰化　建國工專
思源　1991 年 2 月創刊　臺北　思源雜雜誌社
思與言　1963 年 2 月創刊　臺北
故宮文物月刊　1983 年 4 月創刊　臺北　國立故宮博物院
故宮學術季刊　1983 年秋季創刊　臺北　國立故宮博物院
省體專學報　1971 年創刊　臺中　臺灣省立體育專科學校
科學發展　1973 年 1 月創刊　臺北　行政院國家科學委員會
英語研究集刊　1976 年 4 月創刊　臺北　台灣師範大學英語系
革命思想　1956 年 7 月創刊　臺北　革命思想月刊社
食貨　1971 年 4 月復刊　臺北　食貨雜誌社
香港大學中文系集刊　1985 年創刊　香港　香港中文大學中文系
香港中文大學中國文化研究所學報　1968 年 9 月創刊　香港　香港中文大學中
　　國文化研究所
香港中文大學學報　1973 年 3 月創刊　香港　香港中文大學
香港浸會學院學報　1962 年 3 月創刊　香港
神學論集　1969 年創刊　臺北縣　輔仁大學神學院

十畫

哲學年刊　1962 年 6 月創刊　臺北　中國哲學會　臺灣商務印書館發行　第 4
　　期起改名「哲學論文集」由正中書局印行
哲學評論　見「國立臺灣大學哲學評論」
哲學與文化　1974 年 3 月創刊　臺北　哲學與文化月刊社
哲學論集　1972 年 12 月創刊　臺北　輔仁大學哲學研究所編輯兼發行
師大學報　1956 年創刊 臺北　臺灣師範大學
書目季刊　1966 年 9 月創刊　臺北
書和人　1965 年 3 月創刊　臺北　國語日報社
書評書目　1972 年 9 月創刊
浙江月刊　1968 年 5 月創刊　臺北　浙江同鄉會
海外學人　1970 年 2 月創刊

珠海學報　1963 年 7 月創刊　香港　珠海學院
能仁學報　1983 年 9 月創刊　香港　能仁書院
訓育研究　1959 年 1 月創刊　臺北　中國訓育學會
高雄工商專校學報　高雄　高雄工商專科學校　原名「高雄工專學報」
　　自 1992 年 12 月第 22 期起改爲本名
高雄工專學報　1973 年 5 月創刊　高雄　高雄工業專科學報　自 1992 年 12 月
　　第 22 期起　改名爲「高雄工商專校學報」
高雄文獻　1979 年 12 月創刊　1988 年 6 月第 33 期後　改名爲「高市文獻」
高雄師大學報　1990 年 3 月創刊　高雄　高雄師範大學
高雄師院學報　1972 年 12 月創刊　高雄　1990 年改名爲「高雄師大學報」

十一畫

國文天地　1985 年 6 月創刊　臺北　國文天地雜誌社
國文學報　1972 年 6 月創刊　臺北　臺灣師範大學國文系
國史館館刊　1987 年 1 月復刊　臺北　國史館
國民教育　1950 年 10 月創刊　臺北　臺北師範學院
國立中山大學學報　1984 年 6 月創刊　高雄　中山大學
國立中央大學人文學報　1983 年 6 月創刊　中壢　中央大學
國立中央大學文學院院刊　1983 年 6 月創刊　中壢
國立中央圖書館臺灣分館館訊　1990 年 6 月創刊　臺北　中央圖書館臺灣分館
　　國立中央圖書館館刊　1941 年創刊　南京　國立中央圖書館　出版 1 期後
　　停刊　1947 年 3 月復刊　由開明書店發行　1947 年 12 月停刊　1967 年 7
　　月在臺灣復刊　卷期另起
國立中正大學學報　嘉義　中正大學
國立成功大學歷史學報　1974 年 7 月創刊　臺南　成功大學
國立政治大學學報　1960 年 5 月創刊　臺北　政治大學
國立政治大學歷史學報　1983 年 3 月創刊　臺北　政治大學歷史學系、歷史研
　　究所編輯兼出版
國立高雄海專學報　高雄　高雄海事專科學校
國立臺灣大學文史哲學報　1950 年 6 月創刊　臺北　臺灣大學
國立臺灣大學法學論叢　1971 年 10 月創刊　臺北　臺灣大學法律系

國立臺灣大學哲學論評　1971 年 7 月創刊　臺北　臺灣大學哲學系

國立臺灣大學歷史學系學報　1974 年 5 月創刊　臺北　臺灣大學歷史學系

國立臺灣師範大學國文研究所集刊　1957 年 6 月創刊　臺北　臺灣師範大學國
　　文研究所

國立臺灣師範大學教育研究所集刊　1958 年 6 月創刊　臺北　臺灣師範大學教
　　育研究所

國立臺灣體專學報　1992 年 6 月創刊　臺中　臺灣體育專科學校

國立編譯館通訊　臺北　國立編譯館

國立編譯館館刊　1971 年 10 月創刊　臺北　國立編譯館

國立歷史博物館館刊　1961 年 12 月創刊

國防管理學院學報　1978 年 7 月創刊　臺北　國防管理學院

國魂　1950 年 10 月創刊　臺北　新中國出版社

國學新探　1984 年 3 月創刊　高雄　高雄師範學院國文系國學新探編委會編輯
　　兼發行

國語文教育通訊

崇右學報　1988 年 7 月創刊　基隆　崇右企業專科學校

崇基學報　1961 年 7 月創刊　香港 香港中文大學崇基書院

教育文摘　1956 年 2 月創刊

教育文粹　1972 年 5 月創刊　高雄　高雄師範大學教育學系

教育研究　1987 年 6 月創刊　高雄　高雄師範大學

教育資料文摘　1978 年 2 月創刊　臺北　教育資料文摘月刊社

教育與文化

教育學院學報　1976 年 4 月創刊

教師之友　1960 年 4 月創刊　嘉義　嘉義師範學院

教學與研究　1979 年 2 月創刊　臺北　臺灣師範大學文學院

淡江大學中文學報　1992 年 3 月創刊　臺北　淡江大學中國文學系所

淡江史學　1989 年 6 月創刊　臺北　淡江大學歷史學系

淡江學報　1958 年 8 月創刊　臺北　淡江大學　自 1971 年起　分爲文學部門、
　　區域研究部門、理工學部門、商學部門印行

清華學報　1956 年 6 月復刊　臺北　清華學報社　卷期另起加「新」字
　　自 1988 年 6 月新 18 卷第 1 期起　出版者改爲新竹清華大學

清華學報特刊　1959 年 12 月爲特刊第 1 號

逢甲中文學報　臺中　逢甲大學
逢甲學報　1969 年 1 月創刊　臺中　逢甲大學
黃埔學報　1970 年 12 月創刊　高雄　陸軍軍官學校編輯兼出版
現代學術研究

十二畫

復興崗論文集　臺北　政治作戰學校政治研究所　原名「復興崗學術論文集」
　　1979 年 9 月創刊　自 1982 年 7 月第 4 期起改爲本名
復興崗學報　1961 年 6 月創刊　臺北　政治作戰學校
敦煌學　1974 年 7 月創刊　臺北　敦煌學會編輯兼發行
湖北文獻　1966 年 10 月創刊　臺北　湖北文獻社
湖南文獻　1970 年 4 月創刊　臺北　湖南同鄉會湖南文獻季刊社
菩提樹　1952 年 10 月創刊　臺中　菩提樹雜誌社
菁莪季刊　1989 年 5 月創刊　豐原　臺灣省中等學校教師研習會
華文世界　1974 年 6 月創刊　世界華文教育協進會
華岡文科學報　1978 年 1 月創刊　臺北　中國文化大學　原名「華岡學報」
　　自第 11 期起改爲本名
華岡社會科學學報　1982 年 3 月創刊　臺北　中國文化大學
華岡學報　1965 年 1 月創刊　臺北　中國文化大學　1978 年 1 月第 11 期後爲「華
　　岡文科學報」
華夏學報　1974 年 7 月創刊　臺北
華國　1957 年 7 月創刊　香港
華梵佛學年刊　1982 年創刊　臺北　華梵佛學研究所
華學月刊　1972 年 1 月創刊　台北
雲林工專學報　1982 年 6 月創刊　雲林　雲林工業專科學校學報編委會編輯兼
　　發行

十三畫

傳記文學　1962 年 6 月創刊　臺北　傳記文學雜誌社
勤益學報　1983 年 6 月創刊　勤益工業專科學校

新史學　1990 年 3 月創刊　臺北　新史學雜誌社
新竹師院學報　1987 年 12 月創刊　新竹　新竹師範學院
新竹師專學報　1974 年 12 月創刊　新竹　1987 年改名爲「新竹師院學報」
新亞書院學術年刊　1959 年 10 月創刊　香港　新亞書院
新亞學術集刊　1978 年 12 月創刊　香港
新亞學報　1955 年 8 月創刊　香港　新亞書院
源遠學報　1988 年 11 月創刊　臺北　國防醫學院
當代　1984 年 5 月創刊　臺北　當代雜誌社
當代文學史料研究叢刊　1987 年 5 月創刊　臺北　當代文學史料研究社
群言　1995 年創刊　中國民主同盟中央委員會主辦　群言雜誌社出版

十四畫

僑光學報　1982 年 10 月創刊　臺中
嘉南學報　1975 年 9 月創刊　臺南
嘉女學報
嘉義師院學報　1988 年 5 月創刊　嘉義
嘉義師專學報　1970 年 5 月創刊　嘉義
圖書季刊　1970 年 7 月創刊　臺北　東吳大學
圖書館學報　1959 年 1 月創刊　臺中　東海大學
實踐學報　1968 年 3 月創刊　臺北　實踐家政經濟學院
察哈爾文獻　1977 年 6 月創刊　臺北　察哈爾文獻社
彰化師範大學學報　1990 年 6 月創刊　彰化　彰化師範大學
漢學研究　1983 年 6 月創刊　臺北　漢學研究中心
漢學研究通訊　1982 年 1 月創刊　臺北　漢學研究中心
臺大中文學報　1985 年 11 月創刊　臺北　臺灣大學
臺中師院學報　1987 年 12 月創刊　臺中
臺中師專學報　1971 年 6 月創刊　臺中
臺北工專學報　1967 年 4 月創刊　臺北
臺北文物
臺北文獻　1968 年 7 月創刊
臺北市立女子師範大專科學校學報　1972 年 5 月創刊　1985 年第 16 期改名爲

　　「北市師專學報」　1988 年 6 月改名爲「臺北市立師範學院學報」
臺北市立師範學院學報
臺北師院學報　1988 年 6 月創刊　臺北
臺北師專學報　1972 年 12 月創刊　臺北
臺北商專學報　1973 年 1 月創刊　臺北
臺東師院學報　1988 年 4 月創刊　臺東
臺東師專學報　1973 年 4 月創刊　臺東
臺南師院學生學刊　臺南　第 1 期至第 6 期爲「臺南師專學刊」　第 7 、 8 期爲
　　「臺南師專學生學刊」　第 9 期後爲「臺南師院學生學刊」
臺南師院學報　臺南
臺南文化
臺語文摘
臺灣文化
臺灣文化論叢
臺灣文物
臺灣文摘
臺灣文藝
臺灣文獻
臺灣史田野研究通訊
臺灣史料研究
臺灣風物　1950 年創刊
語文教育研究集刊　1982 年 5 月創刊　國立臺灣教育學院
輔仁國文學報　1985 年 6 月創刊　輔仁大學
輔仁學誌－文學院之部　原名「人文學報」　1979 年改爲此名
輔仁歷史學報　1989 年 7 月創刊　輔仁大學
銘傳學報　1964 年 3 月創刊　臺北
儒林學報　彰化　臺灣省二林工商職業學校
歷史月刊　1988 年 2 月創刊　臺北　歷史月刊社
歷史教學　1988 年 7 月臺北　中國歷史學會
歷史學報　1974 年 7 月創刊　臺南　成功大學歷史學系
歷史學報　1973 年 1 月創刊　臺北　臺灣師範大學歷史學系
寧波同鄉

暢流
滿族文化
福建文獻
福建月刊
綜合月刊
廣東文獻
廣播雜誌
臺灣新生報
臺灣新聞報

十六畫

學術研究　1962 年 1 月創刊
學術論文集刊　1971 年 12 月創刊　臺中　中興大學中國文學系
學粹　1958 年 12 月創刊　台北
樹德學報　1971 年 12 月創刊　臺南
歷史月刊　1988 年 2 月創刊
興大中文學報　1988 年 5 月創刊
靜宜人文學報　1989 年 4 月創刊　臺中
靜宜學報　1978 年 6 月創刊　臺中　靜宜文理學院

十七畫

聯合文學　1984 年 11 月創刊　臺北　聯合文學雜誌社發行
聯合書院學報　1962 年 6 月創刊　香港　1964 年 6 月第 3 期後改名爲「香港中
　文大學聯合書院學報」
聯合學報　1984 年 11 月創刊　苗栗　聯合工業專科學校
韓國學報　1981 年 4 月創刊　臺北　中華民國韓國研究學會
聯合報

十八畫

簡牘學報　1974 年 6 月創刊　臺北　陽明山華岡簡牘社
鵝湖　1975 年 8 月創刊　臺北　鵝湖月刊社
鵝湖學誌　1988 年 5 月創刊　臺北　鵝湖學誌社

二十畫以上

藝術學報　1966 年 10 月創刊　台北
警專學報　1988 年 6 月創刊　臺北　警察專科學校
蘭女學報　1988 年 4 月創刊　宜蘭　臺灣省立蘭陽女子高級中學
蘭陽　　　1989 年創刊　臺北市宜蘭同鄉蘭陽雜誌社
聽語會刊

收錄論文集一覽表

上古音討論集　臺北　學藝出版社　1977 年 3 月

中央研究院國際漢學會議論文集　南港　中央研究院歷史語言研究所編印　1981 年 10 月

中央研究院第二屆國際漢學會議論文集　南港　中央研究院歷史語言研究所編印　1989 年 6 月

中國音韻學論文集　周法高　香港　中文大學出版社　1984 年 1 月

中國境內語言暨語言學第一輯　南港　中央研究院歷史語言研究所編印　不著出版年月

中國境內語言暨語言學第二輯　南港　中央研究院歷史語言研究所編印　1993 年 8 月

中國語文論叢　周法高　臺北　正中書局　1970 年 5 月

中國語言學論集　張琨著、張賢豹譯　臺灣　幼獅文化事業公司　1977 年 1 月

中華民國聲韻學會第 12 次年會暨第 3 屆國際學術研討會論文集　新竹　國立清華大學主辦　1994 年 5 月

中韓文化論集　臺北　中華學術院韓國研究所出版　1978 年 10 月

世界華文教學研討會論文　1984 年 12 月

切韻與方言　張光宇　臺北　商務印書館　1990 年 1 月

文字聲韻論叢　陳新雄　臺北　東大圖書股份有限公司　1994 年 1 月

文學與音律　謝雲飛　臺北　東大圖書股份有限公司　1978 年 11 月

文學論集　洪惟仁　臺北　華岡出版有限公司　1987 年 07 月

方師鐸文史叢稿專論下篇　方師鐸　臺灣　大立出版社　1985 年 11 月

方師鐸文史叢稿專論上篇　方師鐸　臺灣　大立出版社　1984 年 12 月

王靜芝先生七十壽慶論文集　臺北　文史哲出版社　不著出版年月

王靜芝先生八秩壽慶論文集　臺北　私立輔仁大學中文系所編印　1985 年 6 月

民族與華僑論文集

台灣文化語言論文集　台北　文鶴出版有限公司　1988 年

全國敦煌學研討會論文集　嘉義　國立中正大學中國文學系所主辦　1995 年 3 月

回歸鄉土、回歸傳統　洪惟仁著　台北　自立晚報社　1986 年 11 月
曲學集刊　臺北　臺灣省立師範大學　1964 年 6 月
屈萬里先生七秩榮慶論文集　臺北　聯經出版社　1978 年 10 月
東北論文集
近代音論集　竺家寧　臺北　臺灣學生書局　1994 年 8 月
音學十論　謝雲飛　臺灣　霧峰出版社　1971 年 7 月
音韻探索　竺家寧　臺北　臺灣學生書局　1995 年 10 月
高明小學論叢　高明　臺北　黎明文化事業股份有限公司　1978 年 7 月
高明文輯(中)　高明　臺北　黎明文化事業股份有限公司　1978 年 3 月
國立中央圖書館臺灣分館建館七十八年暨改隸中央二十週年紀念論文集　臺灣
　　國立中央圖書館臺灣分館　1993 年 10 月
國語文教育學術論文專輯　臺灣　教育部國語推行委員會　1990 年 8 月
國學研究論集　臺北　學海出版社　1977 年 11 月
國學論文薈編第二輯—聲韻學論文集　臺北　木鐸出版社　1976 年 5 月
現代台灣話研究論文集　鄭良偉、黃宣範合編　台北　文鶴出版有限公司
　　1988 年
尉素秋教授八秩榮慶論文集　臺北　文史哲出版社　1988 年 10 月
第一次聲韻學討論會　臺北　國立臺灣師範大學國文系所主辦　1982 年 4 月
第一屆國際暨第八屆全國聲韻學學術討論會　臺北　私立輔仁大學、中華民國
　　聲韻學學會主辦　1990 年 3 月
第一屆台灣語言國際研討會論文選集　曹逢甫、蔡美慧合編　台北　文鶴出版
　　有限公司　1995 年 4 月
第九屆全國聲韻學討論會　臺北　私立東吳大學、中華民國聲韻學學會主辦
　　1991 年 5 月
第二次聲韻學討論會　臺北　國立臺灣師範大學國文系所主辦　1983 年 10 月
第二屆國際暨第十屆全國聲韻學學術研討會論文集　高雄　國立中山大學中文
　　系所、中華民國聲韻學學會主辦　1992 年
第二屆清代學術研討會—思想・文學・語文—論文集　高雄　國立中山大學中國
　　文學系所　1991 年 11 月
第二屆敦煌學國際研討會論文集　臺北　私立中國文化大學中國文學系主辦漢
　　學研究中心協辦　1991 年 06 月
第二屆臺灣語言國際研討會會前論文集　台灣語言學會編　台灣語言學會印

　　1995 年 6 月

第十一屆全國聲韻學研討會論文集　嘉義　國立中正大學中文系所、中華民國
　　聲韻學學會主辦　1993 年

第三次聲韻學討論會　臺北　私立東吳大學中文研究所主辦　1984 年 12 月

第五屆全國聲韻學討論會　臺北　國立臺灣師範大學國文系所主辦　1987 年 4 月

第六屆全國聲韻學討論會　高雄　國立高雄師範學院主辦　1988 年 6 月

第四次聲韻學討論會　臺北　國立政治大學主辦　1986 年 7 月

第四屆國際暨第十三屆全國聲韻學學術研討會論文集　臺北　國立臺灣師範大
　　學國文系所、中華民國聲韻學學會主辦 1995 年 5 月

第十六屆漢藏語言學會論文集　1983 年

第十七屆國際漢藏語言學會論文　1984 年

第二十七屆國際漢藏語言和語言學會議　1994 年

許世瑛先生論文集　臺北　弘道文化出版公司　1974 年 8 月

陳伯元先生六秩壽慶論文集　臺北　文史哲出版社　1994 年 3 月

敦煌《詩經》卷子研究論文集　潘重規　香港　新亞研究所　1970 年 09 月

董同龢先生語言學論文選集　丁邦新編　臺灣　食貨出版社　1974 年 11 月

漢代文學與思想學術研討會論文集　臺北　文史哲出版社　1991 年 10 月

漢語音韻史論文集　張琨著、張賢豹譯　臺北　聯經出版事業公司　1987 年 8 月

漢學論文集　淡江文理學院中文研究室主編　臺北　驚聲文物供應公司出版
　　1970 年 11 月

漢學論文集第二集論語專號　臺北　國立政治大學中文系所　文史哲出版社
　　1983 年 12 月

臺靜農先生八十壽慶論文集　臺北　聯經出版社　1981 年 11 月

臺大文學院毛子水先生九五壽慶論文集　1987 年 4 月

臺灣閩南語論文集　曹逢甫、蔡美慧合編　台北　文鶴出版有限公司
　　1995 年 2 月

臺灣客家語論文集　曹逢甫、蔡美慧合編　台北　文鶴出版有限公司
　　1995 年

語文叢書第一輯第三冊(語言文字學)　臺灣　大陸雜誌社　不著出版年月

語文叢書第二輯第四冊（語法聲韻文字研究論集）　臺灣　大陸雜誌社　不著
　　出版年月

慶祝李濟先生七十歲論文集上冊　新竹　清華學報社　1965 年 09 月

慶祝高郵高仲華先生六秩誕辰論文集(上)　臺北　國立臺灣師範大學國文研究
　　所　1968 年 3 月
慶祝陽新成楚望先生七秩誕辰論文集　臺北　文史哲出版社　1981 年 02 月
慶祝瑞安林景伊先生七秩華誕特刊　臺北　私立中國文化學院中文研究所中國
　　文學系　1979 年 12 月
總統蔣公逝世周年紀念論文集　南港　中央研究院編印　1976 年 04 月
聲韻論叢第一輯　臺北　臺灣學生書局　1994 年 5 月
聲韻論叢第二輯　臺北　臺灣學生書局　1994 年 5 月
聲韻論叢第三輯　臺北　臺灣學生書局　1991 年 10 月
聲韻論叢第四輯　臺北　臺灣學生書局　1992 年 5 月
鍥不舍齋論學集　陳新雄　臺北　臺灣學生書局　1984 年 8 月